비교의
항해술

비교의
항해술

보편과 특수 사이의 영화들

하승우 지음

오월의봄

한국영화를 이해하는 실타래: 독특성과 종별성 \boxed{\text{서문}}

1.

1919년 10월 27일 서울 종로 단성사에서 〈의리적 구토〉가 상영됐다. 단성사 사장이던 박승필이 제작비를 대고 극단 신극좌를 이끌던 김도산이 각본·감독·주연을 맡은 조선 최초의 연쇄극이다. 한국영화가 100년을 맞이한 2019년 〈기생충〉이 칸에서 황금종려상을 수상했고, 2020년 2월 열린 아카데미 시상식에서는 작품상 등 4개 부문을 수상하게 된다. 지난 100년간 한국영화는 제작, 투자, 배급, 상영, 관람성 등 모든 단계에 걸쳐 엄청난 지각 변동을 겪어왔다. 그러나 이 책은 지금껏 한국영화가 어떤 변동을 겪어왔는지 실증적으로 검토하기보다는 한국영화를 새로운 각도에서 조망하기 위한 틀을 제시하고자 한다. 바로, 보편the universal-특수the particular라는 문제틀이다.

보편-특수란 무엇일까? 무엇보다도 보편은 특수를 자신의 장 속에 위치지우는 원리, 즉 '구조화 원리'로 이해된다. 좀 더 쉽게 말해, 보편과 특수는 생물학의 분류체계(종, 속, 과, 목,

강, 문, 계)처럼 상위 범주와 하위 범주의 관계를 뜻한다. 상위 범주인 유는 하위 범주인 종을 포함한다.[1] 곧 보편(유)은 특수(종)를 포함하고, 특수(종)는 보편(유) 안에 포함된다. 보편은 특수와 분리되어 독립적으로 존재하지 않으며, 특수와의 연관을 통해서만 존재한다. 마찬가지로 특수 역시 보편과의 연관을 통해서만 존재한다. 이렇듯 보편과 특수는 내재적이면서 동시적인 관계를 형성한다. 여기서 중요한 것은 특수의 형태가 발본적으로 변화된다는 점이다. 이 책에서 강조하는 특수의 변형은 두 가지로 나뉜다. 하나는 독특성singularity이고, 다른 하나는 종별성specificity이다. 결국 보편-특수의 틀을 통해 한국영화를 조명하는 것은 영화를 구성하는 요소들이 어떤 조건들 속에서 독특성 또는 종별성으로 전화되는지 검토하는 작업과 맞물린다. 특수가 독특성 혹은 종별성으로 전화되면, 보편 개념 역시 변화한다. 특수가 다양한 만큼 보편 역시 단수로만 존재하지 않는다.

2.

우선 특수가 독특성으로 변화하는 계기에 주목해보자. 영화이론에서 독특성의 문제를 가장 직접적으로 제시한 이는 질 들뢰즈다. 들뢰즈의 《운동-이미지》와 《시간-이미지》는 운동

---

1   보편-특수 개념에서 어떤 종(또는 개체)을 정의할 때, 이보다 더 큰 범주인 유와 종차 specific difference를 동시에 고려해야 한다(종차는 동일한 유 개념에 속한 종 개념이 다른 종 개념들과 구별될 때를 가리킨다). 그러므로 '종 개념=종차+유 개념'으로 정식화된다. 이것은 아리스토텔레스가 정형화한 도식이다. 예컨대 "인간은 이성을 지닌 동물(생명체)이다"와 같은 문장이 종 개념의 사례가 될 수 있을 것이다.

과 시간의 관계를 펼쳐 보이며, 독특성이 산출되는 계기에 주목한다.

들뢰즈는 베르그송의 이미지 개념에 기초하여 운동으로서의 이미지 개념을 주조해낸다. 이러한 개념적 전제를 제시하며 들뢰즈는 이미지 개념을 실재와 표상 사이에 위치한 그 무엇으로 간주할 수 있게 된다. 이는 또한 들뢰즈의 이미지 개념이 운동·생성·흐름을 중요한 특징으로 한다는 점을 보여준다. 들뢰즈는 이미지를 두 가지의 체제, 즉 운동-이미지와 시간-이미지로 구분한다. 그렇다면 우리는 어떤 기준에 입각해서 운동-이미지와 시간-이미지를 식별할 수 있을까? 들뢰즈의 영화 책은 이에 대한 다양한 사례를 제시하지만, 여기서는 간단하게나마 운동-이미지와 시간-이미지의 구별이 영화 속 시간과 공간의 배열 방식에 조응한다는 점만 언급하고자 한다. 우선 이미지는 "시간을 공간적으로 그려내는 방식의 차이"[2]에 따라 운동-이미지와 시간-이미지로 구별된다. 각각의 이미지 체제는 시간과 공간의 관계를 다르게 그려내는데, 운동-이미지는 시간을 간접적으로 드러내는 반면, 시간-이미지는 시간을 직접적으로 드러낸다.

들뢰즈의 영화 책은 운동과 시간의 관계를 집요하게 따져 묻는다. 운동-이미지 체제에서는 시간이 운동에 종속된다. 이때 시간은 운동이 측정되는 간격interval 속에서 자신의 모습을 드러낼 뿐이다. 즉 시간은 몇 시간·몇 분·몇 초와 같은 시계적 시간 개념으로 받아들여지며, 운동의 팽창과 확장을 측정하

---

2   데이비드 노먼 로도윅, 《질 들뢰즈의 시간기계: 영화를 읽는 강력한 사유, 《시네마》에 대한 예술철학적 접근》, 김지훈 옮김, 그린비, 39쪽.

는 도구적 수단으로 축소된다. 따라서 과학적 합리성을 넘어선 시간 개념, 즉 지속duration은 받아들여지지 않게 된다. 지속이란 어떤 상태가 계속되면서도 끊임없이 질적 변화를 산출하는 과정을 가리킨다. 또한 운동-이미지 체제에서는 선형적·인과적·유기적 질서, 다시 말해 시간에 관한 연대기적 관점이 중요해진다(운동-이미지 체제라기보다는 운동-이미지 체제 가운데 행동-이미지의 감각-운동 도식이라고 말하는 게 좀 더 정확할 것이다).[3] 행동-이미지 체제에서도 각각의 공간적 구획은 일정한 간격interval을 바탕으로 연결된다. 실례로 공간의 구획은 한 쇼트의 끝과 다음 쇼트의 처음 사이의 간격을 바탕으로 형성된다. 그러나 이때의 간격은 선형적·유기적 질서를 매끄럽게 연결하는 역할을 한다. 서사는 이처럼 매끄러운 이음매 역할을 하는 간격을 메우면서 진행된다.

행동-이미지의 감각-운동 도식에서 시간이 운동에 종속된다면, 시간-이미지에서는 운동이 시간에 종속된다. 시간-이미지 체제에서 시간은 공간적 구획을 분할하는 간격 속에서 일정한 동요와 균열이 생길 때 발생한다. 이때 간격은 더 이상 한

---

3   들뢰즈는 어떤 지점에서는 운동-이미지가 지각-이미지, 정감-이미지, 행동-이미지를 모두 포괄한다고 정의하는가 하면, 다른 곳에서는 운동-이미지를 행동-이미지로만 국한시켜 설명할 때도 있다. 그런데 지각-이미지와 정감-이미지는 비선형적 탈중심화를 실행할 수 있다는 점에서 행동-이미지와는 결을 달리한다. "들뢰즈가 분류하는 영화에서의 정감-이미지와 지각-이미지는 감각-운동 도식을 벗어나 탈중심화와 비유기화를 향하고 있다는 점을 고려할 때, 엄밀한 의미에서 감각-운동 도식적 이미지라고 부를 수 있는 이미지는 행위-이미지뿐이다." 이지영, 〈들뢰즈의 《시네마》에서 운동-이미지 개념에 대한 연구〉, 《철학논구》 35, 265쪽. 그러므로 운동-이미지를 단순히 감각-운동 도식적 이미지로 등치하기보다는 행동-이미지만을 감각-운동 도식에 포함된다고 보는 것이 타당할 것이다. 즉 편의상 이미지의 두 체제를 운동-이미지와 시간-이미지로 구별하지만, 반드시 운동-이미지가 부정적인 대상인 것만은 아니라는 점을 유의할 필요가 있다. 들뢰즈가 비판의 대상으로 삼고자 했던 대상은 정확히 말해, 운동-이미지의 하위 분류인 행동-이미지였다.

쇼트의 끝과 다른 쇼트의 처음을 이음매 없이 연결하는 접합제의 역할을 떠맡지 않는다. 이때 간격은 틈새interstice로 전화된다. 간격이 틈새로 전화되는 순간, 시간-이미지가 출현하게 된다. 즉 시간-이미지는 행동-이미지의 감각-운동 도식의 교란과 동요 속에서 나타나는 그 무엇이다. 그러나 시간-이미지는 행동-이미지와 전혀 다른 별개의 영역을 형성하지 않는다. 그것은 행동-이미지 속에 잠재적 형태로 포함되어 있다.

시간-이미지는 행동-이미지의 감각-운동 도식이 불안정해질 때 발생하며, 선분화된 시간성을 풀어 헤친 후 그 틈새를 통해 '열린 전체'를 향해 도약한다. 이전과 이후로서의 시간 개념이 아닌, 서로 다른 복수의 이질적인 시간들이 공존하게 된다. "과거는 더 이상 현재이지 않은 현재에 연속되는 것이 아니라 자신이었던 현재와 공존하는 것이다. 현재, 그것이 바로 현실태적 이미지이며, 그것과 동시적인 자신의 과거, 이것이 바로 잠재태적 이미지, 거울 이미지이다."[4] 이때 시간은 크리스탈-이미지로 표현된다. 크리스탈-이미지란 "매 순간 서로 본성적으로 다른 현재와 과거로 이중화"되는 이미지로서, "하나는 미래로 비약하고 다른 하나는 과거로 침잠하는 이질적인 두 방향으로 현재를 이중화"하는 이미지다.[5]

들뢰즈의 시간-이미지를 보편-특수의 틀로 살펴보면 어떨까? 한 편의 영화가 보편을 가리킨다면, 영화를 구성하는 일련의 요소들, 즉 인물, 사물, 의상, 세트, 조명, 카메라 무빙과 각도, 프레이밍, 미장센, 음악 등은 특수에 해당된다. 혹은 이 문

---

4   질 들뢰즈, 《시네마 II : 시간-이미지》, 이정하 옮김, 시각과언어, 2005, 161쪽.
5   같은 책, 164쪽.

제를 이렇게도 볼 수 있겠다. 이드워어드 머이브리지와 에티엔 쥘 마레가 분명하게 보여주듯, 19세기의 시각 테크놀로지는 운동을 신체적 행위와 연결하고, 이를 절편으로 분할함으로써 운동을 기하학적으로 분해한다. 인간의 동작(운동)은 등질적 절편으로 분할되어 나타나고 시간은 이러한 절편들의 연속체를 측정하는 수단으로 간주된다. 그러나 시간이 동작을 측정하는 수단에 그치기를 멈추고 측정 불가능한 지속의 시간으로 전화될 때, 특수는 독특성으로 전화되면서 새로운 보편 개념을 산출하게 된다. 그리고 이때의 보편 개념은 영화란 무엇인가라는 질문을 함축한다.

　이처럼 들뢰즈는 이미지가 지닌 고유한 역량에 집중함으로써 영화를 독특성singularity의 측면에서 조망한다. 독특성으로서의 영화 이미지에 대한 강조는 영화 이미지와 그 이미지가 만들어진 사회적 맥락보다는 이미지와 사회적 맥락 간의 간극과 균열에 초점을 맞춘다. 독특성은 '특이성' '단독성' 등으로 번역되기도 하는데, 정의하기 매우 까다로운 개념 중 하나다. 그것은 넓은 의미에서 어떤 대상이 자신의 관습적인 모습에서 벗어나 또 다른 형태로 변형되어가는 과정을 가리킨다. 즉 독특성은 "보통점과 구분되는 모든 점들"을 뜻하며, 이런 점에서 "매듭을 이루는 점들"이라고 할 수 있다.[6] 이는 특정한 시공간에 터전을 잡기 전에 펼쳐지는 흐름·생성·역량을 뜻한다.[7] 독

6　　이정우, 《접힘과 펼쳐짐: 라이프니츠, 현대과학, 易》, 거름, 2000, 194쪽.

7　　"특이성들은[독특성들은] 개체적이거나 인칭적인 것이 아니라, 개체들과 인칭들의 발생을 주도하는[가능하게 하는] 것이다. 특이성들은[독특성들은] 그 자체 내에 자아도 나도ni Moi ni Je 포함하지 않으며, 현실화됨으로써s'actualisant, 효과화됨으로써 s'effectuant 이들을 생산하는 한 '포텐셜' 안에서 분배된다(그리고 이 현실화의 形狀들은 결코 효과화된 포텐셜과 유사하지 않다)." 질 들뢰즈, 《의미의 논리》, 이정우 옮김,

특성은 개체나 인칭의 경험이 아니라, 그러한 경험과 공존하면서도 그곳으로부터 얼마간 비껴 서 있는 조건을 의미한다. 바로 이런 점에서 독특성은 다른 어떤 경험으로 대체할 수 없는 고유한 경험 자체보다는 그런 경험을 산출하는 뼈대를 가리킨다. 따라서 독특성은 반복 가능하며, 이처럼 반복 가능함을 전제한 상황에서 보편적인 것으로 이해된다.[8]

들뢰즈가 제시하는 시간의 문제는 매우 중요하지만, 바로 그 지점에서 한계를 드러내기도 한다. 결정적으로 들뢰즈는 시간이 지정학적 공간의 좌표 속에서 배치/편성되는 방식에 집중함으로써 영화연구를 불균등한 역사적 자본주의라는 맥락 속에서 들여다보는 계기를 누락한다. 행동-이미지의 감각-운동 도식이 교란되면서 발생하는 시간-이미지에 초점을 맞추는 것은 중요한 시도이지만, 서로 다른 복수의 시간성이 공존한다

한길사, 2000, 194쪽.

8   가라타니 고진은 보편-특수의 맥락에서 고유명과 일반명사가 전적으로 다른 문제임을 강조한다. 그가 제시한 사례를 인용하자면, 고유명으로서 '후지산'과 '일본에서 제일 높은 산'은 다르다. 일본에서 제일 높은 산은 어떤 특수한 개체를 일반성의 법칙 아래 하나의 집합(보편)으로 명명하는 것일 뿐이다. 반면 고유명은 다른 어떤 것으로도 바꿀 수 없는 대상을 지시할 때 사용된다. 이런 점에서 고유명은 단지 개체를 명명하는 차원을 넘어, "'개체'를 어떻게 보는가와 관련"된다. 가라타니 고진, 《탐구 2》, 권기돈 옮김, 새물결, 1998, 25쪽. 또한 고진은 나와 '이 나'를 구별한다. '이 나'는 고유명과 마찬가지로 다른 무엇으로도 교체할 수 없는 '이' 나이다. 그는 이처럼 고유명과 지시대명사 '이'를 독특성(단독성)과 연결짓는다.
     가라타니의 주장에 전적으로 동의하지만, 고유명과 지시대명사의 문제를 독특성보다는 지표index 개념과 관련짓는 것이 좀 더 타당해 보인다. 퍼스의 지표 개념은 기호와 지시대상의 물리적 인과관계를 가리킬 뿐만 아니라, 이것·저것·지금·그때·여기·저기처럼 그 자체로는 아무런 의미가 없지만 어떤 대상을 가리키는 역할을 하는 연동소shifter를 포함하고 있기 때문이다. 책 6장에서도 영화 〈군함도〉가 '군함도'라는 고유명을 사용할 때 어떤 의미를 지니게 되는지 간단하게나마 언급한다. 영화연구에서 지표 개념이 활용되는 방식을 살펴보려면 다음 문헌들을 참조하라. 로라 멀비, 《1초에 24번의 죽음: 로라 멀비의 영화사 100년에 대한 성찰》, 이기형·이찬욱, 옮김, 현실문화, 2007; Mary Ann Doane, "The Indexical and the Concept of Medium Specificity", *Differences* 18(1), 2007.

는 사실을 강조하는 것만이 능사는 아니다. 동질화하고 전체화하는 초월적 일자 대 이질적인 복수의 차이들이라는 대당 구조에서 후자를 옹호하는 것은 이제 상식이 되다시피 했다. 이를테면 하나의 단일한 시간 대 다양한 복수의 시간들, 직선적·선형적·시계적 시간 대 나선형·비선형적·순환적 시간의 구도에서 후자를 우선시하는 경향을 발견하기란 그다지 어렵지 않다. 문제는 이질성에 대한 강조가 반드시 전복적이지만은 않다는 점이다. 오늘날 자본주의는 이러한 복수의 차이들을 자신의 회로 속으로 완전히 포섭/흡수해버렸다. 동질성에 저항하며 자기 자신을 정립하는 이질성은 자신이 대립하는 동질성과 모종의 적대적 공범 관계를 형성하며 동심원의 무한 연쇄를 산출하곤 한다. 따라서 이질성에 대한 긍정을 넘어, 이질성이 스스로를 이중화하며 자신의 공백과 마주하는 순간에 주목할 필요가 있다.

3.

그러나 이보다 더욱 중요한 것은, 동질성과 이질성이라는 서로 다른 계열들이 중첩하고 교차하면서 어떤 불균등의 관계를 산출하는지 살펴보는 것이다. 이 책에서 나는 바로 그런 작업을 시도해보려고 했다. 한편으로는 역사를 구성하는 여러 겹의 시간성, 즉 장기 시간, 중기 시간, 단기 시간 등 서로 다른 시간성이 어떻게 중첩되는지 파악하고, 다른 한편으로는 각각의 시간성이 영화적 시간성과 어떻게 교차하는지 살펴봄으로써 역사적 모순의 '복잡성complexity'을 파악하고자 했다. 이런 관점은 이 책이 중요하게 참조하는 영화이론가 폴 윌먼의 다음 문장에서 명확하게 드러난다. "만약 영화가 종별적인 역사적 성좌에 의해 생성된 문화적 산물이라는 점을 받아들인다면, 우리가 역사 자체를 이해하는 방식 역시 중요한 이슈 중 하나가 된다. 우리가 역사의 '작동들workings'을 이해하는 방식은 곧 역사의 현존을 읽어내는 하나의 구성 방식인 동시에 영화의 사회문화적 종별성specificity을 읽어내는 방식을 제시해준다."[9]

여기서 종별성은 무엇보다도 '관계'와 관련된 개념으로, (알튀세르적 의미에서) 특정한 사회구성체를 구성하는 다양한 심급들이 불균등하게 맺고 있는 모순의 관계를 다룬다. 곧 자본과 노동의 기본모순이 구체적 정세 속에서 과잉결정되는 방식을 가리킨다. 독특성이 "관계성 자체를 뛰어넘어 근본적으로 자기-개체화"하는 과정이라면, 종별성은 "개체와 환경의 관계"를 지시한다.[10] 그러므로 종별성의 측면에서 보편 개념은 역사적 자본주의를, 특수는 한국영화를 가리키며, 이때 관건은 한국영화가 자본주의와 조우하는 방식을 살펴보는 것이다. 이는 역사적 자본주의를 구성하는 서로 다른 시간성들과 영화적 시간성이 어떤 관계를 맺는지 조망하고, 이런 시간성의 문제가 한국이라는 사회구성체의 맥락 속에서 어떤 방식으로 형상화되는지 직시하는 작업이기도 하다.

관계 개념에 근거를 둔 종별성의 문제를 심도 있게 살펴보기 위해서는 마르크스의 〈포이어바흐 테제〉를 경유할 필요가

9   Paul Willemen, "Detouring through Korean cinema", *Inter-Asia Cultural Studies* 3(2), 2002, p.182.

10   Peter Hallward, "The Singular and the Specific", *Radical Philosophy* 99, 2000, p.8.

있다. 마르크스는 테제 6에서 '인간의 본질'이 '사회적 관계들의 앙상블ensemble'이라고 힘주어 강조한다.

포이어바흐는 종교적 본질을 **인간의** 본질로 용해시킨다. 그러나 인간의 본질은 각각의 개체 속에 내재하는 추상물이 아니다. 인간의 본질은 그 현실에 있어서 사회적 관계들의 앙상블ensemble이다. 이러한 현실적 본질의 비판 속으로 파고들지 않는 포이어바흐는 따라서 1) 역사적 과정을 도외시하고 종교적 심성을 자체로서 고정시키고 하나의 추상적—**고립된**—인간 개체를 전제하지 않을 수 없었다. 2) 따라서 그 본질은 '유類, genus'로서만, 내적이고 침묵하는, 많은 개체들을 오직 **자연적으로** 묶고 있는 일반성으로서만 이해할 수 있다.[11]

마르크스가 테제 6에서 말한 핵심 내용은 인간의 본질이 인간들의 '사회적 관계'를 기초로 한다는 점이다. 마르크스가 총체성Totalität과 전체Ganze를 뜻하는 독일어를 사용하지 않고 프랑스어인 '앙상블'을 사용한 까닭은 앙상블이 무엇보다도 "흐름 중에 있는 관계들의 구조화된 네트워크"[12]를 뜻하기 때문이다.

에티엔 발리바르는 마르크스가 '앙상블' '관계들' '사회적'이라는 단어를 두고 의미했던 바를 좀 더 정밀하게 개념화한다. 발리바르는 마르크스가 실재론과 유명론을 모두 거부한다

---

11   마르크스의 테제 6은 고병권·조원광의 번역을 따랐다. 피터 오스본, 《HOW TO READ 마르크스》, 고병권·조원광 옮김, 웅진지식하우스, 2007, 39~40쪽.
12   같은 책, 51쪽.

고 지적한다. 실재론은 보편적 관념이 개체에 앞서 현실적으로 존재한다고 보는 입장으로, 예컨대 '인간'이라는 관념이 개별적 존재자들에 앞서 존재하며, 각 존재자의 정신 밖에 독립적으로 실재한다고 본다. 반대로 유명론은 문자 그대로 오직唯 이름名만이, 즉 각각의 개체만이 존재할 뿐 보편적 관념은 그 개체들을 정리하기 위한 이름에 지나지 않는다고 본다. 유명론은 보편적 관념이 인간의 정신이 만들어낸 추상화된 산물이라는 점이라고 비판하는데, 이럴 경우 개별적 사람은 실재하지만 보편적 관념으로서의 '인간'은 존재하지 않는다. 정리하면, 실재론은 "유 또는 본질이 개인들의 존재에 선행한다고 사고하는 입장"이고, 유명론은 "개인들이 우선적 현실이며 이 우선적 현실에서 우리가 보편적인 것들[보편자들]을 '추상'한다고 사고하는 입장"이다.[13]

그러나 발리바르는 두 입장 모두를 반박하면서, '관개체적 구조'를 강조한다. 그의 관개체적 구조는 관계 개념에 기반을 둔 구조의 형성을 일컫는다. "개인들이 서로와 함께 확립하는 복수의 활동적 관계들relations — 언어이든 노동이든 사랑이든 재생산이든 지배이든 갈등이든ㅡ, 그리고 이 개인들이 공통적으로 갖고 있는 것, 즉 '유'를 정의하는 것이 바로 이 관계들이라는 사실 말이다. 이 관계들은 이 '유'를 정의하는데, 왜냐하면 이 관계들이 매 순간마다 복수의 형태들하에서 이 '유'를 구성하기 때문이다. 그러므로 바로 이 관계들이 인간(즉 인간들)에게 적용되는 본질이라는 통념의 유일한 '현실적/유효한' 내용

13   에티엔 발리바르, 《마르크스의 철학: 마르크스와 함께, 마르크스에 반해》, 배세진 옮김, 진태원 해제, 오월의봄, 2018, 108쪽.

을 제시하는 것이다."[14]

발리바르의 통찰을 보편-특수의 틀에 적용해보면, 보편
(유)은 자신을 구성하는 요소들(특수)이 맺는 부재와 현존의 복
잡한 관계를 통해 나타난다. 이런 맥락에서 이 책은 독특성의
경우에서처럼 영화란 무엇인가라는 문제가 아니라, 한국영화
가 역사적 자본주의와 관계 맺는 방식을 일별함으로써 또 다른
보편 개념을 산출할 수 있을지에 초점을 맞춘다. 물론 한국영
화가 자본주의와 관계 맺는 방식을 살펴보는 작업은 그렇게 간
단하지만은 않다.

영화는 정치, 경제, 과학 등 사회적인 것을 구성하는 다른
사회적 실천을 '재현/표상representation'한다. 알튀세르가 지적
했듯, 예술은 정치나 과학이 아니며, 그러한 실천을 재현/표상
할 뿐이다. 이때 재현/표상은 예술이 정치, 과학 등의 실천을
전제하면서도 그것을 은폐하는 과정을 가리킬 때 사용된다. 같
은 맥락에서 영화 역시 정치, 과학 등의 사회적 실천을 전제하
면서도 그러한 실천을 숨기는 이데올로기의 기능을 떠맡는다.
동시대 이론 지형에서 재현/표상은 생성·창조·변화의 순간을
포착하지 못한다는 이유로 숱한 비판을 받아왔다. 그도 그럴
것이 영화는 사회적 맥락을 온전히 반영하지만은 않으며, 언제
나 자신만의 말하기 방식을 통해 무언가를 제시presentation하
려 하기 때문이다. 그러나 재현/표상은 기존의 대상을 복제하
는 데 그치지 않고 그 대상을 다시 나타나게 한다(재-현). 이것
이 내가 이 책에 담긴 글들을 쓰며 제시가 언제나 재현과의 관
계 속에서 생산된다는 점에 초점을 맞추려 한 이유이다. 동시

14   같은 책, 108쪽.

대 영화이론과 문화이론에서는 재현보다 제시를 강조하는 경향이 강하지만, 내가 보기에 중요한 것은 재현과 제시의 복잡한 관계를 통해 사회적 조건을 인식하는 것이었다. 따라서 책에서 나는 재현과 제시 사이에서 발생하는 변증법적 긴장 관계, 즉 "재현-속의-제시presentation-in-representation"[15]를 중요한 방법론으로 설정했다.

　다른 한편, 영화와 자본주의라는 두 개의 실체화된 대당이 맺고 있는 외재적 관계를 살피는 것만으로는 충분치 않다. 문제를 이런 식으로 들여다보면, 영화와 자본주의 사이의 좁혀질 수 없는 거리만을 확인하게 될 뿐이다. 그보다 이 책의 글들은 자본주의가 단지 영화를 구성하는 내러티브의 소재로 다뤄지는 것이 아니라, 영화를 구성하는 여러 층위들의 복잡한 **관계**를 통해 산포된다는 것을 강력하게 염두에 둔다. 이때 관건은 영화 내부의 긴장과 갈등을 통해 자본주의에 내재한 사회적 적대를 어떻게 읽어낼 수 있는가이다. 또한 이는 한 편의 영화 속에 부재한 의미를 다른 영화와의 관계를 통해 살피는 것으로서 '징후적 독해'를 실천하는 일이기도 하다. 징후적 독해는 "읽고 있는 원문 속에 감추어진 것을 폭로하고, 최초의 텍스트에서 필연적 부재로 나타나는 것을 다른 텍스트와 관련짓는다".[16]

　피에르 마슈레는 비평의 의의가 어떤 작품의 본질적 의미를 간파하거나 작품의 정합성을 살펴보는 데 있지 않다는 것

15　Paul Willemen, "Action Cinema, Labour Power and the Video Market", Meaghan Morris & Siu Leung Li & Stephen Chan Ching-Kiu eds., *Hong Kong Connections: Transnational Imagination in Action Cinema*, Duke University Press & Hong Kong University Press, 2005, p.224.

16　루이 알튀세르, 《자본을 읽는다》, 김진엽 옮김, 두레, 1991, 33쪽.

을 일찍이 파악했다. 마슈레에게 비평은 작품의 '불완전성'과 '무정형'을 부각하며, 작품을 구성하는 요소들이 갈등과 모순의 관계에 세워져 있음을 강조해야 한다. 텍스트가 말하지 않은/못한 것은 언젠가 채워져야 할 결핍이 아니다. 이런 점에서 비평은 "홈이 패인 말" "작품이 조심스럽게 털어놓는 말"에 귀를 기울여야 하며, 의미의 충만함과 의미의 결여 사이에서 **"거리를 측정"**하는 데 주의를 기울여야 한다.[17] 중요한 것은 텍스트 속의 서로 다른 의미들이 드러내는 '불균등한' 관계이며, 작품은 이처럼 자신 안에 존재하는 서로 다른 의미들이 충돌할 때 발생하는 차이·대조·비교 혹은 내적 거리를 통해 현실을 '지각'하도록 한다. 이때 텍스트는 자신이 생산된 현실적 맥락을 반영하는 것이 아니라, 그 현실을 "보라고 내놓는다".[18]

4.

이 책은 한국영화가 역사적 자본주의를 각인하는 방식, 그리고 이러한 각인이 한국이라는 특정한 사회구성체에서 종별적으로 펼쳐지는 방식에 주목한다. 본문에서 자세히 논의하겠지만, 그중 일부만 풀어놓으면 다음과 같다. 20세기는 미국 헤게모니가 주도한 '장기 20세기'다.[19] 세계체계론의 관점에서 헤게모니는 상승 국면과 하강 국면으로 나뉘는데, 상승 국면은

---

17 피에르 마슈레, 《문학생산이론을 위하여》, 윤진 옮김, 그린비, 2014, 118쪽, 강조는 원문.
18 같은 책, 119쪽.
19 조반니 아리기, 《장기 20세기: 화폐, 권력, 그리고 우리 시대의 기원》, 백승욱 옮김, 그린비, 2010.

새로운 축적체제가 도입되면서 이윤율이 상승하는 '실물팽창'을 나타내고, 하강 국면은 이윤율이 하락함에 따라 기존 축적체제에 균열이 드러나고, 경쟁 국가의 저비용 생산이 가속화됨에 따라 다수의 자본이 화폐로 전화되는 '금융팽창'을 나타낸다.[20] 제2차 세계대전 이후부터 베트남전 참전 전까지는 미국 주도의 헤게모니가 최전성기에 이른 시기다. 그렇다면 한국은 이러한 세계체계 질서에 어떤 방식으로 응답했을까?

1950년대 한국은 비록 맹아적 형태로나마 미국의 원조경제에 힘입어 나름의 자본 축적 구조를 갖추기 시작했고, 1960년대 들어서는 일본 주도의 다층적 하청체계에 편입되면서 중공업 중심의 수출 지향 산업을 지향하게 된다. 그러나 아리기의 세계체계론에 따르면, 1968~1973년 미국 헤게모니가 금융팽창의 하강 국면으로 접어들면서 위기가 시작된다. 베트남전 패배가 확실시되자 미국은 대아시아 안보 전략을 "전면적 안보"에서 "제한적 안보"로 변경하기에 이른다.[21] 1969년 7월 닉슨 대통령은 아시아의 안보는 아시아가 스스로 책임져야 한다는 주장을 골자로 한 닉슨 독트린을 발표했고, 이를 바탕으로 1971년 주한미군 제7사단을 철수시켰다.[22] 그렇게 한국은 미국 주도의 헤게모니와 갈등을 빚게 된다.

1960년대가 한국 발전국가의 인적·물적·제도적 기반이 형성되는 시기였고, 1970년대가 발전국가를 공고화하는 시기

---

20   백승욱, 〈역사적 자본주의와 자본주의의 역사-세계체계 분석을 중심으로〉, 백승욱 엮음, 《'미국의 세기'는 끝났는가?: 세계체계 분석으로 본 미국 헤게모니의 역사》, 그린비, 2005, 35쪽.

21   윤상우, 〈한국 발전국가의 형성·변동과 세계체제적 조건, 1960~1990〉, 《경제와사회》 72, 2006, 82쪽.

22   같은 글, 같은 쪽.

였음을 고려할 때, 1970년대 초반 미국과 한국의 국가 간 체계에 발생한 일종의 균열은 저개발 국가인 한국에 심각한 타격을 안겼다. 이에 대한 대응으로 한국은 1972년 10월 유신체제를 선포하고, 폭압적인 지배를 노골화하기 시작한다. 그와 동시에 아래로부터의 봉기도 분출되기 시작한다. 1971년 8월 10일에 발생한 광주대단지 사건은 자본의 순환·축적 과정에 제동을 건 봉기 사건으로, "개발독재 시기 도시하층민과 빈민에 의해 전개된 도시봉기"다.[23]

한국영화는 이처럼 역사적 모순이 응축되는 상황에 '부인 dénégation'의 방식으로 응답했다.[24] 그러나 부인은 역사적 조건들을 전면적으로 배척하는 것이 아니다. 그것은 역사적 조건들에 관한 흔적을 함축한다. 이때 중요한 것은 한 편의 영화에 부재하는 것이 다른 영화에서 어떻게 현존하는지 살펴봄으로써 부재와 현존의 '성좌적' 관계를 조명하는 것이다. 서로 다른 영

---

23   김원, 《박정희 시대의 유령들: 기억, 사건 그리고 정치》, 현실문화, 2011, 298쪽.

24   알튀세르는 〈브레히트와 맑스에 대하여〉에서 프로이트의 부인 개념을 언급하면서, 정치를 부인하는 연극이 실제로는 정치를 긍정한다고 언급한다. "누군가 당신에게 '나는 정치를 하지 않는다'고 말한다면, 당신은 그가 정치를 하고 있다고 확신할 수 있습니다. 연극의 경우에도 마찬가지입니다. 브레히트는 정치를 하고 있지만 정치를 하고 있지 않다고 스스로 선언하는 연극을 다음과 같은 이름으로 부릅니다. 저녁에 기분전환할 수 있는 연극le théâtre du divertissement vespéral, 식도락적 연극le théâtre culinaire, 단순한 미학적 쾌락의 연극le théâtre de la simple jouissance esthétique이라고 말입니다." 그러면서 알튀세르는 정치를 부인하는 연극 내부에서 "새로운 실천"을 만들어내야 한다고 강조하는데, 그러한 실천은 "연극의 내부에서 **하나의 자리 이동** déplacement, spostamento을 실행"한다. 알튀세르는 이러한 실천을 브레히트가 생소화 효과Verfremdungseffekt라고 부른 것과 연결짓는다. 더욱 중요하게, 알튀세르는 "다른 모든 자리 이동들의 원인이 되고 동시에 다른 모든 자리 이동들을 요약하는 근본적 자리 이동", 곧 **"관점의 자리 이동"**을 강조하는데, 이는 알튀세르의 예술론에서 중요한 의미를 차지한다고 볼 수 있다. 이 책의 4장에 등장하는 영화 〈괴물〉은 알튀세르가 말한 '관점의 자리 이동'을 구체화한 경우라고 할 수 있다. 루이 알튀세르, 〈브레히트와 맑스에 대하여〉, 이종현 옮김, 《웹진 인-무브》, 2017. 6. 22. https://en-movement.net/20, 강조는 원문.

화들이 맺고 있는 비대칭적 성좌 관계를 살펴볼 때 영화가 처한 역사적 조건들을 일별할 수 있게 된다. 그것이 비록 찰나적 순간에 머무르는 작업이라 하더라도 말이다. 나는 이런 작업을 비교로 명명하고자 한다. 여기서 비교는 보편과 특수의 비교, 독특성과 종별성의 비교, 한 편의 영화를 구성하는 각각의 요소들의 비교, 한 편의 영화와 또 다른 영화의 비교 등을 망라하는 폭넓은 의미로 사용된다. 서로 다른 요소들의 관계를 묻고 따지는 작업들을 포괄적으로 비교로 지칭한 것이다.

책의 1장과 2장에서는 1950년대 후반에서 1970년대 초반에 이르는 시기 동안 제작된 한국영화가 근대 세계체계로서 역사적 자본주의와 어떻게 조우했는지 살핀다. 1장에서는 〈지옥화〉〈돈〉〈쌀〉을 독해하며 자본주의적 근대를 구성하는 시간성의 형식인 옛것(그때)과 새것(지금)이 공간의 문제(도시와 농촌)를 통해 과잉결정되는 방식에 주목한다. 2장에서는 공간의 팽창 및 수축이라는 렌즈를 통해 1960년대 후반~1970년대 초반 제작된 한국영화(〈고발〉〈속 팔도강산: 세계를 간다〉〈산불〉〈생명〉〈04:00-1950〉)를 들여다보고, 이 문제를 일본의 마스무라 야스조의 영화와의 비교를 통해 고찰한다. 특히 폐쇄 공간이 형상화되는 방식을 두고 이만희의 〈생명〉〈04:00-1950〉과 마스무라 야스조의 〈입맞춤〉〈검정 테스트 카〉〈세이사쿠의 아내〉〈나카노 스파이 학교〉〈눈먼 짐승〉을 비교 분석했다.

3장에서는 알튀세르의 이론적 유산이라고 할 수 있는 과잉결정·최종심급에서의 결정·종별성 개념을 검토한 뒤, 이런 개념들에 기대 알튀세르와 영화연구의 접합 가능성을 모색한다. 다큐멘터리 〈파산의 기술記述〉에 주목하여, 영화가 파산이라는 사건이 역사적 사건(노동권과 시민권)으로 '단락'되는 과정을 어떤 식으로 그려내는지 들여다본다. 관객은 2000년대 중반 한국사회의 모순의 복잡성을 이 영화를 통해 지각할 수 있다.

4장에서는 주디스 버틀러·에르네스토 라클라우·슬라보예 지젝의 보편-특수 논쟁(《우연성, 헤게모니, 보편성》)을 끌어들여 보편·특수 개념을 세밀하게 개념화하고, 이를 토대로 〈괴물〉(2006)을 분석하며 영화가 경험적 역사와 경험적 역사로 단순히 환원되지 않는 공백 사이의 긴장을 전면화하는 방식에 초점을 맞춘다. 5장에서는 내셔널 시네마 개념을 정교화함으로써 초국적 작가로서 박찬욱과 그의 영화가 지닌 가능성과 한계를 살핀다.

6장에서는 〈군함도〉와 〈택시운전사〉를 분석함으로써 역사와 허구의 경계를 어떤 방식으로 분절할 것인지 모색한다. 동시에 역사적 의미를 만드는 다종다양한 방식들—지시작용, 현시작용, 의미작용, 들뢰즈의 의미론 등—이 서로 어떤 관련을 맺고 있는지 짚어봄으로써 특정한 상황에서 어떤 종류의 의미 만들기가 좀 더 유효한지 결정하는 작업의 중요성을 강조하고자 했다. 7장에서는 〈쉬리〉〈추격자〉〈무산일기〉〈엑시트〉를 통해 한국영화가 재난을 형상화하는 방식을 비판적으로 들여다본 뒤, 재난의 재현/표상을 통해 사회적 조건들을 어떻게 인식할 수 있는지 고찰한다.

5.

이 책을 내기까지 꽤 많은 시간이 걸렸다. 책을 출간하기 위해 완전히 새롭게 글을 쓴 것은 아니었지만, 써놓은 글들을 다시 손보기만 하는데도 꽤 오랜 시간이 흘렀다. 기존에 쓴 글들을 모아 출간할 때, 글을 쓸 당시의 태도와 자세를 중요하게 여겨 원고를 크게 수정하지 않는 경우도 종종 있는 것으로 안다. 그러나 이런 경우는 나에게는 해당되지 않았다. 문장이 마음에 들지 않았던 것은 물론이거니와 내용 면에서도 수정해야 할 부분이 거듭해서 눈에 띄었다. 그래서 기존의 원고를 대폭 수정하기로 했고, 그 과정에서 제목 역시 대부분 새롭게 손보았다.

이 책의 출판을 권하고 격려를 아끼지 않았던 오월의봄 편집자 임세현에게 진심으로 감사드린다. 그는 책을 만드는 동안 숱한 논의를 함께해주었다. 한예종 영상이론과 선생님들과 졸업생 및 재학생들, 《문화/과학》 편집위원들, 한국문화연구학회 동료 선생님들, 그리고 비교적 최근에 알게 된 이우학교 구성원들에게도 감사드린다.

부모님과 가족들에게 출판된 책을 보여줄 수 있어서 기쁘고, 또 고맙다. 세림·세인·세희 덕분에 고단한 삶을 견딜 수 있었던 것 같다. 마지막으로 함께 공부하며 세상의 풍파를 같이 이겨낸 아내 경민에게 마음을 다해 고마움을 전하고 싶다. 아내의 격려와 도움이 없었더라면 이 책은 정말이지 세상에 나올 수 없었을 것이다.

2022년 8월
하승우

#〈지옥화〉(1958)
#〈돈〉(1958)
#〈쌀〉(1963)

1장 근대의 시간: 1950~1960년대 한국영화의 지정학

한국영화를 둘러싼
복수의 시간들

1990년대 한국사회에서는 포스트모던 논쟁이 한창이었
다. 미셸 푸코와 질 들뢰즈의 이론들이 1990년대 중후반부터
활발하게 수입되었던 배경에는 이러한 이유가 자리 잡고 있는
지도 모른다. 이런 점에서 1990년대 중후반 문화비평의 장에
서 가장 유행했던 담론 가운데 하나가 탈dis근대 담론이었다는
점은 그다지 놀랍지 않다(물론 이때의 탈근대 담론은 포스트모던 담
론과 현저한 차이를 보인다). 이때로부터 거의 20년 이상이 지난
지금, 우리는 포스트모던 자본주의가 전면화된 시대에 살고 있
다.[1] 1990년대에 이미 포스트모던 논쟁이 한창이었다면, 지금

---

[1]　제임슨은 근대성을 다음의 네 가지 테제로 정의한다. "1. 시대 구분을 하지 않을 수는
없다. 2. 근대성은 개념이 아니라 서사 범주다. 3. 주관성을 통해서는 근대성을 서술
할 수 없다. (테제: 주관성은 재현불가능하다.) 오직 근대성의 상황들만이 서술될 수
있다. 4. 모던과 포스트모던의 단절이라는 가정을 인정하지 못하는 근대성 '이론'은 오
늘날 성립할 수 없다." 프레드릭 제임슨, 《단일한 근대성: 현재의 존재론에 관한 에세
이》, 황정아 옮김, 창비, 2020, 112쪽.

우리가 살고 있는 2022년은 포스트라는 접두어가 적어도 몇 개는 더 첨가되어야 할 시기가 아닐까.

　그러나 포스트라는 접두어를 마음 내키는 대로 덧붙인다고 해서 동시대 상황을 더 명료하게 인식할 수 있는 것은 아니다. 오히려 동시대의 지배적 경향인 포스트모던 상황이 무엇인지를 제대로 포착하려면, 다시금 과거로 돌아가 근대의 핵심적 특징이 무엇인지 고민해야 할 필요가 있다. 다가올 미래를 예상하는 작업은 과거를 경유하지 않고서는 성취될 수 없기 때문이다. 이 글에서는 1950년대 후반부터 1960년대 중반까지 제작된 한국영화가 근대와 어떤 관계를 맺는지 살펴보는 다소 고전적인 방법을 통해 근대성에 대해 탐구해보고자 한다.

　우선 한국영화와 근대의 관계를 다룬 선행연구들은 여러 중요한 통찰을 제공한다. 최근 식민지기 조선영화 연구는 내셔널리즘의 관점에 입각한 기존의 한국영화사 연구와 큰 편차를 보인다. 친일과 저항의 이분법을 근간으로 한 기존의 한국영화사 연구가 혈통·국적·모국어를 강조하며 식민지 조선에 정착했던 재일조선인 일본 영화인의 영향과 흔적을 애써 지우거나 공백으로 남겨두었다면, 조선영화를 다루는 최근 연구들은 식민지기 조선 영화인들의 활동이 재조 일본 영화인과의 관계를 통해 훨씬 입체적으로 검토될 수 있다는 판단 아래, 조선영화 형성의 과정과 그 사회-역사적 조건을 식민지와 제국의 불균등한 관계 속에서 고찰한다. 조선영화가 "서구 근대와 일본 근대 사이, 또 서구영화와 일본영화 사이에서 조선 영화인들이 만들어낸 식민지 근대의 산물"이라는 주장,[2] "식민지 시기 영화

2　정종화, 《조선영화라는 근대: 식민지와 제국의 영화교섭史》, 박이정, 2020, 17쪽.

산업이 재조 일본인들에 의해 구조화되었으며, 이렇게 구조화된 영화산업에서 조선의 영화산업은 일본과 서양의 영화들이 소비되는 공간이었고, 이에 따라 식민지 조선영화는 주변화될 수밖에 없었"다는 주장이 대표적이다.[3]

한국영화와 근대에 관한 분석은 《근대성의 유령들》에서 행해진 바 있다. 김소영은 '판타스틱 영화'를 열쇳말 삼아 〈대괴수 용가리〉(1967), 〈우주괴인 왕마귀〉(1967), 〈살인마〉(1965), 〈천년호〉(1969)부터 〈조용한 가족〉(1998), 〈퇴마록〉(1998), 〈여고괴담〉(1998)에 이르기까지 대략 30여 년의 시차를 두고 제작된 한국영화를 비교하면서 한국영화사를 새로운 방식으로 주시하기 위한 틀을 제시한다. 《근대성의 유령들》은 근대화 과정에서 미신이나 시대에 뒤떨어진 것으로 간주되어 배척된 무당, 여귀, 퇴마 등을 '근대를 흡혈하는 전근대'의 귀환으로 풀어내고, 이를 통해 한국영화가 전근대와 근대 사이에서 발생하는 긴장을 어떤 방식으로 기입하고 있는지에 주목한다. "영화라는 장에서의 환상 양식에 대해 고찰함으로써 근대성 속에 잠복해 있는 전근대성, 혹은 동시대에서 근대성이라는 차이를 만들어내는 쌍생아로서의 전근대성, 즉 블로흐가 '비동시적 동시성'이라고 명명했던 것이 어떤 계기에서 작동되는가를 읽어낼 수 있게 될 것이다."[4]

이런 문제 설정은 '근대의 원초경' 개념으로도 확장된다. 저자는 프로이트의 '원초적 장면' 개념에서 장면을 경鏡으로 치환하는데, 이때 '원초경'이란 용어는 "사진과 함께 영화를 기계

3   한상언, 《조선영화의 탄생》, 박이정, 2018, 22쪽.
4   김소영, 《근대성의 유령들: 판타스틱 한국영화》, 씨앗을뿌리는사람, 2000, 25쪽.

복제 이미지라고 할 때 바로 그 기계 복제 이미지들로 구성되는 근대 시각장의 기원적 순간"을 가리킴과 동시에 "조선영화의 첫 장을 가리키는 포괄적 의미"로도 사용된다.[5] 프로이트의 원초적 장면이 과거·현재·미래를 선형적 선으로 긋고, 출발점으로서 기원을 강박적으로 강조하는 것과 맞닿아 있다면, 원초경 개념은 "그 강박을 거울鏡마냥 성찰적으로 비추고 기억과 상상적 구성, 아카이브적 진실 증명과 상상적 자유 유희의 경계를 횡단"하는 데 사용된다.[6]

원초경이 시각적 경험과 관련된다면, 소리의 측면에서 조선영화가 근대와 맺는 관계를 검토하는 연구도 있다. 이화진은 무성영화에서 발성영화 시스템으로의 전환이 식민지 시기 조선영화의 형성에 어떤 방식으로 영향을 끼쳤는지 치밀하게 해부한다. 조선어와 일본어가 공존하고, 영화산업 대부분이 흥행업에 치중되어 있는 식민지 조선의 상황에서 영화가 소리를 내는 것이 어떤 의미를 지녔는지, 소리가 촉발하는 새로운 영화 경험을 관객이 어떻게 받아들였으며, 제국 일본이 주도한 전쟁이 식민지 극장의 소리를 어떻게 변용시켰는지 두루 살핀다.[7] 이러한 문제제기는 토키talkie 이행이 "테크놀로지의 진보"에 그치지 않고 "낡은 것과 새로운 것, 익숙한 것과 낯선 것, 부상하는 것과 잔여적인 것, 중심적인 것과 주변적인 것"의 비대칭성과 불균형성을 근간으로 하는 근대의 동학과 긴밀히 연관되어 있었음을 보여준다는 점에서 큰 의미가 있다.[8]

5   김소영, 《근대의 원초경: 보이지 않는 영화를 보다》, 현실문화, 2010, 22쪽.
6   같은 책, 25쪽.
7   이화진, 《소리의 정치: 식민지 조선의 극장과 제국의 관계》, 현실문화, 2016, 7~8쪽.
8   같은 책, 8쪽.

이 글은 이런 논의들의 연속선상에서 시간 개념을 중심으로 한국영화와 근대의 관계를 들여다보고자 한다. 피터 오스본·라인하르트 코젤렉·발터 벤야민의 논의를 소환함으로써 시간과 근대의 복합적 관계를 규명한다. 그러나 이 글에서 강조하는 근대 개념은 무엇보다도 자본주의와 긴밀히 연관된다. 이런 전제 아래, 여기서 말하는 시간 개념은 다층적 시간성의 모순적 공존이라는 차원에서 이해된다.

복수의 시간대의 중첩이라는 측면에서 보면, 최소한 네 가지의 시간대가 존재한다. 예컨대 한국영화를 둘러싼 시간대에는 역사적 자본주의가 주도하는 '장기지속'의 시간대가 있는가 하면, 이러한 장기지속이 구체적 정세conjuncture를 통해 드러나는 시간대도 존재한다. 또한 여기에는 정세보다 좀 더 미시적인 차원에서 진행되는 시간대, 즉 에피소드로 구성된 시간대도 존재한다. 나아가 한국영화는 복수의 시간대의 중첩이라는 맥락에 반응하면서도, 영화 매체 고유의 시간성을 펼쳐 보인다. 각각의 시간대는 자신만의 고유한 리듬을 지니고 있으면서도 서로 침투하고 교차하며 중첩된다.

복수의 시간대의 중첩이라는 문제 설정은 부재와 현존의 관계를 통해 일부 한국영화를 살피는 작업과도 연결된다. 이는 일련의 '이미지들'을 연속-불연속의 관계를 통해 조명하고, 그로 인해 영화를 구성하는 요소들 간에 형성되는 비선형의 궤적을 일별하는 작업과 결부된다. 하나의 개념이 여러 가지 이미지들로 다양하게 나타날 때, 그 개념의 의미는 고정되지 않는다. 또한 이때 드러난 이미지들은 복합적 모순을 형상화한 이미지로서 '성좌constellation'를 구성한다.

마찬가지로 여기서 시도하려는 것은 한국영화 형성의 조

건 및 그 과정에 나타난 (불)연속의 계기를 드러내는 것이다. 성좌 개념에서 핵심은 성좌를 구성하는 요소들의 내용이 아닌 그 요소들의 관계적 성격을 강조하는 데 있다. 프레드릭 제임슨이 언급하듯, 성좌[구도] 개념은 "끊임없이 변화하는 일련의 유동적인 계기들에 주목하는데, 이 계기들이 만드는 전체 구조는 그 속에 담긴 어떤 실체나 내용에 의해서가 아닌 계기들 사이의 상호관계에 의해 결정"[9]된다. 이것은 한국영화의 조각나고 파편화된 이미지들을 그러모으고 이어붙임으로써 한국영화와 그것을 둘러싼 세계를 '인식적으로 지도 그리려는' 시도이다.

마지막으로 한국영화는 낡은 것과 새로운 것의 긴장으로 특징지워지는 근대의 역학에 대해 나름의 방식으로 응답해왔고, 그 응답은 역사적 시기마다 다른 방식으로 계열화되어왔다. 예컨대 한국영화는 제국 일본이 주도하는 식민주의가 아시아·태평양전쟁 이후 미국 헤게모니로 이행하는 과정에서 일어나는 갈등과 충돌에 대해 역사-종별적인 방식으로 응답했다. 상황이 이렇다면, 한국영화사를 서로 다른 시간성들의 '동시적 coeval' 공존 관계가 상대적으로 집약되어 나타나는 시기와 그렇지 않은 시기들의 차이를 축으로 비교할 수도 있을 것이다.[10]

이런 맥락에서 〈지옥화〉〈돈〉〈쌀〉 등 1950년대 후반에서 1960년대 초반에 제작된 영화를 살펴보고자 한다. 이 영화들은 한편으로는 한국전쟁 이후 남한 자본주의에서 독점자본주의가 형성되는 시기에 제작되었고, 다른 한편으로는 당대 남한

---

9   프레드릭 제임슨, 《후기 마르크스주의》, 김유동 옮김, 한길사, 2000, 455쪽.
10   심광현, 〈한국영화사 연구의 새 차원: 근대와 전근대가 만나는 유령 같은 '역공간'의 생산성〉, 《한국음악사학보》 26, 2001, 158쪽.

사회가 근대와 마주하면서 느꼈던 '충격'을 부재와 현존의 불균등한 관계를 통해 표현하고 있다.

복합적 시간성의
모순적 공존

우선 "역사적 시간구조"의 관점에서 근대 개념을 면밀히 되짚어보아야 한다.[11] 특히 피터 오스본은 그 작업을 정교히 수행한다. 오스본은 코젤렉과 벤야민의 논의를 끌어들이면서, 다음과 같은 세 가지 차원에서 근대 개념에 접근한다. "시대구분의 범주로서 근대" "사회적 경험의 질적 차원으로서 근대" 그리고 "(미완의)기획으로서 근대"가 바로 그것이다.

근대에 관한 오스본의 개념을 좀 더 잘 이해하기 위해서는 코젤렉의 근대 개념을 조명할 필요가 있다. 오스본의 근대 개념이 상당 부분 코젤렉의 이론에 의지하기 때문이다. 코젤렉은 근대 개념이 기본적으로 연대기적 순서를 따른다고 본다. 즉 시기 구분의 범주로서 근대는 고대와 중세 이후에 나타나는 시기로 이해된다. 이러한 시기 구분은 벤야민의 표현을 빌리자면, '공허하면서도 균질적인' 시간 형식이다. 그러나 코젤렉이 근대를 선형적 시간 논리에 따른 시기 구분의 범주로만 이해하는 것은 아니다. 그가 보기에 근대는 무엇보다도 새로움을 특징으로 하는 독특한 시간 구조를 지닌다. 이렇듯 코젤렉은 근

---

11   피터 오스본, 〈다른 시간, 다른 근대〉, 《근대세계의 형성》, 사카이 나오키 외 6인, 허보윤 외 6인 옮김, 소명출판, 2019, 146쪽.

대 개념의 모순적 측면을 살피며 '새로운'과 '시대'의 합성어인 근대Neuzeit라는 용어가 역사적 시간의 경과에 따라 어떻게 변형되어왔는지 추적한다.

코젤렉에 따르면, 대략 16세기부터 17세기 말까지 서구에서는 중세 이후에 등장하는 시대를 가리키기 위해 '새로운 시대Neue Zeit'라는 말이 사용되었다. 그러나 이때 언급된 '새로운 Neue'이라는 형용사는 실질적 내용을 지시하기보다는 연대기적으로 중세 다음에 오는 시대를 가리키는 용어였고, 그런 만큼 비교적 중립적으로 사용되었다. 단순히 시기 구분의 의미를 갖던 새로운 시대라는 용어가 질적 의미를 포함하는 용어로 변화하게 된 것은 18세기에 이르러서였다. 이때 새로운 시대는 '예전'보다 새로운 시기로서 '지금'이라는 의미는 물론, 예전과 완전히 다르고 훨씬 더 발전했다는 의미에서 새롭다는 의미를 획득하게 된다.[12]

여기서 더 나아가 '새로운'이 최상급으로 변형되어 '최신의 시대Neuest Zeit'라는 단어가 수용되기 시작한다. 코젤렉에 따르면, 프랑스혁명의 경험에 힘입어 최신의 시대 개념이 탄력을 받게 되었고, 최신의 시대가 새로운 시대라는 표현보다 훨씬 빠르게 받아들여졌다.[13] 언뜻 둘 사이에는 별반 차이가 없는 것처럼 보이지만, 사실 여기에는 꽤 큰 차이가 있다고 할 수 있다. 최신의 시대라는 용어의 사용이 근대 개념이 단지 연대기적 순서상의 시기 구분 범주에서 완전히 벗어나, 전적으로 질적 차원에서 의미를 획득했음을 뜻하기 때문이다.

---

12   라인하르트 코젤렉, 《지나간 미래》, 한철 옮김, 문학동네, 1998, 345쪽.
13   같은 책, 355~356쪽.

피터 오스본은 우리가 현재 알고 있는 근대 개념이 최신의 시대라는 용어가 부상했을 때 시작되었다고 본다. "이 시기에 역사적 용어의 시간적 구조가 질적으로 변형되었기 때문에, 완전한 의미의 '근대'는 여기에서 시작되었다고 할 수 있다. 근대는 더 이상 고대나 중세가 아닌, '전통'과 대립하는 것이 되었다."[14] 여기서 오스본은 코젤렉의 논의 외에 한 가지 관점을 더 추가한다. 그는 레이먼드 윌리엄스를 인용하며 근대 개념이 또 다른 변화를 겪게 된다고 말한다. 윌리엄스에 따르면, "제2차 세계대전 이후 '근대'는 '지금now'이라는 의미에서 '방금 전just now' 혹은 '그때then'라는 의미로 바뀌었다. 즉 '근대'는 과거를 가리키는 말이 되었고, 이에 현재는 '현대contemporary'라는 말로 바뀌었다".[15]

지금까지 살펴본 바에 따르면, 근대 개념은 연대기적 시간 구분이라는 특징뿐 아니라 질적으로 새로운 시간성의 형식이라는 특징 역시 지닌다. 양자의 영역은 때때로 수렴되기도 하고, 분산되기도 하며, 독립적이면서도 상호의존적인 관계를 형성한다. 중요한 것은 시간성의 형식이 지닌 그 두 가지 차원이 역사적으로 종별적인 정세 속에서 어떤 방식으로 변화되어 나타나는지를 일별하는 것이다. 역사적 관점에서 시간을 바라보면, 이 세계에는 다수의 시간성의 형식이 존재한다. 그러나 시간을 둘러싼 여러 가지 관점이 존재한다는 사실이 모든 문제를 해결하는 열쇠는 아니다. 달리 말해, 다수의 시간성이 '중첩'되어 있음을 강조하는 것만이 능사는 아니다. 관건은 복수의 시

---

14 피터 오스본, 〈다른 시간, 다른 근대〉, 《근대세계의 형성》, 129쪽.
15 Raymond Williams, *The Politics of Modernism: Against the New Conformists*, p.32, 같은 책, 130쪽에서 재인용.

간성의 형식이 어떻게 모순적으로 공존하는지를 드러내는 데
있다. 이런 맥락에서 오스본은 '역사적 시간'과 관련해 "사회적
실천의 역사적·지리적 다양성과 관련된 다수의 시간성"을 언
급하면서도, 이러한 "다수의 시간성이 대문자 H로 쓰여진 역
사의 시간the time of History과 통합된다"는 점을 더욱 중요하게
강조한다.[16]

　　오스본의 논의는 한국영화가 자본주의적 근대 개념과 맺
는 밀접한 관계를 탐구하는 데 상당한 통찰을 제공한다. 그의
관점을 이어받아 한국영화가 역사를 어떻게 기입하는지, 그러
한 역사 기입이 다수의 시간성과 '대문자로 쓰인 역사의 시간'
의 접합과 같은 방식으로 진행되는지 면밀히 살펴볼 때 생산적
인 담론들이 도출될 수 있을 것이다. 특히 오스본과 유사한 방
식으로 '동시적 근대'의 관점에서 시공간의 경험들이 특정하게
배열되는 방식을 강조하는 해리 하르투니언의 작업은 한국영
화가 자본주의적 근대 개념과 조우할 때 어떤 번역 가능성들이
발생하는지 질문해볼 수 있도록 한다. 하르투니언은 이러한 재
정식화가 기존의 서구-비서구의 대당 관계를 넘어 새로운 지
식생산을 마련하기 위한 조건이 될 수 있다고 주장한다. "일상
생활이 끊임없이 조정해야 할 반복주기 사이의 모순들, 모든
곳에서 근대성과 일상성 간에 일어나는 끊임없는 상호작용, 그
리고 이런 상호작용에 따른 배치의 변화는, 근대적인 것('새로
운 것'의 체제)을 일상생활의 문화적 형식들과 구분해주는 불균
등성의 작용을 드러낸다. 다양한 사회적 주체들이 항상 근대성
을 재정의하기 때문에, 이런 모순들은 또한 이전에 서구와 비

16　　Peter Osborne, "The Politics of Time", *Radical Philosophy* 68, 1994, p.6.

서구로 이루어져 있던 근대성의 배치가 새롭게 바뀔 것임을 보여준다."[17] 하르투니언의 주장은 피터 오스본이 《시간의 정치》에서 주장한 것과 일맥상통한다.

다시 근대 개념으로 돌아오면, ('새로운 시대' 또는 '최신의 시대'라는 용어가 보여주듯), 그것은 새로움newness을 추구하는 과정으로 이해된다. 그러나 끊임없이 새로움을 추구하는 자본주의적 근대는 자신이 방금 전 그렇게도 혁신적이라고 강조해 마지않았던 상품을 폐품 처리하고, 또다시 새로운 상품을 출시하기를 반복한다. 새로운 상품은 출시되기가 무섭게 몰락의 길로 접어들고 만다. 벤야민은 이러한 현상을 '진보'로 명명한다.[18] 이때의 진보는 "'늘 새로운 것the-ever-new'처럼 가장하고 있는 '반복동일성always-the-same'"[19]을 특징으로 한다. 자본주의적 근대의 산물인 상품세계는 끊임없이 변화하며 새로운 취향과 스타일을 지속적으로 만들어낸다. 가장 최근의 것이 이전의 것보다 더 낫다는 것이야말로 상품세계를 지배하는 논리의 핵심이라 할 수 있다. 이런 이유로 벤야민은 상품 세계가 제시하는 새

---

17   해리 하르투니언, 《역사의 요동: 근대성, 문화 그리고 일상생활》, 윤영실·서정은 옮김, 휴머니스트, 2006, 133쪽.

18   진보 이데올로기에 대한 벤야민의 비판은 중요한 통찰력을 제공하지만, 20세기 진보 이데올로기가 행했던 역할에 대해서는 다각적 측면에서 살펴볼 필요가 있다. 예컨대 에티엔 발리바르는 《마르크스의 철학》에서 벤야민의 〈역사의 개념에 대하여〉가 지닌 중요성을 충분히 긍정하면서도, 20세기 마르크스주의적 진보주의의 다양한 양태를 1) "독일 사회민주당"과 "제2인터내셔널의 이데올로기", 2) "소비에트 공산주의와 '현실 사회주의'의 이데올로기", 3) "제3세계의 한가운데서 정교하게 구성되었으며 동시에 탈식민화 이후 이 제3세계 바깥에서 제3세계 내부로 투사된 사회주의적 발전이라는 이데올로기"로 세분화함으로써 "진보에 대한 비판 그 자체를 상대화할 수 있게 해주거나, 적어도 이 진보에 대한 비판을 그 자체로 자명한 것으로 어떤 의심도 없이 받아들이지는 않도록" 해준다. 에티엔 발리바르, 《마르크스의 철학: 마르크스와 함께, 마르크스에 반해》, 215~217쪽.

19   그램 질로크, 《발터 벤야민과 메트로폴리스》, 노명우 옮김, 효형출판, 2005, 36쪽.

로움이 전혀 새롭지 않다고 보았다. 그것은 반복적이며, 지나치게 지루할 뿐이다.

따라서 진보는 자신이 밀어내고자 했던 낡은 것과 필연적으로 긴장 관계에 놓이게 된다. 말하자면 새것과 옛것 사이에 변증법적 긴장이 촉발된다. 아무리 새로운 것이라 하더라도 유행이 지나면 옛것이 될 수밖에 없기 때문이다. 이처럼 자기 자신 또한 쇠퇴한다는 사실은 미래를 향해 전진하는 근대의 시간 개념을 자기 모순에 봉착하게 만든다. 이렇게 볼 때 '영원한 현재'라는 시간성의 형식을 지닌 포스트모던은 새것이 옛것으로 쇠퇴하는 과정에 대한 완전한 부인과도 같다.

포스트모던의 시간 형식은 역사적 인식 및 감각에서 벗어나 있다. 이제 우리는 자본주의적 근대가 늘 새로운 것을 강조하는 순간에 멈추어 서서 "상품의 잊혀진 내용을 기억"하고 "상품 속에 있는 유토피아적 계기들을 구원"하는 데 집중하려고 한다.[20] '상품 속에 있는 유토피아적 계기들의 구원'은 새로운 상품에서는 드러날 수 없고 상품의 쇠퇴와 몰락 속에서만 현현하기 때문이다. 상품의 쇠락 속에서 우리는 실제로 발생했던 것으로서의 과거가 아니라, 다른 방식으로 현실화될 수도 있었을 가능성의 계기를 포착할 수 있다. 새것이 옛것이 될 때 나타나는 시간성의 형식은 과거와 현재의 만남이지만, 이는 결코 현재의 관점에서 과거를 조망하는 관조적인 활동이 아니다. 오히려 과거의 잊히고 망각된 것들이 불현듯 현재에 솟아오르는 것에 가깝다고 보아야 한다. 이는 벤야민의 변증법적 이미지 개념에서 좀 더 분명하게 드러난다.[21]

20   같은 책, 246쪽.

벤야민의 '변증법적 이미지'는 과거의 억압된 요구가 현재에 현실화actualizing되는 것을 말한다. 그것은 선형적 질서를 구성하는 이전과 이후로서의 과거와 현재의 관계가 아니며, 무엇보다도 "과거에 있었던 것이 지금Jetzt과 섬광처럼 한순간에 만나 하나의 성좌를 만드는 것"을 말한다("과거에 있었던 것"은 '예전'으로 번역되기도 한다). 예전의 잊히고 망각된 것들, 혹은 벤야민이 말했던 '피억압자의 전통'은 우리에게 다시금 기억되기를 요구하며 솟구쳐 오른다. 예전에 억압된 것은 현실화되기를 기다려온 예전의 기대 혹은 요구이기도 하다. 그러므로 벤야민에게 예전과 지금의 만남은 일상적 만남이 아닌 예전과 지금이 강렬하게 충돌하여 발생하는 만남이다. 이 만남은 또한 주체의 의도를 벗어난 만남, 즉 마주치고 싶지 않음에도 불구하고 주체로 하여금 마주칠 수밖에 없도록 강제하는 만남이다. 그래서 예전과 지금이 만나는 순간은 '위험한 순간'으로 인식된다.

'위험한 순간'은 우리의 관습적인 사고와 인식 과정이 급격히 중단되는 순간이기도 하다. 이 순간은 시간의 선형성·연속성에 기반하지 않으며, 불연속성과 단절에 기초한다. 벤야민은 이 순간을 '변증법적 이미지'라고 부른다. 변증법적 이미지 안에 이질적으로 공존하는 복수의 시간성은 실증주의적 역사

---

21 "과거가 현재에 빛을 던지는 것도, 그렇다고 현재가 과거에 빛을 던지는 것도 아니다. 오히려 이미지란 과거에 있었던 것이 지금Jetzt과 섬광처럼 한순간에 만나 하나의 성좌를 만드는 것을 말한다. 다시 말해 이미지는 정지 상태의 변증법이다. 왜냐하면 현재가 과거에 대해 갖는 관계는 순전히 시간적·연속적인 것이지만 과거에 있었던 것이 지금에 대해 갖는 관계는 변증법적인 것이기 때문이다. 시간적인 성질이 아니라 이미지적인 성질을 갖는 것이다. 변증법적 이미지만이 진정 역사적 이미지다. 즉 태곳적 이미지가 아니다. 해독된 이미지, 즉 인식 가능한 지금 속에서의 이미지는 모든 해독의 기반을 이루는 위기적이며kritisch, 위험한 순간의 각인을 최고도로 띠고 있다. [N 3,1]" 발터 벤야민, 《방법으로서의 유토피아: 아케이드 프로젝트 4》, 조형준 옮김, 새물결, 2008, 78쪽.

방법론이 추구하는 선형적·연대기적 질서를 위태롭게 만든다. 그 덕택에 우리는 역사의 중핵을 훨씬 더 선명하게 인식할 수 있다. 하지만 그렇다고 해서 선형적 시간성 자체를 폐기 처분한다면 곤란할 것이다. 결국 근대를 시간성의 형식으로 이해한다는 것은 어떤 한 시간성을 우위에 두고 다른 시간성을 폄하하는 것이 아니라, 복수의 중층적 시간성들이 서로 어떤 연관을 맺고 있는지, 그런 연관성이 어떤 모순과 긴장을 견인하는지 검토하는 과정이기 때문이다.

1950년대 남한 자본주의
축적 구조의 모순과 위기

1950년대 후반~1960년대 초반 생산된 한국영화들은 동일한 시대적 맥락에 서로 다른 방식으로 접근한다. 그 각각의 영화들이 어떤 모순적 관계를 맺고 있는지 고찰하기 위해서는 1950년대 한국사회의 사회-역사적 조건부터 검토할 필요가 있다. 이를 위해 먼저 조반니 아리기가 제시한 세계체계론을 살펴보고자 한다.

아리기에 따르면, 근대 세계체계는 '체계적 축적 순환'과 '국가 간 체계'로 구성된다. 아리기는 이매뉴얼 월러스틴처럼 중심-주변의 구도에 의존하기보다는 정세의 종별성에 초점을 맞추는데, 1950~1960년대는 체계적 축적 순환의 관점에서 볼 때 '실물적 팽창'이 지배적인 시기였다(1968년에서 1973년까지의 위기를 기점으로 금융적 팽창이 두드러지게 나타났다는 것이 아리기의 설명이다). 한편 20세기 미국의 헤게모니는 같은 시기 영국의 그것과 큰 차이를 보인다. 영국 헤게모니가 영토 확장에 기반을 두고 제국주의적 팽창을 추구한 데 비해, 미국 헤게모니는 영토적 팽창 대신 냉전 질서를 중심으로 분할선을 긋는 정책을 추구했다. 20세기 미국은 영국 자본주의의 축적 구조를 대체하며 세계시장의 유동성을 미국으로 집중시켰지만, 미국 외의 다른 지역으로까지는 유동성을 순환시키지 못했다.[22]

이처럼 미국과 해외 유동성 사이에는 근본적 불균형이 있었다. 아리기에 따르면, 미국이 직면했던 유동성 위기를 해결해준 것은 한국전쟁이었다. "한국전쟁 중, 그리고 그 후의 대대적인 재무장이 전후 세계경제의 유동성 문제를 영구히 해결해주었다. 외국 정부에 대한 군사 원조와 해외에서 미국의 군사비 직접 지출―둘 다 1950년에서 1958년 사이와 또다시 1964년에서 1973년 사이에 꾸준히 늘어났다―이 세계경제 팽창에 필요한 모든 유동성을 제공해주었다."[23]

당시 한반도를 둘러싼 국가 간 체계는 좀 더 복잡한 독해를 요한다. 제2차 세계대전 이후 미국의 대일본 전략은 일본의 경제 재건과 철저한 비무장에 초점을 맞췄다. 그러나 1949년 소련이 핵실험에 성공하고, 중국이 공산화된 데 이어 그 이듬해 한국전쟁이 발발하자, 미군정은 점령 초기의 대일본 전략을 대폭 수정하여 전쟁 기지로서 일본의 역할을 강조하기 시작한다. 특히 한국전쟁이 발발하자 미국은 일본이 동북아시아 반공동맹에서 핵심적인 역할을 맡도록 하기 위해 점령기를 서둘러 종식하고 일본을 독립국가로 변모시키고자 했다. 목적 달성을

22   조반니 아리기, 《장기 20세기》, 496쪽.
23   같은 책, 500쪽.

위해 미국은 1951년 9월 연합국의 일원으로 샌프란시스코 강화조약과 (미군의 일본 주둔을 허용하는) 미일안전보장조약을 동시에 체결했다. 미군정이 종료된 후에도 "극동의 출격기지로서 일본을 확보"하기 위함이었다.[24]

샌프란시스코 강화조약을 통해 전후 문제를 성급하게 처리한 미국은 1960년 1월 일본과 신안보조약을 맺음으로써 미일 동맹관계를 강화한다. 신안보조약은 샌프란시스코 강화조약을 완성한다는 의미를 담을 뿐 아니라, 일본이 20세기 미국 헤게모니의 자장 안에 완전히 편입되었음을 분명히 한다. 앞서 언급했듯, 냉전 시기 미국은 소련과 중국 등 공산주의 세력의 팽창을 견제하기 위해 일본을 지렛대로 활용하는 동북아시아 전략을 취해왔다. 미국은 제2차 세계대전 이래로 일본을 굳건한 안보 동맹으로 설정하고, 이렇게 군사기지화된 일본을 중심으로 남한, 대만 등과 반공동맹을 형성하여 공산주의 세력의 확장을 억제하려 했다. 1965년 한일협정의 체결도 이런 배경과 무관하지 않다.

동아시아 냉전과 한미일 공조를 중심으로 동아시아 질서가 재편되면서 1950년대 남한 자본주의도 큰 변화를 맞게 된다. 무엇보다 해방 이후 미국이 무상으로 원조 물자를 제공하면서 남한 자본주의는 본격적으로 미국 헤게모니에 종속되었다. 미국은 남한사회의 성장이 아닌 남한의 경제 안정을 최우선으로 여겼다. 그 때문에 원조 물자 역시 소비재(밀가루, 면화, 설탕 등의 원료)와 자국의 잉여농산물에 국한되었다. 그 결과 남

---

24   오구마 에이지, 《민주와 애국: 전후 일본의 내셔널리즘과 공공성》, 조성은 옮김, 돌베개, 2019, 541쪽.

한사회는 두 가지 주요한 변화를 맞게 된다.

첫째, '삼백사업'(밀가루, 면화, 설탕)처럼 주로 미국의 원조 물자를 가공하는 산업이 국내에 독점자본을 형성하며 1950년대의 경제성장을 견인했다. 이들 국내 자본은 미국으로부터 원조 물자를 독점적으로 공급받고, 국내 정부의 각종 특혜에 힘입어 유통 과정을 독점하게 된다. 둘째, 미국의 잉여농산물 원조는 국내 농업에 큰 타격을 입혔고, 그로 인해 많은 농민들이 농촌을 떠나 도시로 이동하게 되었다. 미국이 주도한 식량원조는 남한을 비롯해 (당시) 제3세계에 속했던 국가들을 해외 자본에 종속시켰다.[25]

1950년대 남한 자본주의가 비록 맹아적 형태에 머물렀다 하더라도, 이러한 현상을 자본축적의 관점에서 들여다볼 필요가 있다. 이 점은 이광일의 주장에서 잘 드러난다. "비록 한국 경제가 봉건성을 지니고 있었지만, 그 내부에는 여타 우크라드 uklad를 재편·지배할 수 있는 자본관계가 형성되고 있었다는 점을 간과해서는 안 된다. 바로 그 부문이 국가권력을 매개로 미국의 원조, 적산불하, 금융 등에서의 각종 특혜에 기반하여 '삼백사업'을 중심으로 형성된 독점체들인데, 이들 자본의 부상과 지배력 확장은 전쟁 중 실시된 농지개혁으로 지주계급이 몰락한 상황에서 필연적인 것이었다."[26] 이와 더불어 1950년대의 노동생산성이 저임금 및 장시간 노동에 의해 지탱되었다는 점을 짚고 넘어가지 않을 수 없다.

그러나 1950년대 후반에 이르러 미국의 원조 방식에 중대

25   서동진, 〈원조〉, 서동진·박소현 엮음, 《비동맹 독본》, 현실문화, 2020, 327쪽.
26   이광일, 《박정희 체제, 자유주의적 비판 뛰어넘기》, 메이데이, 2011, 49쪽.

한 변화가 일어나 남한 자본주의의 축적 구조가 모순과 위기에 봉착하게 된다. 미국이 1957년을 기점으로 직접 원조를 삭감하고 차관 형태로 그 방식을 변경한 것이다. 미국의 대한원조 정책 기조는 군사력 유지를 위한 경제 안정에서 좀 더 공격적인 경제개발로 변경되었고, 남한 자본주의 역시 일본 중심의 아시아 분업체제에 편입되어야 했다.[27] 물론 미국의 직접 원조가 줄었다 하더라도, 이를 미국이 남한사회에 끼친 영향력이 감소했다는 뜻으로 받아들이기에는 무리가 있다. 원조 규모와 상관없이, 미국은 당대 남한사회에서 일종의 표준적 지식 체계를 구축하기 위한 중요한 좌표로 기능했다.

전후 미국의 동북아시아 전략이 일본을 중심으로 반공동맹을 창설하는 것이었던 만큼, 미국이 한일 관계의 개선을 촉구한 것은 그다지 놀라운 사실은 아니다. 그럼에도 한일 관계는 미국이 의도한 대로 흘러가지만은 않았다. 당시 이승만 정권은 강력한 반공 친미주의를 표방하면서도 반일주의를 공식 이데올로기로 내세웠다. 이승만 정권은 반공과 반일을 거의 동일시하며, 반일주의를 공식 이데올로기로 전면화했다. 한일관계 개선을 종용하는 미국의 요구를 거부한 셈이다. 결국 이승만 정권은 일본 주도의 동북아시아 분업 구조를 조성하려는 미국과 대립각을 세우다 몰락하게 된다. 1950~1960년대 남한과

---

27   남한에 대한 미국의 원조 방식에 중대한 변화가 일어났다는 사실은 다음의 문장에서 확인된다. "1957년 미국의 대한원조 정책은 원조의 삭감, 개발재원의 차관화, 일본 자본의 유입 등을 골자로 미국의 재정부담을 낮추는 대신 한국이 스스로 '건전한' 재정·경제 정책을 수립하고 재정운용에 더 큰 책임을 지기를 요구했다"는 점에서 이전과 확연히 달라지기 시작한다. 신용옥, 〈1950년대 원조의존 경제체제와 종속적 산업화〉, 강만길 엮음, 《한국 자본주의의 역사: 빼앗긴 들에 서다》. 역사비평사, 2005, 297쪽.

일본이 동일한 세계체계의 역학에 전혀 다른 방식으로 반응했음을 알 수 있는 부분이다.

〈지옥화〉의 도시 체험 번역

이제 지금껏 살펴본 1950년대 후반의 사회적·역사적 조건을 토대로 〈지옥화〉(1958)라는 영화를 들여다보자. 미군부대 근처의 기지촌을 배경으로 진행되는 이 영화에는 '양공주'로 일하는 쏘냐(최은희), 미군 물품을 절도하여 살아가는 영식(김학), 그리고 형 영식을 찾아 시골에서 올라온 동식(조해원)이 등장한다. 동식은 영식에게 시골집으로 돌아가자고 계속 설득하지만, 영식은 동생의 제안을 거절한다. 영식은 쏘냐에게 '크게 한 건을 한 뒤' 함께 시골로 내려가자고 설득하지만 쏘냐는 시큰둥하다.

쏘냐는 영식과 연인 관계를 유지하고 있지만 사실은 동식을 마음에 두고 있다. 미군부대에서 댄스파티가 열린 어느 날 밤, 쏘냐는 동식을 유혹한다. 쏘냐의 유혹에 넘어간 동식은 형 영식을 생각하며 괴로워하지만, 쏘냐는 동식과의 관계를 유지하기 위해 영식의 절도 행각을 미군 헌병대에 신고한다. 결국 영식은 헌병대의 추격에 쫓기게 되고, 가까스로 살아남지만 미군과의 총격전 끝에 총상을 입는다. 영화의 마지막, 영식은 쏘냐를 칼로 찌른 뒤 스스로 생을 마감한다. 홀로 남겨진 동식은 기지촌에서 일하는 '양공주' 주리와 함께 농촌에 있는 시골집으로 내려간다.

〈지옥화〉는 신상옥 감독의 필모그래피 중 다소 예외적으

〈지옥화〉(1958)는 근대를 새것과 옛것 사이의
긴장으로 번역하기보다는 옛것으로의 쇠락을 한사코
거부하는 현재주의의 층위에 위치시킨다.

로 리얼리즘 미학을 성취한 것으로 평가받는 영화다. 실제로 1950년대 말 〈어느 여대생의 고백〉(1958), 〈그 여자의 죄가 아니다〉(1959), 〈동심초〉(1959), 〈자매의 화원〉(1959) 같은 멜로드라마를 주로 제작하고, 1960년대 초반 〈성춘향〉(1961), 〈연산군(장한사모편)〉(1961), 〈폭군연산(복수·쾌거편)〉(1962) 등의 사극을 주로 제작한 그의 이력으로 볼 때 이런 주장에는 나름의 근거가 있다. 그러나 그런 필모그래피에 견줘 이 영화를 기계적으로 리얼리즘 영화로 분류하기보다, 영화가 당시의 시대적 공기와 어떻게 공명하고 있는지, 해당 시대를 어떤 방식으로 기록했는지 질문하는 것이 훨씬 더 유용할 것이다.

〈지옥화〉는 남대문과 서울역 등 1950년대 서울의 풍경을 펼쳐놓는다. 영화는 시작과 동시에 남대문을 비춘 뒤 곧이어 서울역에서 나오는 동식을 보여준다. 동식은 어떤 남자가 누군가의 가방을 훔치는 장면을 목격한다. 가방을 훔친 사람을 쫓아 뛰어가던 동식은 하얀 중절모를 쓴 날치기 일당에 의해 제지당하고 자신의 노자마저 모두 빼앗기고 만다. 소란스럽고 분주한 도시가 제공하는 속도·리듬·감각에 적응할 겨를조차 없었던 동식이 처음 체험하게 되는 것은 폭력과 절도로 얼룩진 서울의 '지옥화'다.

카메라는 다시 남대문을 비춘다. 자동차·트럭·시내버스·자전거·인력거가 서로 경쟁하듯 남대문 근처를 부산하게 가로지르는 모습이 멀리 내다보인다. 도시는 자동차의 경적 소리, 보행하는 사람들이 내는 발자국 소리 등 도시의 온갖 소음으로 뒤덮여 있다. 도심의 교통량이 증가하자 대중 역시 빠르게 움직인다. 분주한 도시 공간에서의 이동은 대중에게 자본주의적 근대가 안겨주는 속도와 리듬을 체험하도록 한다. 이 공간을 가로지르는 대중은 시선을 한 곳에만 집중할 수 없다. 공간 속의 객체를 지긋한 시선으로 주시할 수 없기에 사람들은 끊임없이 사방을 둘러보아야 한다. 곧이어 영화는 다큐멘터리 기법으로 촬영한 파운드 푸티지found footage[28]를 보여준다. 거리를 활보하는 미군의 힘찬 발걸음, 담배를 태우는 미군과 대화하는 소년, 철모를 쓴 미군의 옆에 서 있는 백발이 성성한 노파, 미군들과 웃으며 대화하는 젊은 여성 등 남한 대중이 미군과 접촉하고 교통하는 풍경을 매우 짧은 순간이나마 펼쳐낸다. 이 푸티지에 이어 카메라는 두 명의 여성이 트럭 속의 미군과 짧은 대화를 나누는 장면을 담아낸 뒤 처음으로 쏘냐를 비춘다. 쏘냐가 미군을 상대하는 기지촌 여성임을 알 수 있는 부분이다. 이런 장면들은 한국전쟁 이후 남한사회가 20세기 미국 헤게모니가 주도하는 세계체계로 빠르게 이행하고 있음을 부지불식간에 드러낸다.

전후 미군의 표상

〈지옥화〉에서 미군은 서사 진행을 보조하는 역할에 머무른다. 또한 영화에 비춰진 모습만으로는 미군이 해방군인지 점령군의 성격을 띠는지도 판단하기도 어렵다. 당대 남한사회가 미국을 어떤 식으로 표상했는지 추적해보기 위해 징후적 독해를 경유해야만 하는 이유다.

---

28   영화 제작자가 기존에 제작된 영상 자료들 중에서 자신이 취급하고자 하는 자료를 선택하여 이를 새로운 영상물로 만들어내는 과정을 뜻한다.

사실 〈지옥화〉는 식민주의의 문제를 성별화되고 성애화된 관점에서 표상하는 남한 대중문화의 관습을 고스란히 반복한다. 수많은 페미니즘 문헌들이 주장해왔듯, 식민지 여성은 남성 식민 지배자와 반식민 민족주의 남성에 의해 이중으로 배척된다.[29] 이는 식민주의가 문명-야만이라는 비유뿐만 아니라 남성성-여성성이라는 젠더관계에 의해서도 구성되기 때문이다. 식민 지배자는 자신을 문명의 중심인 남성으로, 피지배자를 원시적 타자인 여성으로 규정하면서 피식민 타자를 공공연히 성애화된 대상으로 인식한다.

　　식민주의가 성별화되고 성애화된 에피스테메를 중심으로 구성됨에 따라, 반식민 민족주의 담론은 상실되었다고 가정된 남성성—처음부터 존재하지 않았으나 마치 존재한 것처럼 상상된 것—을 회복하기 위해 식민지 여성에게 "도덕적 순결"을 요청한다.[30] "탈식민지적인 노력의 핵심이 유아화되거나 거세된 남성성을 회복시키는 일에 있으므로, 어떤 세력이든 남성적인 권위를 위협하는 세력은 민족 해방 투쟁에 해를 끼친다는 의혹을 사게 된다."[31] 이런 이유에서 식민지 남성은 여성이 서구 문화에 친숙하다는 이유만으로 이 여성들을 분노와 증오의 시선으로 바라본다. 이는 식민지 남성이 자신에게 부여된 여성적 주체성을 부인하고 남성적 주체성을 강화하기 위해 식민지 여성을 억압하는 것에서 비롯된다. 이처럼 식민주의가 성애화된 방식으로 진행될 때 반식민 민족주의 담론은 식민 지배자의

29　　최정무는 한국적 맥락에서 이 문제에 관한 가장 강력한 비판을 제기했다. 최정무, 〈한국의 민족주의와 성(차)별 구조〉, 일레인 김·최정무 엮음, 《위험한 여성: 젠더와 한국의 민족주의》, 박은미 옮김, 삼인, 2001.

30　　같은 책, 45쪽.

31　　같은 책, 같은 쪽.

입장과 공명하게 되는데, 이때 식민지 여성은 이중으로 배척당한다.

〈지옥화〉에서도 이와 같은 과정을 어렵지 않게 발견할 수있다. 〈지옥화〉의 대립 구도는 쏘냐와 영식·동식 형제의 남성공동체를 중심으로 형성되며, 이때 쏘냐는 아메리카, 트랜스내셔널, 소비 등의 의미계열 속에 위치하게 된다. 반대로 영식과동식은 (다소간 편차는 있지만) 시골, 고향, 전통 등의 의미계열을 형성한다. 이와 관련해 두 가지 해석이 가능할 것이다. 첫째,영식과 쏘냐 모두 기지촌을 터전 삼아 살아갈 수밖에 없는 존재들이다. 특히 쏘냐는 함께 시골에 내려가자는 영식의 제안에아랑곳하지 않는다. 영화의 마지막에 배치되는 이들의 죽음은1950년대 후반 남한사회에서 원조 물자의 분배를 둘러싸고 심각한 모순·충돌·적대가 있었음을 시사한다. 둘째, 동식이 형영식을 끊임없이 고향에 데려가고자 하는 행위는 트랜스내셔널의 치명적 유혹으로부터 스스로를 방어하기 위해 로컬리티를 토대로 남성연대를 강화하려는 시도로 해석될 수 있다.

트랜스내셔널과 네이션 문제를 고찰하기 위해서는 한국전쟁 이후 네이션nation 개념이 어떻게 재구성되었는지에 주목할 필요가 있다. 전쟁 이후 남한에서는 북한을 철저히 타자로설정하고, '자유'와 '민주주의' 같은 이념을 근간으로 삼은 네이션 개념이 구성되었다.[32] "전쟁을 통해 탄생된 '혈맹'이라는 대중적인 은유가 단적으로 보여주듯 민족을 '배반'한 이북의 공산주의자들 대신 아메리카가 반공과 자유민주주의라는 이념

---

32   장세진, 《상상된 아메리카: 1945년 8월 이후 한국의 네이션 서사는 어떻게 만들어졌
      는가》, 푸른역사, 2012, 155~156쪽.

을 매개 삼아 공백을 채우며 새로이 피를 나눈 '형제'로 자리매김 되려는 순간이었다."[33] 영식을 고향에 데려가고자 하는 동식의 행위는 미국 중심의 새로운 형제 개념이 네이션 형성의 중요한 요소로 자리매김한 동시대의 조건을 거부하고, '피'를 나눈 형제와 같은 전통적 네이션 개념으로 회귀하는 제스처로 읽힐 수 있다. 이러한 네이션 개념은 역설적으로 미국을 향한 1950년대 후반 남한사회의 시선이 얼마나 위태로웠는지 보여준다.

물론 〈지옥화〉는 미군을 점령군으로 형상화하지는 않는다(점령군임을 나타내는 그 어떤 시대적 배경도 제시하지 않는다). 어쩌면 영화는 그저 시대적 배경을 설명하기 위한 수단으로 미군을 배치하는 것일지도 모른다. 영화는 미군의 존재 자체를 의식화하거나 역사화하려는 그 어떠한 시도조차도 하지 않는다. 그러므로 영화가 표상하는 미군의 존재는 상징화되지 않은 채 여전히 '정치적 무의식' 속에 침잠해 있다고 볼 수 있다. 이는 점령군으로서의 미군의 존재가 당시 남한사회에 어느 정도로 깊이 착종되어 있었는지 가늠해볼 수 있는 대목이기도 하다. 같은 맥락에서 〈지옥화〉는 기지촌 여성을 등장시키는 여타의 영화들과 달리 그들을 멸시의 시선으로 바라보지 않는다.

반면 간헐적으로나마 기지촌 여성을 등장시키는 1960년대 이후의 영화들, 즉 〈오발탄〉(1961), 〈혈맥〉(1963), 〈육체의 고백〉(1964) 등은 〈지옥화〉와 달리 기지촌 여성을 향해 (멸시의 시선까지는 아니더라도) 수치스러움의 감정을 드러냄으로써 미군의 존재를 일종의 대상으로 설정하는 경향을 보인다.

---

33   같은 책, 157쪽.

불안정한 시선의 동학

〈지옥화〉는 도덕적 규율에서 이탈한 여성 주체를 처벌하는 것으로 끝을 맺는다. 〈자유부인〉(1956)과 〈여사장〉(1959)에서도 반복적으로 나타나는 이러한 서사는 두말할 나위 없이 '이데올로기적 조작'의 강력한 사례로 작동한다고 할 수 있다.

하지만 그렇다고 해서 〈지옥화〉를 '징후적으로' 독해해야 할 필요성이 사라지는 것은 아니다. 쏘냐의 처벌에 방점을 찍기보다 쏘냐가 제공하는 물신적 이미지의 힘이 당대 한국사회가 감당하지 못할 만큼 강력한 것은 아니었는지 질문해본다면 어떨까. 쏘냐의 처벌은 오히려 쏘냐의 타자성이 그만큼 강력하다는 것을 방증한다(이는 프레드릭 제임슨이 즐겨 사용하는 분석 방법으로, 7장에서 좀 더 자세히 다룬다). 이 문제를 조명하기 위해 미군 댄스홀의 춤 장면과 쏘냐가 동식을 유혹하는 장면에 주목해보자. 영식 일당은 미군부대에서 댄스파티가 열리는 동안 미군 물품을 절도할 계획을 세우고 이를 실행에 옮긴다. 같은 시간, 여성들은 미군들과 사교댄스를 추고 있고, 무대 위에서는 여성 무희가 이국적인 춤을 추고 있다. 이때 쏘냐는 자신을 찾아온 동식을 유혹한다.

미군부대 클럽 댄스홀의 춤 장면은 서사 전개의 측면에서도 중요한 장면이다. 댄스파티가 한창 열리고 있던 그때가 곧 동식이 쏘냐를 찾아가고 영식 일당이 PX 물품을 절도하는 시점이기 때문이다. 이때 서사의 한 요소였던 춤 장면은 과할 정도로 오랜 시간 상연됨으로써 원래의 역할을 넘어 과잉적으로 제시된다. 춤 장면은 서사의 구성을 보조하는 배경에 머물지 않고, 서사의 진행에서 이탈하여 그 과정을 유예시킨다. 또한 이때 춤 장면은 이를 바라보는 관객을 직접적으로 겨냥하게 된다. 특히 다큐멘터리적 기법을 활용한 촬영이 그런 효과를 배가한다. 따라서 선정적이고 이국적인 춤을 추는 무희들은 영화속 인물이 아닌, 이 장면을 보고 있는 관객에게 응시를 되돌려준다. 인물과 인물의 시선에서 인물과 관객의 시선으로 초점을 이동시키는 춤 장면은, 〈지옥화〉가 제시하는 시각적 전략이 재현representation과 제시presentation의 긴장 속에 놓여 있음을 암시한다.

쏘냐가 동식을 유혹하는 장면도 의미심장하다. 영화는 쏘냐의 옷차림, 화장, 장식, 태도, 제스처 등을 보여주며 관객이 근대가 제공하는 감각의 '나눔'을 주시하도록 한다. 도시를 어슬렁거리며 소요하는 산보자가 쇼윈도에 진열된 상품을 들여다보며 물신화된 상품에 자신의 시선을 고정하듯, 동식은 쏘냐를 물신주의적 시선으로 바라본다. 예컨대 동식이 기지촌 공간에 홀로 남아 있는 쏘냐를 찾아갈 때, 그곳에서 동식은 쏘냐의 육체를 바라보게 된다. 그러나 그는 쏘냐의 육체를 바라보고 있는 자신을 부끄러워하며 고개를 돌린다. 이러한 시선의 과정은 물신화된 시선이 어떤 식으로 작동하는지 하나의 예시를 제공한다.

물신화된 시선은 지식과 믿음이라는 두 요소로 구성된다. 좀 더 정확하게 말하면, 물신주의에 기반한 시선은 보는 대상(지식)을 부인disavowal하고, 그 부인된 대상을 믿음으로 대체하는 과정이라고 할 수 있다. 물신화된 시선이 이데올로기적 시선임은 분명하지만, 그렇다 하더라도 물신주의에는 이데올로기로만 환원되지 않는 그 무엇인가가 작동하고 있다. 페미니즘 영화이론가 로라 멀비는 이 지점을 정확히 간파했다. "기호와 지시관계reference 사이의 연결은 상실되지만, 부인 개념은 지시관계가 전치되는 동안에도 지시관계에 관한 **질문**을 함축하고 있을 수 있다."[34]

　다음 장면에서 동식은 커튼 뒤편에 앉아 쏘냐를 지켜보는데, 이때부터 시선의 역학은 역전된다. 이제부터는 쏘냐가 동식을 들여다보고 유혹한다. 쏘냐는 보여지는 대상인 동시에 바라보는 주체이기도 하다. 더 정확히 말해 쏘냐는 자신이 보이는 대상임을 분명히 인식하면서, 바로 그 인식 속에서 시선의 주체가 되고자 한다. 동식은 쏘냐의 유혹을 뿌리치고 문 밖으로 나가려고 하지만, 쏘냐는 그런 동식을 문 앞에 서서 제지한다. 여기서 카메라는 동식을 보여주다 오른쪽으로 패닝해 쏘냐를 비추면서 카메라가 강조하는 대상이 쏘냐임을 분명히 한다.

　다음 장면에서 카메라는 쏘냐와 동식의 얼굴을 쇼트-역쇼트의 방식으로 번갈아 보여준다. 동식과 쏘냐는 서로 상대방의 얼굴을 쳐다보고 있지만, 이와 동시에 마치 관객을 쳐다보고 있는 것 같은 느낌을 불러일으킨다. 그들이 카메라를 거의 정면으로 바라보고 있기 때문이다. 그 순간 관객은 영화의 공간 안으로 밀려 들어가는 것 같은 느낌을 받게 된다. 특히 자신이 마치 쏘냐와 마주하고 있는 듯한 느낌을 받게 되는데, 이 장면이 동식이 아닌 쏘냐에게 초점을 맞추고 있기 때문이다. 그러나 관객은 쏘냐가 '말을 거는' 장면 속으로 빠져들면서도 다른 한편 쉬이 몰입하지 못한다. 쏘냐가 카메라 앞을 향해 천천히 걸어오다 프레임 바깥으로 사라질 때, 쏘냐의 클로즈업된 얼굴

34　Laura Mulvey, *Fetishism and Curiosity*, Indiana University Press, 1996, p.12.

이 지나칠 정도로 가깝게 다가오는 탓에 지각상의 혼란에 빠지는 것이다. 이렇듯 〈지옥화〉는 쏘냐를 통해 보는 것과 보이는 것 사이에서 발생하는 간극을 보여주는 한편, 인물과 관객 사이에서 동요하는 불안정한 시선의 메커니즘을 보여준다.

낡음과 새로움의
우회적 공존

이제 다시 이 글의 문제의식으로 돌아가보자. 매혹과 두려움을 동시에 안겨주는 쏘냐를 시간성의 관점에서 들여다본다는 것은 과연 어떤 의미를 지니는가? 쏘냐는 가장 새로운 것이 옛것보다 낫다는 진보의 논리를 체화한 인물이다. 이런 맥락에서 '늘 새로운 것'을 추구하는 쏘냐의 태도는 자신에게 주어진 한계를 넘어서는 초국적 자본의 순환과 구조적 유사성을 지닌다. 이러한 논리는 쏘냐가 동식에게 어디로든 떠나자고 제안하는 장면에서도 발견된다. 그렇기에 쏘냐는 영식과의 연인관계를 서둘러 끝내고 영식을 동식으로 대체하는 데 아무런 주저함이 없다. 그러나 앞서 살펴보았듯, 늘 새로운 것은 '반복동일성'의 형태를 취한다. 왜냐하면 그것은 오래지 않아 낡은 것으로 간주되고, 조만간 구식의 유물로 쇠락할 것이기 때문이다.

그렇다면 쏘냐가 노스탤지어적 소망을 상징하는 영식·동식과 맺는 관계는 어떤 함의를 띠는가? 영식과 동식은 비록 다른 이유이긴 하지만 모두 귀향을 소망하는 인물들이다. 영식은 쏘냐와 함께 시골에 내려가 살고 싶어 하고, 동식은 영식이 황량한 도시 생활을 청산하고 시골에 내려가길 바란다. 물론 영화는 영식보다는 동식에게 좀 더 초점을 맞춘다. 농촌과 시골을 강조하는 그는 옛것과 자연의 시간·우주론적 시간을 표상하는 인물이다. 동시에 처음부터 기지촌에 살지 않았다는 점에서 외부적 관찰자의 시선을 표상하기도 한다.

영화에서 가장 새로운 것을 표상하는 인물인 쏘냐가 욕망하는 대상이 옛것을 상징하는 동식이라는 점은 아이러니하다. 쏘냐는 과거와 미래의 어떠한 연관에도 관심을 기울이지 않고 오직 현재에만 집중한다. 이와 같은 시간성의 형식을 현재주의라고 할 수 있는데, 현재주의에서는 유토피아에 대한 어떠한 전망도 찾을 수 없다. 그런데 영화는 이러한 현재주의가 고향 Heimat으로 표상되는 낡은 것에 의해 매개되는 구조를 보여준다. 그러나 이러한 시간성의 형식은 새것과 옛것 사이의 변증법적 긴장으로까지는 이어지지 않는 것처럼 보인다. 영화에서 새것과 옛것은 오로지 외적으로만 관계 맺을 따름이다. 새것이 옛것이 되고, 그럼으로써 옛것 속에 있는 가능성을 드러내거나 구제하려는 시도는 나타나지 않는다.

새것과 옛것의 관계를 변증법적으로 사고한다는 것은 실체화된 이 두 요소 사이의 관계에 초점을 맞추는 것이 아니라, 새것이 옛것으로 쇠락하는 폐허의 과정 속에서 상품세계에서는 미처 알아차릴 수 없었던 시간성의 형식을 주시하는 것이다. 이런 점에서 〈지옥화〉는 근대를 새것과 옛것 사이의 긴장으로 번역하기보다는 옛것으로의 쇠락을 한사코 거부하는 현재주의의 층위에 위치시킨다. 옛것으로 제시되는 시간성의 형식(동식)이 새것으로 나타나는 진보의 형식(쏘냐)을 중단하기에는 무력하거나 부족하기 때문에 그러한 긴장을 직접 제시하기보다는 우회적으로 말하는 전략을 취하는 것이다.

많은 사람들이 근대의 특징으로 꼽는 찰나적·우연적·순간적 시간성보다 더 중요한 것은 스쳐 지나가는 시간 속에서 그 시간의 흐름을 중지시키려는 어떤 "태도"이다. 푸코는 〈계몽이란 무엇인가〉에서 보들레르의 근대성 개념을 두고 이것이 단지 덧없고 순간적인 것을 인식하는 문제가 아니라는 점을 예리하게 지적한 바 있다. 푸코가 보기에 보들레르의 근대성 개념의 핵심은 일시적이고 우연한 근대적 현상에 대해 "어떤 태도를 취하는" 데 있다. 보들레르는 "순간적으로 스쳐 지나가는 현재 너머에 있거나 또는 그 뒤편에 있는 것이 아니라 바로 현재 안에 내재해있는 영원한 어떤 것을 재포착하려는 사려 깊고 힘이 많이 드는 어떤 태도가 현대적인 태도"라고 생각했다.[35]

이런 관점은 〈지옥화〉 속 쏘냐와 동식의 관계를 독해하는 데 도움을 준다. 언제나 그랬듯 늘 새로운 것만을 찾고, 순간적·우연적인 체험을 강조하는 쏘냐의 욕망은 고향을 강조하는 동식에 의해 어떤 식으로든 '매개'된다. 이처럼 〈지옥화〉는 동식과 쏘냐의 관계를 통해 도시의 스쳐 지나가는 찰나적 시간성의 연쇄가 어떤 종류의 영원성을 모색하는 계기와 연관되어 있음을 끊임없이 보여준다. 비록 이것이 근대의 중핵, 즉 옛것과 새것의 모순과 충돌을 직접 번역하는 것은 아니라 할지라도, 우리로 하여금 근대 개념에 내재된 어떤 '태도'의 문제를 사고하도록 요청한다.

---

35   미셸 푸코, 〈계몽이란 무엇인가〉, 《모더니티란 무엇인가》, 김성기 엮음, 민음사, 1994, 351쪽.

〈돈〉과 〈쌀〉의
비대칭적 농촌 표상

〈지옥화〉에서 도시는 모든 희망이 사라진 폭력·살인·간음·퇴폐의 공간으로 그려지는 반면, 이와 대조적으로 시골은 모든 것이 가능한 유토피아의 공간으로 그려진다. 그러나 시골의 형상은 정작 단 한 번도 가시화되지 않는다. 영화의 마지막, 동식이 기지촌 여성 주리와 함께 시골을 향해 가는 장면도 마찬가지다. 버스를 타고 도시에서 시골로 이동하는 과정을 그릴 뿐, 시골의 모습을 직접적으로 가시화하지는 않는다. 〈지옥화〉는 이상적인 공간을 보여주기보다는 그 공간에 다다르기 위한 경로만을 제시한다. 이동하는 버스가 동식의 시골집을 향해 갈 때, 그리고 동식과 주리가 그 집에서 거주하게 될 때, 과연 그곳은 〈지옥화〉가 제시한 것처럼 이상적이고 낭만적인 공간일까?

이 질문에 대한 답은 다른 영화에서 발견된다. 〈돈〉(1958)은 〈지옥화〉가 던진 질문에 나름의 방식으로 응답한다. 〈돈〉에서 영호(김진규)는 군에서 제대한 뒤 귀향해 부모님과 여동생 순이, 그리고 어릴 적부터 함께 자란 옥경(최은희)과 함께 살고 있다. 영호가 고향에 돌아와 확인하는 것은 지독한 가난으로 찌든 농촌의 현실이다. 마을의 농사꾼들은 늘어나는 부채에 마음을 둘 곳이 없다. 딸 순이를 결혼시키기 위해서는 한 해 동안 거두어들인 소출을 전부 팔아야만 하는 상황인지라 봉수(김승호)는 딸의 결혼식을 자꾸 미룬다. 그사이 빚은 계속해서 늘어만 간다. 이런 상황에서 봉수를 포함한 마을 사람들은 마을의 사채업자 억조(최남현)에게 도움을 청해 살아갈 수밖에 없다. 선량하고 순박한 봉수는 억조의 꾐에 빠져 미군 원조품을 거래

하는 일을 하려고 하지만 서울에서 만난 사기꾼에게 속아 갖고 있던 돈을 전부 잃어버린다. 영화의 후반부에 이르러 봉수는 억조와 싸움을 벌이다 얼떨결에 억조를 살해하게 된다. 살해 사건을 조사한 경찰은 옥경과 영호를 억조의 살인범으로 체포한다.

〈돈〉은 〈지옥화〉에서 제시한 유토피아적 공간으로서의 농촌이 실은 파국의 공간이었음을 보여준다. 영화는 이 공간이 풍족하고 충만한 무엇인가가 있다가 상실된 것이 아닌, 처음부터 근본적인 부재로 구성되어 있음을 보여준다. 〈돈〉은 〈지옥화〉처럼 도시를 현실적으로 묘사하고 농촌을 이상화된 공간으로 묘사하기보다는 도시와 농촌 모두를 타락의 공간으로 제시한다. 예컨대 봉수는 고향에서 도박을 하다 돈을 탕진하기도 하지만, 서울에서도 사기를 당한다. 다시 말해 〈돈〉은 이곳과 저곳의 공간적 분리가 더 이상 유지될 수 없음을 부각하는 데 집중한다.

〈지옥화〉와 〈돈〉을 통해 알 수 있는 것은 한 편의 영화에서 직접적으로 드러나지 않았던 요소가 다른 영화를 통해 굴절되고 분절되어 나타날 수 있다는 점이다. 이는 곧 원본과 번역의 관계이기도 하다. 벤야민의 번역 개념은 번역 과정을 통해 원작이 말하지 못했던 것을 드러냄으로써 원작의 의미를 근본적으로 재구성한다. 그것은 원작의 의미망에서 잡히지 않았던 잔해와 파편을 드러냄으로써, 원작으로 하여금 "사후의 삶 überleben"을 살도록 한다.[36] 이런 점에서 번역은 "(원작의) 낯선

---

36   발터 벤야민, 〈번역자의 과제〉, 《언어 일반과 인간의 언어에 대하여/번역자의 과제 외 발터 벤야민 선집 6》, 최성만 옮김, 도서출판 길, 2010, 124쪽.

말이 사후에 성숙하는 과정"인 셈이다.[37] 그러나 원작만이 사후의 삶을 사는 것은 아니다. 원작 역시 번역본으로 하여금 사후의 삶을 살도록 유도한다. 번역본이 원작에 의존하듯, 원작 역시 번역에 기댈 수밖에 없다.

〈돈〉과 〈지옥화〉의 관계도 이와 유사하다. 〈돈〉은 〈지옥화〉에서 가시화되지 않은 부분을 드러냄으로써 〈지옥화〉로 하여금 사후의 삶을 살도록 한다. 같은 맥락에서 〈돈〉은 〈쌀〉(1963)이라는 또 다른 영화로 번역된다. 〈돈〉이 농촌을 파국과 절망의 공간으로 그린다면, 〈쌀〉은 농촌을 노동의 주체가 근대화의 기획을 성취하는 공간으로 설정한다. 〈쌀〉은 〈돈〉과 〈지옥화〉가 제작된 지 5년 후에 나온 영화로, 그런 만큼 박정희 정권의 개발동원체제가 가동되기 시작하는 시대적 상황을 지시한다.[38]

〈쌀〉은 농촌이라는 저개발의 공간이 개발의 공간으로 변모하는 과정을 다룬다. 차용(신영균)의 고향은 메마른 황무지다. 논이 없어 쌀을 구하기 힘든 그곳에서는 대부분의 마을 사람들이 빈곤과 가난으로 허덕이고 있다. 차용은 반드시 가난에서 벗어난다는 일념으로 산을 뚫어 물줄기를 끌어들이고 논에 물을 대는 계획을 세운다. 그러나 차용의 사업은 갖가지 어려움에 직면하며 원만히 진행되지 않는다. 예컨대 마을에서 가장

---

37   같은 글, 129쪽.
38   조희연에 따르면 개발동원체제는 우선 "개발(발전 혹은 성장)이라는 목표를 향해 국가가 위로부터 사회를 강력하게 추동하고 동원하는 체제다". 다음으로 이 체제는 "국가가 사회적 요구에 구속되어 사회의 요구를 반영하는 정책을 구상·집행하는 것이 아니라, 특정한 국가적 목표를 향해 사회를 특정한 방향으로 변화시키는 기획자이자 선도자로서의 역할을 한다". 조희연, 《동원된 근대화: 박정희 개발동원체제의 정치사회적 이중성》, 후마니타스, 2013, 32~33쪽.

〈쌀〉(1963)은 농촌이라는 저개발의 공간이
개발의 공간으로 변모하는 과정을 다룬다.

부자인 송 의원(최삼)은 자신의 딸 정희(최은희)가 차용과 가깝
게 지내는 것을 탐탁지 않게 생각하여 차용이 하는 사업을 고
의적으로 방해한다. 송 의원의 사주를 받은 마을 무당(전옥)은
차용이 벌이고 있는 사업이 산신령을 분노케 하여 마을에 재앙
이 닥칠 것이라는 소문을 퍼뜨리고 다닌다. 이승만 정권을 암
시하는 정부는 선거를 핑계 삼지만 기본적으로 차용의 요구에
무관심하다. 결국 국가가 지급하기로 약속한 보조금이 나오지
않게 되자 마을 사람들은 차용에게 등을 돌리고, 이때 차용은
가장 큰 역경과 맞닥뜨린다. 그러나 아버지의 방해로 마을을
떠났던 정희가 다시 마을로 돌아와 차용을 전폭적으로 돕기 시
작하면서 차용의 사업은 힘을 얻는다. 그리고 마침내 오랜 기
다림 끝에 산에 굴이 뚫리고 물이 쏟아져 나오기 시작한다.

　　미군 부대 인근의 기지촌 공간에서 팜므파탈 쏘냐 역할을

맡았던 배우 최은희는 〈쌀〉에서는 계몽의 주체로 형상화되면서 "초남성주의적 발전국가"를 완성하는 데 적극적으로 동참하는 인물을 연기한다. 초남성주의적 발전국가라는 개념은 "식민지 지배를 받은 아시아의 국가들이 근대화 과정을 추구할 때 서구의 제국주의적이며 강력한 남성성을 모방하면서도, 자국의 내적 단결을 유지하기 위해 반동적이면서 강력한 남성성을 발전의 이데올로기로 삼는 것을 의미한다."[39] 갖은 시련과 고난을 극복하는 차용은 초남성주의 발전국가에서 생계를 부양해야 하는 남성 주체성의 전형적 사례에 해당한다.

강한 추진력과 집중력, 자기 자신에 대한 엄격한 통제와 도덕성, 생계 부양에 대한 강한 책임감 등이 초남성적 형상을 구성한다면, 이와 대조적으로 여성은 상대적으로 수동적인 '초여성화'로 표상되곤 한다. 개발동원체제에서 '초남성적' 역할을 강조하면 할수록 여성은 더욱 '초여성적' 이미지로 표상된다. 고난과 시련의 극복을 강조하기 위해서라도 억압받는 피해자의 역경을 두드러지게 부각해야 하기 때문이다. 따라서 차용이 조국 근대화를 달성하기 위한 주도면밀하고 성실한 남성 캐릭터로 묘사될 때, 정희는 차용의 사업이 최악의 상황에 빠졌을 때도 그와 함께 있지 않아 차용에게 아무런 도움을 줄 수 없는 인물로 그려진다.

이 영화에서 인상적인 장면 가운데 하나는 산에 굴이 뚫리면서 물줄기가 쏟아져 나오기 직전과 직후의 장면이다. 영화는

---

39 Han Jong-Woo & L. H. M. Ling, "Authoritarianism in the Hypermasculine State: Hybridity, Patriarchy, and Capitalism in Korea", *International Studies Quarterly* 42, 1998, pp.53-78. 김현미, 〈근대의 기획, 젠더화된 노동 개념〉, 김영옥 엮음, 《"근대", 여성이 가지 않은 길》, 또하나의문화, 2001, 48쪽에서 재인용.

마을 사람들이 쇠로 된 연장인 정을 담금질하여 단단하게 하고, 망치로 돌을 깨는 장면을 리듬감 있는 몽타주 시퀀스를 통해 보여준다. 스티븐 정이 지적하듯, 이 장면은 "노동하는 육체의 원시성"[40]을 극적으로 부각한다. "아마도 이 형식에서 가장 기억할 만한 것은 노동하는 육체의 원시성을 강조하는 점일 것이다. 예컨대 얼굴에서는 땀이 떨어지고 소매는 접어 올려 근육이 드러나는 팔로 돌을 부수는 정희를 포착한 생동감 넘치는 쇼트를 들 수 있다. 영화의 끝 부분에서 용과 그의 믿음직한 친구 근배가 서로 반대편에서 곡괭이를 휘두를 때, 그들을 번갈아가며 포착하는 빠른 쇼트들 또한 노동하는 육체의 원시성이 강조된 장면이다."

이때의 몽타주는 연속편집의 원리를 따르며 선형적인 질서로 이루어져 있다. 각각의 개별적인 요소들이 합쳐져서 종국에는 유기적 전체를 이루는 형태 말이다. 이러한 편집상의 리듬은 산에 터널이 뚫려 물이 쏟아지는 장면에서도 그대로 유지된다. 영화는 처음에는 작은 물줄기를 보여주다가 나중에는 프레임 전체를 덮을 것처럼 쏟아지는 급류를 보여줌으로써, 작은 세부에서 시작해 보다 큰 전체로 이행하는 선형적·유기적 질서를 증폭시킨다.

이 장면은 고전 할리우드 영화의 연속편집 원칙을 체화하고 있다. 거대한 진보의 서사에 발맞춰, 영화 속에서 갈등 관계에 놓여 있던 모든 인물이 물줄기가 뚫리면서 하나의 인민people으로 통일되기 때문이다. 들뢰즈식으로 표현하면, 여기

40   스티븐 정, 〈대중 멜로드라마와 개발의 스펙터클: 신상옥의 1960년대 '계몽영화'〉, 《기억과전망》 25, 2011, 245쪽.

서 인민은 실종되거나 결여된 것이 아니라, 이미 그곳에 존재하는 실체화된 사회적 집단 혹은 인구로 그려진다.[41] 그럼에도 이 장면을 스티븐 정이 제시한 것처럼 다른 각도에서 바라볼 수도 있을 것이다. 그는 이 장면을 두고 다음과 같이 언급한다. "하지만 나는 이 장면들이 또한 소비에트 사회주의 리얼리즘 영화에서 공식화되었고 마오 시대의 중국영화와 이탈리아 네오리얼리즘 영화(여기서는 크게 변형되긴 했지만)에서 채택된 스타일, 그리고 심지어는 1950년대 말에서 1960년대에 북한에서 출현한 영화 스타일까지도 연상시킨다고 주장하고자 한다."[42]

〈쌀〉은 사실 매우 보수적인 관점을 제공하는 영화다. 이 영화는 개발동원체제를 찬미할 뿐만 아니라, 조국 근대화를 달성하기 위한 새로운 노동 주체성의 형성을 예시한다. 그러나 다른 한편으로 이 영화에는 해방을 향한 인민의 열망 또한 녹아들어 있다. 지배 이데올로기를 제대로 작동시키려면, 혹은 작동시키기 위해서라도 영화는 그 이데올로기의 대상이 되는 존재를 최소한이나마 표현해야 한다. 지배 이데올로기의 기저에 놓인 것은 대중의 열망이고, 이러한 열망을 전제하지 않는 지배 이데올로기는 한순간도 제대로 작동할 수 없다.

성좌 속의 이미지들

우리는 흔히 근대가 서구와 깊은 관련을 맺고 있다고 생

---

41   질 들뢰즈, 《시네마 II》, 이정하 옮김, 420~422쪽.
42   스티븐 정, 〈대중 멜로드라마와 개발의 스펙터클〉, 245쪽.

각하기에 '근대=서구'라는 등식을 쉽게 떠올리지만, 근대가 그 자체로 서구를 의미하지는 않는다. 근대 개념은 무엇보다도 시간의 형식이라는 측면에서 낡은 것과 새로운 것 사이에서 발생하는 긴장을 의미하며, 그런 만큼 복합적·갈등적·모순적 과정을 포함한다. 그러나 근대를 시간의 차원에서 개념화한다고 해서, 그것이 공간과 맺고 있는 관계를 간과할 수는 없다. 시간은 지정학적 맥락 속에서 '종별적으로' 편성된다. 특정한 사회에 특정한 시간대가 존재하는 것이 아니라, 특정한 사회에 복잡한 시간대가 어떤 관계를 맺는지가 관건이 되는 것이다.

〈지옥화〉〈돈〉〈쌀〉 등 1950~1960년대 한국영화들이 그려놓은 이미지들을 복합적 시간성의 중첩과 (불)연속의 관계를 통해 살펴보는 작업은 그런 점에서 의미가 있다. 결론적으로 이 글에서는 1950~1960년대 한국영화가 자본주의적 근대의 역학과 어떻게 조우했고, 이런 조우의 과정을 어떤 방식으로 기입했는지를 영화들 사이의 부재와 현존의 관계를 통해 살펴보고자 했다. 단편적인 이미지들 속에서 나타난 (불)연속의 계기를 통해 한국영화를 고찰하는 작업은 당대 한국영화가 근대의 핵심 동력을 그 어떤 시기보다도 치열하게 번역하고 있음을 말해준다.

#⟨고발⟩(1967)
#⟨팔도강산⟩(1967)
#⟨속 팔도강산: 세계를 간다⟩(1968)
#⟨산불⟩(1967)
#⟨생명⟩(1969)
#⟨04:00-1950⟩(1972)
#⟨세이사쿠의 아내⟩(1965)
#⟨나카노 스파이 학교⟩(1966)
#⟨입맞춤⟩(1957)
#⟨검정 테스트 카⟩(1962)
#⟨문신⟩(1966)
#⟨눈먼 짐승⟩(1969)

2장 비교영화연구의 질문들: 영화 그리고 자본주의 세계체계

비교영화연구를 위한
조건들

비교란 기본적으로 둘 이상의 현상들을 견줘 차이점과 공통점을 밝히는 과정을 뜻한다. 여러 현상들을 비교하고 그 현상들 사이에 어떤 유사점과 상이점이 있는지 따져 묻는 것이 비교의 기본이라고 할 수 있겠지만, 이 글에서는 그와 조금 다른 비교의 방법에 초점을 맞추고자 한다. 비교를 제대로 실천하기 위해서는 그것을 가능케 하는 공통의 척도가 필요하다. 그러나 불필요한 오해를 피하도록 하자. 여기서 비교의 척도를 제시한다는 것은 비교를 가능케 하는 초월적 척도를 마련한다는 의미가 아니다. 초월적 척도의 설정은 비교의 대상들이 처한 물적 맥락과 사회적 조건들을 고려하지 않고, 그 맥락과 상관없이 모든 대상들에 적용될 수 있는 공통의 기준을 도입하는 것과 관련된다. 반면 이 글에서 말하는 공통된 척도의 마련은 비교의 실천을 세계체계라는 역사적 자본주의의 맥락 속에서 사고하는 것을 뜻한다.

이는 비교영화연구의 방법을 모색하는 가장 기본적인

단초가 된다. 이런 관점을 따라 각국의 내셔널 시네마national cinema가 상이한 시간적 리듬에 따라 펼쳐지면서도, 세계체계라는 하나의 공통 체계 속에 배치된다는 것을 살펴보려 한다. 물론 이때 그 배치의 방식은 상이하다. 이 문제에 접근하기 위해서는 우선 영화이론가 폴 윌먼의 이론적 작업들을 살펴볼 필요가 있다. 그의 논의들이 비교영화연구의 미래를 위한 시금석이 될 수 있기 때문이다. 비교영화연구의 척도를 "지역적으로 종별적인 자본주의와의 조우"[1]로 인식하는 윌먼의 논의들은 비교영화연구의 지평을 자본주의 세계체계와의 연관 속에서 살펴본다.

월먼은 비교영화연구론을 본격적으로 전개하기에 앞서 프랑코 모레티의 세계문학 이론을 인용한다. 모레티는 세계문학에 관한 괴테와 마르크스, 엥겔스의 진술을 언급하면서 자신의 논의를 전개한다. 모레티에 따르면, 괴테와 마르크스가 염두에 둔 것은 민족문학의 불가능성, 그리고 이 불가능성에서 연유하는 세계문학의 가능성이다. 괴테·마르크스·엥겔스는 단수로 통용되는 세계문학을 강조했지만, 모레티가 보기에 이는 실질적으로 불가능한 작업이다. 하지만 그럼에도 문학생산의 배경이 전지구적 자본주의 세계체계의 질서 속에서 하나의 경향으로 통합되고 있다는 사실만큼은 부인하기 어렵다.

또한 그는 세계문학을 연구하는 데 또 다른 난관이 있음을 호소한다. 현실적으로 우리가 모든 세계문학을 읽을 수 없다는 어려움이다. 모레티는 "19세기에 출판된 소설만 3만 권이 넘어

---

1   Paul Willemen, "For a Comparative Film Studies", *Inter-Asia Cultural Studies* 6(1), 2005, p.103.

4만, 5만에 육박한다"고 지적한다. 모레티의 주장처럼, 우리들 중 그 누구도 이 소설 전부를 읽을 수 없으며, 아마 그렇게 시도하려는 사람도 없을 것이다. 모레티는 지금까지 현존하는 모든 소설을 읽을 수 없다면 소설 분석의 방법과 범주들을 변경할 필요가 있다고 역설하면서, 막스 베버가 언급한 방법론을 끌어들인다. 베버는 "다양한 학문의 범위를 규정하는 것은 '사물들' 간의 '실제적인' 상호연관성이 아니라 문제들·간의 개념적 상호연관성"임을 강조하며 "새로운 방법으로 새로운 문제를 연구할 때야 비로소 새로운 '과학'이 등장할 수 있다"고 주장한 바 있다. 모레티는 베버의 방법론을 인용하며 "세계문학은 하나의 대상이 아니라 하나의 문제, 새로운 비평 방법을 요구하는 문제"[2]라고 주장한다.

자본주의 세계체계는 일반화된 하나의 체계인 동시에 역사적 자본주의이며, 불균등한 관계를 특징으로 한다. 흔히 '불균등 발전'으로 일컬어지는 세계체계 아래에서 '단수의' 세계문학은 불가능하다. 모레티가 언급했듯, 마르크스와 괴테가 말했던 단수의 세계문학은 가능하지도 않거니와 바람직하지도 않다. 세계체계가 불균등 발전으로 특징지어진다면, 세계문학이라는 범주 역시 필연적으로 지속적인 불균등과 불평등의 관계를 함축하게 된다. 그렇다면 문학연구에서 불균등 발전은 어떻게 형상화되는가?

여기서 모레티는 주요한 이론적 자원으로 프레드릭 제임슨의 이론적 틀을 끌어들인다. 제임슨은 가라타니 고진이 《일

---

2   프랑코 모레티, 〈세계문학에 대한 몇 가지 단상〉, 조형준 옮김, 《세계의 문학》 24(3), 1999, 258쪽.

본 근대문학의 기원》서문에서 기술한 근대 일본문학의 형성 과정을 살피며 "일본의 사회적 경험의 소재와 서양 소설 구성의 추상적인 형식적 패턴 사이에 존재하는, 언제나 말끔하게 용접되지는 않는 간극"[3]에 중점을 둔다. 모레티는 제임슨을 따라 세계체계의 주변부에 속하는 문화들에서 근대 소설의 형성은 자율적으로 전개된 것이 아니라 "서구의 형식적 영향(통상 프랑스나 영국에서 영향을 받았다)과 지역적 소재 간의 타협 compromise으로서 등장했다"[4]고 주장한다.

모레티는 기본적으로 제임슨의 주장을 수용하면서도 제임슨이 가라타니의 책에 붙인 서문에서 주장했던 '타협'을 조금 다른 방향에서 이해한다. 제임슨이 비교문학연구의 관계를 서구 소설의 구성 형식과 그 형식들을 수용하는 지역의 경험으로 설명한다면, 모레티는 이러한 관점이 기본적으로 형식과 내용의 관계를 다루고 있다고 지적하며, 그 관계망을 삼항적인 것으로 확대한다. "즉 외부적 형식, 지역적 소재, 그리고 **지역적 형식**. 이를 좀 더 단순하게 이야기해보기로 하자. 외부적 **플롯**, 지역적 **인물들**, 그리고 지역에 종별적인 **서사적 목소리**"가 바로 그것이다.[5] 모레티가 이 세 가지 항목들 가운데서 강조하는 것은 마지막 항목인 '지역에 종별적인 서사적 목소리'다. 모레티에 따르면, 이 목소리는 항상적으로 불안정한 것으로서 세계체계의 조건들이 문화적으로 형상화되는 방식을 나타낸다. 이 불안정함은 "역사적 조건이 형식 속에서 일종의 '균열'로 다시 나

---

3   프레드릭 제임슨, 〈다른 근대를 거울 삼아〉, 가라타니 고진, 《일본근대문학의 기원》, 박유하 옮김, 민음사, 2002, 269쪽.
4   프랑코 모레티, 〈세계문학에 대한 몇 가지 단상〉, 263쪽.
5   같은 글, 271~272쪽, 강조는 원문, 번역 일부 수정.

타나"며 발생하는 것이기도 하다.[6] 세계체계에 내재한 불균등함은 텍스트의 외부를 지시하기는커녕, "텍스트의 형식 안에 깊숙이 자리잡는"다.[7]

모레티의 의도는 하나의 문학 텍스트 안에 비가시적으로 존재하는 '불안정함'을 드러내고, 이를 통해 문학과 세계체계와의 관련성을 사고하는 데 있다. 이를 통해 우리는 모레티의 입론이 분명히 세계문학연구, 더 나아가 비교문학연구의 전망을 위한 발판을 놓고 있음을 확인할 수 있다. 그러나 다른 한편으로 조금 다른 각도에서 그의 주장을 비판적으로 재고할 필요 또한 있다. 특히 외부적 형식과 지역적 소재라는 개념쌍의 적실성을 질문해야 한다. 외부적 형식은 무엇보다 자본주의의 동력과 관계되는 문제이기 때문이다. 이 지점을 고려하지 않은 채 이런 개념쌍만을 강조할 경우, 하나의 문화 텍스트 생산을 세계체계의 원리 속에서 사고하는 작업이 효과적으로 드러나지 않게 된다.

폴 윌먼은 모레티가 제시한 개념쌍의 한계를 비판하면서, 외부적 형식과 지역적 소재의 대립 구조 대신, 한 지역에서 생산된 문화 텍스트가 자본주의와 조우하는 과정을 비교영화연구를 위한 기본적인 이론적 틀로 삼는다.[8] 비교영화연구의 기

---

6 같은 글, 272쪽.
7 같은 글, 273쪽.
8 폴 윌먼만이 비교영화연구를 시도했던 것은 아니다. 김소영은 비교영화연구 방법론에 입각하여 허우 샤오시엔의 〈희몽인생〉(1993)과 임권택의 〈취화선〉(2002)을 분석하고, '비교의 망령'이라는 관점으로 식민지 조선과 일본 제국의 대당 관계 속에서 비교영화연구를 시도한 바 있다. 미츠시로 요시모토Mitsuhiro Yoshimoto 역시 폴 윌먼의 기본적인 문제틀, 즉 '자본주의와의 조우'를 검토하며 이 문제틀이 일본영화연구에 적용될 수 있는지 질문한다. 이에 관해서는 다음의 문헌들을 각각 참조하라. Kim So-Young, "Postcolonial Film Historiography in Taiwan and South Korea: The Puppetmaster and Chihwaseon", *Inter-Asia Cultural*

반을 자본주의와의 관련성 속에서 사고하는 윌먼에 따르면, 우리가 다른 문화를 이해할 수 있는 것은 각각의 문화적 차이들을 관통하는 하나의 조건, 즉 자본주의적 경험이 있기 때문이다. 이는 영화가 기본적으로 산업의 관점을 빼놓고서는 이야기할 수 없는 매체이기에 더욱 그러하다. 영화는 "필연적으로 산업화된 문화적 형식"이기 때문에 비교영화연구 기반의 핵심은 "지역적 소재와 외부적 형식"의 대당관계가 아니라, "지역적 소재와 산업화 자체의 영향과 변형적 힘"에 있다.[9]

월먼의 지적처럼, 영화라는 문화적 형식에 영향을 주는 산업화 혹은 근대화의 역학을 모레티가 그랬던 것처럼 단순히 '외부적 형식'으로만 간주할 수는 없을 것이다. 전지구적 자본주의는 우리의 모든 일상적 삶에 규제적 원리를 제공하기 때문에, 한 문화 텍스트와 다른 문화 텍스트의 비교 및 참조를 자본주의라는 공통의 토대와의 연관 속에서 파악할 필요가 있다. 또한 월먼은 모레티처럼 외부적 형식이라는 관점을 유지할 경우, 특정한 민족국가에서 발생한 문화적 형식을 자본주의와 동일시하는 우를 범할 수 있다고 지적한다. 쉽게 말해 할리우드 자체를 자본주의와 동일시하는 실수를 범할 수 있다는 것이다. 할리우드가 역사적 자본주의와 긴밀한 관계를 형성할지라도, 할리우드 그 자체가 자본주의는 아님을 상기할 필요가 있다.

월먼의 제안은 우리로 하여금 한국영화를 포함한 각각의 내셔널 시네마를 할리우드와의 대당관계 안에서 살피는 것이

Studies 9(2), 2008; Kim So-Young, "Comparative Film Studies: Detour, Demon of Comparison and Dislocative Fantasy", *Inter-Asia Cultural Studies* 14(1), 2014; Mitsuhiro Yoshimoto, "A Future of Comparative Film Studies", *Inter-Asia Cultural Studies* 14(1), 2014.

9   Paul Willemen, "For a Comparative Film Studies", p.103.

아니라, "지역적으로 종별적인 자본주의와의 조우locally specific encounters with capitalism"에 기반하여 조명하도록 한다.[10] 이는 한국영화가 결국 중심과 (반)주변의 불균형적이고 비대칭적인 권력관계를 근간으로 하는 세계체계의 문제임을 보여준다. 또한 이와 같은 개념화는 서구에도 동일하게 적용된다. 예컨대 서구의 근대 역시 자본주의 근대화와 지역의 타협 사이에서 형성된 결과인 것이다. 비록 서구가 근대 세계체계에서 지배적 헤게모니를 장악하고 있지만, 그렇다고 해서 비서구에서만 지역과 자본주의의 협상적 교섭이 진행된 것은 아니었다. 따라서 "서구이건 비서구이건 간에 서사를 추동하는 동력은 하나의 동일한 동력"에 기반한다.[11] 그 동력은 바로 "자본주의의 사회적 관계의 재-형성, 즉 근대화capitalism's re-formatting of social relations, that is to say, modernization"이다.[12]

말하자면 비교영화연구를 발전시키기 위한 전제는 자신의 문화가 다른 문화와 어떻게 같거나 다른지를 설명하는 데 있지 않다. 물론 자신의 문화가 다른 문화와 어떻게 유사하거나 다른지 규명하려는 작업 자체를 포기해서는 안 될 것이다. 그러나 이것은 비교영화연구를 위한 출발점이지 목표는 아니다. 하나의 문화가 다른 문화와 어떻게 같거나 다른지 규명하기 위해서는 하나의 특수한 사회형성체 내부에서 모순들이 접합되고 계열화되는 방식, 즉 모순들이 불균등하게 배치되는 방식을 파악해야 한다. 이는 한 사회구성체 내부에서 모순들이 종별적으로specifically 접합되는 방식을 검토하는 작업이기도

10   Ibid., p.103.
11   Ibid., pp.103~104.
12   Ibid., p.104.

하다. 물론 이 모든 것들의 공통된 토대는 월먼이 적절하게 지적했듯, '지역적으로 종별적인 자본주의와의 조우'이다.

비교영화연구란 결국 하나의 사회구성체가 자본주의와 조우하면서 생기는 모순이란 무엇이며, 그 모순들은 어떻게 다른 모순들과 연관관계를 형성하고 있는지 분석하는 것과 관련된다. 월먼의 다음과 같은 질문 역시 비교영화연구의 이러한 측면을 정확히 관통한다. "어떻게 종별적인 역사적 조건 내에서 형성된 문화 생산물이 다른 사회적·역사적 배열하에서도 '이해될' 수 있는가."[13] 이는 서구의 영화연구자들이 한국영화를 포함한 비서구 영화들을 어떻게 인식할 수 있는가의 문제인 동시에, 역으로 한국의 영화학자들이 서구에서 제작된 영화 생산물을 어떻게 인식할 수 있는가의 문제이기도 하다. 결국 이 모든 질문들은 영화가 역사를 기입하는 방식을 어떻게 이해하는지에 따라 달라질 것이다.

영화가 역사를 기입한다는 것은 무엇을 뜻하는가? 어떤 영화를 이해하기 위해서는 그 영화가 제작된 역사적 지식과 배경이 필요하다. 즉 영화를 이해하려면 어느 정도 그 영화를 맥락화해야 한다. 하지만 역사적 맥락과 배경에 대한 강조가 반드시 역사의 동력(모순)에 대한 이해로까지 이어지는 것은 아니다. 구체적 맥락을 이해하는 것도 중요하지만, 여기서 더 나아가 영화가 특정한 사회구성체 내에 존재하는 모순의 복잡성들을 어떻게 기입하고 있는지도 들여다보아야 한다.

13   폴 윌먼, 〈한국영화를 통해 우회하기〉, 《트랜스: 아시아 영상문화》, 김소영 엮음, 현실
      문화연구, 2006, 595쪽, 번역 일부 수정.

세계체계와 전후
일본의 아시아 상상

폴 윌먼이 제시한 비교영화연구 방법의 핵심인 '지역적으로 종별적인 자본주의와의 조우'를 좀 더 정교하게 논하기 위해서는 세계체계론의 주요 개념부터 다룰 필요가 있다. 세계체계적 관점에서 자본 축적은 체계 전체의 차원에서 상승과 하강을 반복하며 순환한다. 조반니 아리기는 이를 '체계적 축적 순환'으로 개념화한다. 체계적 축적 순환은 실물 팽창과 금융 팽창의 국면으로 구성된다.[14] 실물 팽창은 마르크스의 자본 정식(MCM')에서 자본축적의 MC 국면을, 금융 팽창은 CM' 국면을 가리킨다. 실물 팽창의 국면에서 자본주의는 선형적 경로를 따라 전개되는 반면, 금융 팽창의 국면에서는 기존의 발전이 한계에 도달하면서 구조조정이 불가피해진다.

금융 팽창은 "자본주의 세계경제가 또 다른 경로로 '교체'되는 불연속적 변화의 국면들로 구성되어 있음"을 표현한다.[15] 1950~1960년대가 실물 팽창이 이루어진 시기라면, 1968~1973년 이후부터 세계경제는 금융 팽창의 국면에 접어들게 된다. 이때 유념해야 할 것은 체계적 축적 순환이 국가 간 체계와 긴밀히 얽혀 있다는 점이다. 즉 자본 축적은 전 세계적으로 동시에 발생하지 않고, 제노바·네덜란드·영국·미국처럼 특정한 헤게모니 국가 내부에서 구성되어 전 세계적으로 팽창하기 시작한다. 자본 축적은 지리적 영토를 매개하지 않고서는

---

14   조반니 아리기, 《장기 20세기》, 38~39쪽.
15   같은 책, 43~44쪽.

작동하지 않는다. 이는 조반니 아리기의 세계체계론에서 자본주의와 영토주의의 모순적 관계로 정식화된다.[16]

　미국 헤게모니는 제2차 세계대전이 종식되며 본격화된다. 여기서 미국 헤게모니 아래에 있던 1960~1970년대 일본이 어떤 변화를 겪었는지 짚어볼 필요가 있다. 우선 전후 일본의 경제 부흥에 주목해보자. 1930년대 철강, 자동차, 군수 등을 중심으로 부흥기를 맞이했던 일본 중공업은 1960년대 중반 즈음 엄청난 전성기를 맞는다. 이뿐만 아니라 1960년대 이후 본격적으로 가동된 동아시아의 '다층적 하청체계'의 문제에도 주목해야 한다. 일본은 전후 경제 부흥에 따라 생산 비용이 증가하고 엔화 가치가 상승하자 동아시아 하청체계를 본격적으로 가동하기 시작했다. 1970년대부터 한국, 대만, 싱가포르, 홍콩 등의 신흥공업국은 동아시아 하청체계 아래에서 저임금을 바탕으로 급속히 성장하기 시작한다.[17]

　기본적으로 자본은 국민-국가의 경계를 넘어 무한하게 이동하고 확장하는 특징이 있다. 그러나 무한 팽창을 특징으로 하는 자본도 특정한 사회구성체에서 발생하는 복합적 모순을 피할 수는 없다. 베벌리 J. 실버는 《노동의 힘》에서 20세기 세계 자동차산업에서 일어난 노동소요의 경로를 조명하면서, 공간 재배치와 기술 재정립을 통해 이윤과 노동력 통제를 유지하려는 자본의 전략이 어떻게 노동전투성과 노동소요를 초래하는지 주목한다. 실버의 분석을 따라 20세기 자동차산업을 노동과 자본의 관계라는 측면에서 들여다보면, 노동자들은 기업

16　같은 책, 82쪽.
17　이 문단에서 백승욱, 《자본주의 역사 강의》, 그린비, 2006, 426~427쪽을 요약했다.

의 수익성과 이윤이 증가함에 따라 임금 인상과 노동 조건 개선 등을 요구하며 노동전투성을 강화한다. 자본은 노동자들이 행사하는 노동소요에 맞서고, 수익성과 이윤을 적정 수준으로 유지하기 위해 노동력을 좀 더 쉽게 통제할 수 있는 곳으로 이동한다. 자본이 물러난 곳에서는 노동운동이 약화되지만, 자본이 새롭게 이동한 곳에서는 새로운 노동운동이 발생하고 노동전투성 역시 강화되는 경향이 나타난다.[18]

실버가 '자본이동 전략'이라 부르는 이 개념의 핵심은 자본이 이동해 가는 곳에 자본과 노동의 갈등도 함께 따라간다는 데 있다. 그러나 일본에서는 예외적으로 이런 추세가 나타나지 않았다. 예컨대 1950~1960년대 일본 자동차 기업은 국내 하청체계를 구성하는 최하층(농촌의 노동예비군과 여성)의 노동교섭력이 증대되자, 이 문제를 동아시아 및 동남아시아의 저임금 노동력을 동원해 해결하고자 했다.[19] 1960년대 동아시아의 다층적 하청체계가 만들어진 데는 이러한 실질적 배경이 있다. 그런데 이상하게도 전후 일본에서는 경제가 부흥하고 기업의 수익성이 급속히 증가했음에도, 그에 상응하는 격렬한 노동 저항이 나타나지 않았다. 일본의 자동차 기업들이 핵심 노동력의 고용 안정성을 보장했기 때문이다.[20] 하지만 그렇다고 해서 일본 자동차산업 내부에 전투적 노동운동이 전적으로 부재했다고 단정해선 안 된다. 일본은 "제2차 세계대전 말(즉 일본 자동차산업이 상승하기 **직전**)에 노동전투성의 대대적인 고양을 경험했다. 노동전투성의 물결이 가져온 제약에 대처하기 위해 자동차

---

18   비버리 J. 실버, 《노동의 힘》, 백승욱 외 2인 옮김, 그린비, 2018, 69쪽.
19   같은 책, 114~115쪽.
20   같은 책, 113쪽.

업체들은 포드주의적 대량생산에서 상당히 이탈하는 쪽을 선택했다".[21]

세계체계적 관점에서 볼 때, 냉전 질서 아래 일본을 중심으로 형성된 다층적 하층체계는 미국 헤게모니와 밀접한 연관이 있다. 1960년대 남한과 일본은 동일한 자본주의 세계체계의 과정을 경험하면서도, 그것에 반응하는 방식에서는 큰 차이를 보였다. 남한에서 냉전은 일상의 삶을 규제하는 통치 원리였던 반면, 일본은 세계 자본주의의 헤게모니를 쥐고 있던 미국의 원조를 받으며 비교적 안정적으로 경제 발전에 몰두할 수 있었다. 즉 1952년 샌프란시스코 강화조약이 발효된 이후 독립국으로 거듭난 일본은 한국·대만과 달리 냉전 질서의 소용돌이에서 물러나 전후의 고도성장을 구가하게 된다(샌프란시스코 강화조약은 일본의 전쟁 상대국인 중국과 구소련뿐만 아니라 일본의 피식민국인 한국과 대만 역시 배제했다).

냉전기 동아시아의 지정학을 좀 더 자세히 들여다보기 위해서는 아시아·태평양전쟁이 종료된 시기로 거슬러 올라가 식민 시기 아시아에 대한 상상이 해방 후 어떻게 변화했는지 검토할 필요가 있다. 제2차 세계대전이 종료된 후 일본과 남한은 국민-국가를 재건해야 하는 상황에 처했지만, 그에 대응하는 방식은 크게 달랐다. 이는 기본적으로 지리적 영토의 축소와 복원이라는 문제와 맞닿아 있다. 해방 이후 한국은 "'대동아'의 변방 '지방local'에서 '일국'으로 확장"되었으나, 일본은 "'대동아'의 중심에서 '일국'으로 축소"되었다.[22] 물리적 영토의 변경

---

21   같은 책, 76쪽.

22   김예림, 〈냉전기 아시아 상상과 반공 정체성의 위상학: 해방~한국전쟁(1945~1955)
      후 아시아 심상지리를 중심으로〉, 성공회대 동아시아연구소 엮음, 《냉전 아시아의 문

은 양국이 아시아를 상상하는 방식에 어떤 식으로든 영향을 끼쳤을 것이다.

전후 일본은 아시아를 언급하거나 상상하는 작업을 의도적으로 회피했으며, 대동아공영권 프로젝트를 주도한 과정을 망각하고자 했다. 김예림은 이에 대해 다음과 같이 언급한다. "일본은 제국으로서 군림했던 기억과 흔적을 거두어들이면서 미국의 지원하에 '단일민족국가'로 자신을 재정비해나갔다. 아시아론에서뿐만 아니라 여러 측면에서 '단절'의 테크닉이 활용된 것은 이러한 맥락에서였다."[23] 다시 말해, 전후 일본은 과거 대동아공영권 프로젝트에서 드러난 제국의 기획을 포기하고 '망각'과 기억상실의 테크닉을 활용해 국민-국가의 재건에 몰두했다. 전후 일본의 공간 상상이 수축과 축소의 방식으로 이뤄졌음을 알 수 있는 부분이다.

태평양 담론과
한국의 아시아 상상

반면 한국의 경우 지리적 영토가 로컬에서 일국으로 확장됨에 따라 새로운 공간 담론을 정립해야만 했다. 그러나 일본의 식민 지배에서 이제 막 벗어난 탈식민 국가였던 한국은 곧바로 냉전 질서의 소용돌이에 휩싸이고, 분단과 한국전쟁을 경험하게 된다. 한국전쟁은 물리적 영토를 두 개의 분단국가로

화풍경 1: 1940~1950년대》, 현실문화, 2008, 87쪽.
23   같은 책, 90쪽.

재편했다. 해방기와 냉전기를 거치며 영토가 확장과 수축 사이에서 진동하는 사이, 한국의 아시아 상상은 태평양을 중심으로 재조직화된다. 해방기 공간의 상상이 태평양을 중심으로 재구성된 것과 관련해서는 아래의 주장을 참조할 수 있다.

> 38선 이북이 갈 수 없는 곳으로 설정됨과 동시에, 남한 단정 수립으로 이어지는 정치적 기획 내에서 생산된 공간 담론들은 그 시선을 현저하게 대륙에서 해양으로 전환하였다. 바야흐로 〈영토〉의 연장선상에서 〈영해〉가 선포되었고, 그리고 이 과정에서 새롭게 의미 부여된 태평양은 동아시아 일대의 공간 질서를 재편하게 만든 전 지구적 권력으로서의 아메리카와 어떤 식으로든 맞닿아 있는 기호일 터였다.[24]

위의 인용문에서 언급되듯, '태평양'은 결코 중립적인 공간이 아니다. 그것은 한편으로는 한국이 미국과 맺은 굳건한 반공 동맹을 상징하며, 다른 한편으로는 향후 한국의 아시아 상상이 이념적 지향을 기준으로 재편될 것임을 예고한다. 물론 한국 지식인 집단의 태평양에 대한 강조가 냉전 시기에만 있었던 것은 아니다. 예컨대 태평양에 초점을 맞추는 행위는 식민 시기에도 존재했는데, '남방' 아시아에 관한 상상이 이에 해당할 것이다. 그러나 남방 아시아를 바라보는 식민지 조선의 시선은 제국 일본의 틀을 경유한 것이었으며, 식민주의적 팽창의

---

24   장세진, 〈해방기 공간 상상력의 전이와 '태평양'의 문화정치학〉, 《상허학보》 26, 2009, 139쪽.

시선을 고스란히 반복했다. 남방 담론은 "1938년을 전후로 급증하여, 1941~1943년에는 남방에 관한 담론이 조선의 매체를 장악한다".

당시 식민지 조선은 식민주의적 판타지에 의존해 남방을 게으르고 열등한 지역으로 표상했는데, 여기에는 "무엇보다도 '대동아공영권'이라는 새로운 아시아 블록에서 제2인자로서의 우월한 지위를 점하려는, 식민지인의 분열적인 욕망이 자리잡고 있었다".[25] 식민 시기 조선의 아시아 상상과 해방 이후 한국의 아시아 상상에는 얼마간 차이가 있다. 식민지 조선이 제국일본의 시선을 좇아 태평양에 대한 관심을 확대했다면, 냉전시기 한국은 '반공'을 축으로 아시아를 '분류'하고자 했다. 이때 좌우 어느 쪽에도 속하지 않았던 아시아 중립국은 한국이 상상하는 아시아에서 배제되었다.

한국의 지식인들은 공산주의에 명확한 반대를 표명하지 않았던 중립국에 우호적이지 않았다. 이는 《사상계》가 주도한 지식 담론의 생산을 통해서도 확인된다. 《사상계》에 참여했던 지식인들은 1950년대 동남아시아 국가를 두고 신생 독립국으로서의 경험을 공유하면서도, 이들 국가가 비동맹이나 중립이라는 기치를 내거는 것에 적의를 드러냈다. 당시 한국은 중립과 비동맹을 용납하지 않는 분위기였다.[26] 한국에서 반식민 민족주의가 등장하는 1960년대 중반 이전까지 《사상계》 그룹이

---

25 권명아, 《역사적 파시즘: 제국의 판타지와 젠더 정치》, 책세상, 2005, 350쪽. 권명아는 이 책에서 주요한, 이광수, 김기진, 이찬 등이 작성한 문학 담론을 분석하면서 당시 조선 지식인들이 남방에 대한 담론을 어떤 방식으로 구성했는지 설명한다. 같은 책, 363~369쪽.

26 김예림, 〈1950년대 남한의 아시아 내셔널리즘론: 동남아시아를 정위定位하기〉, 《아세아연구》 55(1), 2012, 149~154쪽.

지향했던 것은 서구 지향적 근대화였고, 이런 배경에서 민족주의는 서구 중심주의와 충돌하지 않았다. 김건우는 이를 "민족을 위해 과거를 버리고 서구를 향해 나아간다"는 한 문장으로 요약한다.[27]

다시 태평양으로 돌아와 두 가지 측면에 주목해보자. 첫 번째로, 바다, 해양, 항구 등의 이미지는 좀 더 선진화된 세계로 나아가기 위한 출구의 역할을 떠맡았다. 1960년대 한국에서 마도로스를 소재로 한 대중가요와 영화가 널리 제작된 것도 이 때문이다. 〈마도로스 박〉(1964), 〈홍콩의 마도로스〉(1969) 등 홍콩과 마도로스를 소재로 한 영화는 물론 백야성의 〈마도로스 부기〉(1960)와 고봉산의 〈아메리카 마도로스〉(1961) 등 마도로스를 소재로 한 가요 또한 매우 빈번히 제작되었다.[28] 두 번째로, 해방과 분단 이후 남한의 아시아 상상은 어떤 식으로든 미국 헤게모니가 주도하는 냉전기의 아시아 상상과 관련될 수밖에 없었다. 이에 따라 바다와 해양을 강조한다 하더라도, 이러한 표상들은 홍콩의 경우에서 살펴볼 수 있듯, 반공주의에 기반한 지역으로 국한된다.

---

27   김건우, 《대한민국의 설계자들: 학병세대와 한국 우익의 기원》, 느티나무책방, 2017, 69쪽.

28   그러나 마도로스를 소재로 한 대중가요는 1960년대에 들어서 비로소 유행한 것이 아니라, 1930년대부터 시작됐다. 일례로 백년설은 1939년 〈마도로스 수기〉를 불러 큰 인기를 끌었다. 〈김종욱의 부산 가요 이야기 16: 마도로스와 그 시절의 노래〉, 《국제신문》, 2012. 6. 28.

냉전기 한국영화의
공간 상상

이제 지금껏 살펴본 비교영화연구의 이론적 틀과 (세계체계적 맥락에서) 냉전기 한국의 아시아 상상을 토대로 한국영화에 접근할 차례다. 공간의 확장과 축소, 개방과 폐쇄라는 의제를 염두에 두고 1960년대 후반~1970년대 초반 제작된 한국영화들이 미국 헤게모니가 주도하는 냉전적 질서에 어떤 방식으로 응답했는지 이야기해보자.

① 공간의 팽창과 냉전적 아시아 상상:
〈고발〉〈속 팔도강산: 세계를 간다〉

김수용 감독의 〈고발〉(1967)은 남한의 베트남전 참전이라는 역사적 상황과의 면밀한 관계 속에서 논의되어야 하는 영화다. 박정희는 "1963년 9월 22일부터 12년간 총 312,853명의 군인을" 베트남에 파병했고, 이는 주로 "1966년부터 1969년까지" 이루어졌다.[29] 한국은 베트남전에 참전하는 대가로 미국과 군사동맹을 강화했고, 미국으로부터 재정 지원을 받았다. 한국 정부가 베트남전에 참전하게 된 표면적 이유는 주한 미군의 감축에 대한 우려 때문이었다.[30] 그러나 당시 한국 대중들은 베트

---

29   Kwon Heon-Ik, *The Other Cold War*, Columbia University Press, 2010, p.180(n18).
30   박태균은 한국의 베트남전 참전 이유로 "주한 미군의 규모를 유지함으로써 북한에 대응하는 안보력 약화를 막기 위한 것, 한·미 동맹에 대한 고려, 미국의 주한미군 및 한국군 감축 정책에 대한 대응 등"을 꼽는다. 그는 경제적 이유로 베트남전에 참전한 것은 파병이 본격적으로 전개된 1965년 이후에 가능했다고 본다. 박태균, 《베트남 전쟁: 잊혀진 전쟁, 반쪽의 기억》, 한겨레출판, 2018, 28쪽.

남전 참전이 한국 내 안보 상황을 불안정하게 만들 수 있다며 베트남전 파병에 깊은 우려를 나타냈다.

1960년대 중후반은 실제로 남북한의 군사적 긴장이 매우 높았던 시기였다. 북한의 대남 침투도 눈에 띄게 증가했다. 1966년만 하더라도 1월부터 11월 사이에 40건의 사건이 발생했고, 미군 6명과 한국군 30명이 사망했다.[31] 1967년에는 남북 간에 발생한 교전이 400건을 넘어섰고, 1968년에는 500건에 달했다.[32] 이런 상황에 대응하기 위해 박정희는 안보 위기를 강조하고 반공 이념을 정당화하는 데 주력했다. 이런 식으로 남한은 급속히 병영사회로 진입하게 된다. 남한의 반공 이데올로기는 일정 부분 푸코가 말한 생명권력biopower의 형태로 진행되었다. 이는 반공 이데올로기가 발전주의와 맞물려 효율성과 생산성을 강화하는 방향으로 행사되었음을 뜻한다. 그러나 1960년대 후반 반공 이데올로기의 특성을 제대로 이해하려면 생명권력의 틀을 넘어서야 한다. '물리적 폭력'을 논하지 않고서는 한국의 반공주의를 논할 수 없기 때문이다. 일례로 문승숙은 물리적 폭력이 남한의 '군사화된 근대성'이 형성되는 데 중요한 역할을 했다고 강조한 바 있다.[33]

영화 〈고발〉은 이런 역사적 배경과 깊은 연관이 있다. 실

---

31 Michishita Narushige, *North Korea's Military-Diplomatic Campaigns, 1966-2008*, Routledge, 2010, p.17.

32 박태균, 《베트남 전쟁》, 30쪽. 1966년 10월 31일 미국의 린든 B. 존슨 대통령이 한국을 방문한 기간 동안 북한군이 미군을 습격해 미군 6명과 한국군 카투사 1명이 사망했다. 이는 불과 며칠 전 한국군이 북한군을 공격해 상당수의 북한군이 사망한 사건에서 비롯되었다. 1968년 1월 21일에는 김신조를 비롯한 북한의 무장게릴라가 청와대를 습격하는 사건이 발생했고, 1월 23일에는 미국의 정보함 푸에블로흐가 북한에 의해 나포되었다. 같은 책, 29~32쪽.

33 Moon Seung-Wook, *Militarized Modernity and Gendered Citizenship in South Korea*, Duke University Press, 2005, p.28.

화를 바탕으로 제작된 〈고발〉(1967)은 1967년 남한으로 망명한 전前 북한 조선중앙통신 부사장 이수근(박노식)의 이야기를 담아낸다. 영화의 초반부, 당 관계자들은 이수근에게 상사인 송달현(김동원)에 대해 허위 고발을 하도록 강요한다. 이수근은 자신의 상사를 고발한 대가로 승승장구하게 되고, 송달현은 조선중앙통신에서 해고된다.

오랜 시간이 지난 후 공사장에서 강제노동을 하는 송달현의 모습을 목격하게 된 이수근은 양심의 가책을 느끼고, 송달현의 딸 송현옥(남정임)을 섬유 공장에 취직시킨다. 그러나 당에 대한 충성도가 높은 이수근의 아내(주증녀)는 남편이 송현옥을 돌보는 것을 탐탁지 않게 여긴다. 설상가상으로 공장장(독고성)은 송현옥의 일거수일투족을 감시할 뿐 아니라, 이수근의 정적인 조선중앙통신의 또 다른 부사장 박건웅(최성호)은 송현옥에게 접근해 송달현을 고발한 사람이 이수근임을 밝히면서 이수근을 공개비판 해달라고 요청한다. 그러나 송현옥은 이수근을 비판하는 대신 공산주의를 공개비판 하게 되고 결국 처형되기에 이른다. 이 사건으로 큰 충격에 빠진 이수근은 탈북을 결심하고, 판문점 회담에 참석한 뒤 미군 차량을 타고 도주한다.

〈고발〉은 탈북에 성공한 이수근의 모습만을 담았지만, 당시 영화 밖의 사회적 현실은 훨씬 더 냉혹하고 폭력적이었다. 탈북 후 남한에서 영웅으로 환영받던 이수근은 북한을 비판하는 강연들을 지속하며 남한의 요원으로 거듭난다. 그러나 이수근은 시시각각 숨통을 조여오던 남한 요원들의 감시와 폭력에 큰 환멸을 느끼고, 결국 제3국으로 탈출을 시도하기에 이른다. 1969년 1월, 이중간첩 혐의로 체포된 이수근은 교수형 판결을

⟨고발⟩(1967)은 1967년 남한으로 망명한
前 북한 조선중앙통신 부사장 이수근의
이야기를 담아낸다.

받는다. 그러나 2018년 한국 법원은 재심 끝에 당시 이수근의 자백이 고문에 의해 자행된 거짓 자백이었다고 판결하며 그의 간첩 혐의에 대해 무죄를 선고했다.

영화는 군사화된 근대성이 본격적으로 진행되며 반공 병영사회로 진입하던 당시 남한의 사회적 맥락을 자신만의 방식으로 시각화한다. 영화에서 가장 인상적인 장면은 북한 체제에 깊게 실망하게 된 이수근이 북한을 탈출하기 전 평양에서 보이스오버 내레이션을 통해 남한에 대한 낙관적인 상상을 이어가는 부분이다. 영화는 중국의 문화혁명이 얼마나 폭력적이었는지 재연의 방식을 통해 드러낸 뒤, 다음 장면에서 1966년 10월 24~25일 벌어진 마닐라 정상회담 소식을 파운드 푸티지 형식으로 표현한다. 미국·남한·남베트남·필리핀·태국·호주·뉴질랜드 대표들은 이 회담에 참석해 베트남전쟁에 대해 논의했다. 영화는 마닐라 정상회담 장면을 뉴스릴 방식으로 제시한 뒤, 곧이어 린든 B. 존슨 미국 대통령이 남한에 방문한 장면을 파운드 푸티지를 통해 보여준다. 그 뒤 영화는 다시 평양에 있는 이수근에게 초점을 맞춘다.

평양에서 시작해 마닐라와 서울을 거쳐 다시 평양으로 돌아오는 공간적 이동에는 어떤 의미가 있을까? 우선 지적하고 싶은 것은 공간은 미리 주어진 실체가 아니라, 사회적 행위자가 의미를 구축하는 방식에 따라 새롭게 구성된다는 점이다. 여기서 평양은 그 자체로는 아무런 의미가 없는 공간이다. 그 도시는 남한의 욕망이 투사된 대상일 뿐이며, 그만큼 서울의 전도된 거울쌍이다. 중요한 것은 영화가 미국·남한·남베트남·필리핀·태국·호주·뉴질랜드가 일련의 의미 연쇄를 만드는 과정을 보여주고, 이를 다시 존슨의 남한 방문과 연결시킨

〈팔도강산〉(1967)은 1967년
국도극장에서 개봉해 그해 상영된
한국영화 중 흥행 1위를 차지했다.

다는 데 있다. 미국과 남한은 마닐라 정상회담을 구성하는 하나의 요소이자, 동시에 그 회담을 과잉결정하는 지배적 기표다. 다시 말해 이 신은 당시 남한이 아시아를 상상했던 방식, 즉 반공주의를 중심으로 아시아·태평양의 지리적 커넥션을 구축하는 과정을 표현한다. 새로운 아시아 지도를 그리기 위한 척도는 바로 남한과 미국이 맺은 반공 동맹이었다.

　서로 다른 이질적 공간들이 확장적 순환의 고리를 통해 연결되는 방식은 〈팔도강산〉 시리즈에서도 발견된다. 배석인 감독의 〈팔도강산〉(1967)은 1967년 국도극장에서 개봉해 그해 상영된 한국영화 중 흥행 1위를 차지했고, 〈팔도강산〉의 속편 〈속 팔도강산: 세계를 간다〉(1968)와 〈내일의 팔도강산〉(1971) 역시 큰 흥행을 거뒀다. 팔도강산 시리즈에서 김희갑·황정순 부부는 전국 또는 전 세계에 흩어져 사는 가족들을 방문하면서 근대화된 조국의 모습을 확인한다. 〈팔도강산〉 시리즈를 추동하는 동력이 발전주의임은 너무나 분명해 보인다. 〈속 팔도강산: 세계를 간다〉에서 '조국 근대화'는 해외로까지 확장되고, 그들 부부는 일본·미국·브라질·독일·네덜란드·프랑스·이스라엘·우간다·베트남을 방문해 조국 근대화의 가능성을 발견하게 된다. 그러나 우간다는 예외적으로 다른 도시들과 다르게 그려지는데, 주변에서 중심으로 단계적으로 이행하는 근대화 과정에서 벗어나 있다. 부부는 우간다를 방문하면서 그들(우간다)의 현재가 우리(남한)의 과거였음을 확인한다. 그러나 영화가 제작된 당시 비동맹운동NAM 회의에 가입한 국가는 정작 우간다뿐이었다. 비동맹 중립국에 상당히 적대적이었던 당시 한국의 지리적 상상을 가늠할 수 있는 부분이다.

② 폐쇄 공간이 제시하는 가능성:
〈산불〉〈생명〉〈04:00-1950〉

〈고발〉이 전형적인 반공영화라면, 차범석의 동명 희곡을 바탕으로 한 〈산불〉(1967)은 여러 면에서 〈고발〉과 차별화된다. 〈산불〉은 한국전쟁이 진행 중이던 1950년대 초 지리산 부근의 촌락을 배경으로 한다. 영화의 두 여자 주인공 점례(주증례)와 사월(도금봉)은 평생 친구로, 이들의 남편은 각각 인민군과 국군으로 참전한 상황이다. 영화는 남자들이 참전하느라 여성과 노인만 남게 된 지리산 부근 마을의 대나무 숲에 인민군 부대에서 탈영한 젊은 남성 규복(신영균)이 몸을 숨기며 본격화된다. 점례는 규복을 대나무 숲 움막에 숨겨주면서 규복과 육체적 관계를 맺는다. 그러나 규복과 점례의 관계를 눈치 챈 사월이 이 사실을 경찰에 알리겠다고 규복을 협박하고, 규복은 어쩔 수 없이 사월과 깊은 관계를 맺게 된다. 점례는 규복이 위험에 빠지지 않도록 규복과 사월의 관계를 묵인한다. 영화의 후반부, 한국군은 산에 숨어 있던 인민군을 소탕하기 위해 산에 불을 지른다. 산불을 피해 도망치던 규복은 산 근처에서 죽은 채 발견되고, 임신한 사월은 스스로 목숨을 끊는다.

〈산불〉은 폐쇄 공간과 열린 공간이라는 극단적으로 대립되는 두 공간을 통해 구조화된다. 열린 공간은 촌락 주민들의 일상적 삶과 연결되어 있고, 읍내와도 통하며 공간의 개방 및 확장을 지시한다. 그러나 이 트인 공간은 실제로는 삼엄한 치안이 실행되는 공간이기도 하다. 예컨대 점례는 규복과 깊은 관계를 맺은 후 읍내와 마을을 왔다 갔다 하던 옷감 장수에게 읍내 상황이 어떤지 묻는데, 읍내에 헌병, 순경, 향토방위대가 쫙 깔렸고, 읍내로 진입하려면 대민증과 같은 증명서가 있어야

차범석의 동명 희곡을 바탕으로 한 〈산불〉(1967)은
한국전쟁이 진행 중이던 1950년대 초 지리산 부근의
촌락을 배경으로 한다.

한다는 이야기를 듣게 된다. 점례는 인민군에게 속아서 따라
갔다가 도망쳐 나온 사람도 죄가 있는지 옷감 장수에게 넌지시
물어보는데, 그의 냉담한 말을 듣고선 이내 단념하게 된다. 영
화 속 인물들이 왕래하고 이동하는 물리적으로 열린 공간이 사
실 누구에게나 개방된 공간은 결코 아니라는 점을 확인할 수
있는 장면이다. 공간은 언제나 누구를 포함하고 누구를 배제할
것인가의 문제를 함축한다.

반면 규복과 점례 혹은 규복과 사월이 깊은 관계를 맺는
공간은 대나무 숲의 움막과 같은 폐쇄 공간으로 그려진다. 이
러한 폐쇄 공간은 성적 긴장으로 충만한 '위험의 순간'으로 가
득 차 있다. 예컨대 카메라가 대나무 숲에 숨어 있는 인물을 화
면에 담을 때, 인물은 바람에 흔들리는 대나무 잎에 가려진다.
카메라는 뒤이어 나오는 장면에서야 그런 시선의 방해 없이 온
전히 인물을 포착하는데, 이러한 패턴은 영화 내내 거듭 반복
된다. 이런 식의 프레이밍은 마치 우리가 그 인물을 보는 것이

우리의 시선을 가로막는 어떤 문턱을 넘어섰을 때 겨우 가능해지는 듯한 느낌을 불러일으킨다. 덧붙여 영화의 초반부 카메라가 대나무 숲을 함께 걷는 규복과 점례를 비추는 장면 역시 인상적인데, 이때 규복과 점례는 어떠한 대화도 나누지 않는다. 그들은 오직 숲속의 움막과 같은 꽉 막힌 공간cramped space 속에서만 대화를 나눈다.

〈산불〉의 폐쇄 공간은 외부와 내부의 경계가 흐릿해지는 문턱의 공간이며, 섹슈얼리티의 문제가 전면화되는 공간이기도 하다. 말하자면 〈산불〉은 차폐감으로 가득한 폐소공포증적 공간과 성애화된 공간을 결합함으로써 아시아에 대한 심상 지리imagined geography를 확장적으로 표상했던 〈고발〉의 방식과 크게 거리를 둔다. 그러나 〈산불〉과 〈고발〉이 단지 공간 표상을 두고 대립한다는 사실을 확인하는 차원에서 좀 더 나아갈 필요가 있다.

관건은 두 영화 사이에 놓인 부재와 현존의 관계이다. 즉 〈고발〉에서 말해지지 않은 것이 〈산불〉에서 말해지고 있으며, 마찬가지로 〈산불〉에서 말해지지 않은 것이 〈고발〉에서 말해진다. 베트남전이 한창이던 시기에 제작된 〈고발〉이 반공 이데올로기를 노골적으로 제시한 프로파간다에 가깝다면, 〈산불〉은 성애화된 폐쇄 공간을 집중적으로 부각함으로써 반공 이데올로기를 내파한다.[34]

---

34 〈고발〉과 〈산불〉에서 드러나듯, 1960년대 중후반 김수용의 영화 세계는 문예영화의 자장에만 머무르지 않는다. 일례로 오영수의 동명의 단편소설을 영화로 옮긴 〈갯마을〉(1965)은 〈사랑방 손님과 어머니〉(1961), 〈벙어리 삼룡〉(1964)과 함께 향토색 짙은 1960년대 문예영화의 유행을 불러일으킨 것으로 알려져 있지만, 섹슈얼리티·공간·지리학의 복합적 문제를 제시하는 영화이기도 하다. 〈갯마을〉에서 결혼한 지 열흘 만에 남편을 잃게 된 해순(고은아)은 주로 여성들만 남은 바닷가 갯마을 생활에 익

더 나아가 이만희 감독을 경유하면, 1960년대 중후반 폐쇄 공간과 냉전 질서의 복합적 관계를 좀 더 정교하게 살펴볼 수 있다. 이만희는 〈생명〉(1969)과 〈04:00-1950〉(1972)에서 고립무원의 공간에서 사투를 벌이는 인간의 모습을 보여준다.[35] 〈생명〉(1969)은 갱도가 무너져 지하에 고립되었다가 구출된 광부 김창선(장민호)의 실화를 바탕으로 한다. 〈생명〉의 프롤로그는 영화의 내용과 전혀 상관없이 "싸우며 건설하여 승공통일 다짐하자 / 삼천만 한몸되어 분쇄하자 북괴만행"이라는 구호로 채워져 있다. 혹자는 난데없이 불쑥 등장한 프롤로그를 두고 북한의 남침용 땅굴을 연상할지도 모른다. 실제로 북한이 땅굴을 파기 시작한 것은 영화가 제작된 지 몇 년 뒤인 1972년 (7·4 남북공동성명이 선언된 해)이었다.

하지만 그렇다 하더라도 이 장면은 우리로 하여금 〈생명〉을 출현시킨 역사적 상황, 즉 한국의 베트남전 참전으로 인해

숙해진다. 그러나 상수(신영균)와 함께 갯마을을 떠나 산속에서 살게 된 해순은 상수가 사고로 절벽에서 떨어져 죽고 난 뒤 다시 갯마을에 돌아온다. 갯마을에서 육지로, 그리고 다시 육지에서 갯마을로 귀환하는 식의 이동은 다소 변주된 형태이긴 하지만, 〈망향〉(1966), 〈만선〉(1967), 〈안개〉(1967)에서도 계속 이어진다. 예컨대 〈망향〉에서는 북한행을 감행한 재일조선인들이 북한사회에 환멸을 느껴 다시 남한으로 탈출을 시도하지만, 어린아이를 제외하고는 모두 몰살당하는 파국적 상황으로 끝이 난다.

35 물론 이만희가 꽉 막힌 폐쇄 공간만 제시하는 것은 아니다. 때로 그는 탁 트인 공간을 강조하기도 한다. 〈삼포 가는 길〉(1975)은 바로 그 전략을 채택한 영화다. 〈휴일〉(1968)의 경우, 내부와 외부의 경계에서 발생하는 긴장을 집중적으로 부각한다. 한편 영화사가 이영일은 이만희 영화가 제시하는 공간의 특징으로 공간과 사운드의 관계, 머물거나 거주하는 공간이 아니라 '항상 지나가는' 공간을 꼽는다. 이는 매우 중요한 통찰이다. "〈귀로〉(1967)에서 보이듯이 기차와 역, 그리고 일대의 계단, 벽, 이에 부속하는 소리 등은 이만희가 만들어내는 공간의 특징이다. 〈만추〉(1966)에서도 서울역 개찰구에서 역원이 펀치로 '탁' 하고 열차표를 끊을 때 용수철 소리가 공간에 메아리치고 주인공이 황급하게 자리를 찾아 오르는 장면이 절묘한 몽타주를 이룬다. 이것은 매우 뉴트럴neutral한 공간이다. 주인공이 살거나 일할 수 없는 공간, 일상성·상주성이 없는 공간, 항상 지나가는, 경과하는 공간으로 자기 공간이 될 수 없는 '불안한' 공간이다. 이만희의 주인공들은 불안한, 뉴트럴한 공간에서 살고 있는 사람들이다." 한국예술연구소 엮음, 《이영일의 한국영화사 강의록》, 소도, 2002, 206쪽.

〈생명〉(1969)은 갱도가 무너져
지하에 고립되었다가 구출된 광부
김창선의 실화를 바탕으로 한다.

안보가 매우 불안해진 상황을 감각하도록 한다. 즉 〈생명〉은
텍스트 바깥에 실재하는 역사적 상황을 텍스트 내부로 문자 그
대로 소환한다. 그러나 매몰된 탄광에 갇힌 광부의 사투는 당
시 남한의 대중문화에 지대한 영향을 끼쳤던 냉전적 아시아 표
상(태평양, 반공, 미국 등이 일련의 의미망을 구성하면서 팽창과 확장의
이미지를 강조하는 것)과 일정한 거리를 둔다. 〈산불〉이 폐쇄 공
간에서 펼쳐지는 섹슈얼리티에 주목함으로써 한국전쟁의 참
상에서 어느 정도 비껴 서려 했던 것처럼 말이다.

　〈생명〉의 마지막 장면 역시 의미심장하다. 영화는 지하 탄
광에 매몰된 주인공 김창선이 지상으로 구출되는 장면을 제시
하면서도, 느닷없이 지하 갱도로 다시 내려가는 엘리베이터를

보여주며 끝을 맺는다. 사방이 꽉 막힌 탄광 지하에 작은 틈을 만들고, 그 틈을 통해 간신히 탈출에 성공하게 되는 〈생명〉의 줄거리는 탄광을 소재로 한 여타의 영화들과 별반 다를 바 없지만, 천신만고 끝에 겨우 출구를 찾은 상황에서 영화가 다시 탄광 지하의 심연에 눈길을 보낸다면 사정은 달라질 수 있다. 영화가 진행되는 동안 애써 쌓아놓은 사연들을 무너뜨려 그것을 다시 원점으로 되돌리는 과정은 〈원점〉(1967)의 마지막 장면에서도 반복된다. 들뢰즈와 가타리의 개념을 빌려 이야기하자면, 중요한 것은 지상과 지하라는 고정된 '점'이 아니라, 이런 고정된 점들 사이를 이동하는 "생성의 선"이다.[36]

즉 〈생명〉이 드러내는 영화적 공간은 단지 탄광 지하라는 공간과 인물이 맺는 관계를 말해주는 데 그치지 않는다. 그보다는 오히려 지상과 지하라는 고정된 점들을 가로지르는 '생성의 선'을 보여준다. 이때 생성의 선은 지상과 지하라는 점들의 경계를 무너뜨리며 이행과 운동의 과정을 드러낸다. 이는 공간을 구성하는 요소들이 고정된 점에 수렴되지 않고 모든 방향으로 향할 수 있음을 나타낸다. 또 다른 의미에서 이 장면은 선형적 서사 진행을 급격하게 중단하는 '단절'의 지점으로도 기능한다. 서사와 그 서사를 안에서부터 잠식하는 단절 사이에서 발생하는 긴장은 관객으로 하여금 영화를 출현시킨 역사적 조건에 접근할 수 있도록 한다. 역사의 핵심 동역학은 그 내용이

---

36   들뢰즈와 가타리는 '생성의 선'을 다음과 같이 설명한다. "생성의 선은 이 선이 연결하는 점들에 의해서도, 이 선을 합성하는 점들에 의해서도 규정되지 않는다. 이와 반대로 생성의 선은 점들 사이를 지나가며, 중간을 통해서만 돌출하며, 우리가 먼저 구분한 점들 쪽으로 곧장 흘러가며, 인접해 있거나 떨어진 점들 사이를 결정 가능한 비율로 가로지르는 방향으로 흘러간다." 질 들뢰즈·펠릭스 가타리, 《천개의 고원: 자본주의와 분열증 2》, 김재인 옮김, 새물결, 2001, 555쪽.

아니라, 상황과 그 상황으로 환원될 수 없는 공백 사이에서 발생하는 모순과 긴장에서 비롯된다.

고립된 공간의 문제는 〈04:00-1950〉에서도 첨예하게 나타난다. 영화는 한국전쟁 발발 직후 38선 부근 최전방 초소에 고립된 군인들의 위태로운 삶을 조명한다. 사방이 북한군으로 둘러싸인 최악의 상황에서 고립된 공간에 갇힌 군인들은 북한군의 포위망을 뚫고 탈출해야 할지, 참호에 계속 머무르며 국군의 지원을 기다려야 할지 결정해야 한다. 하지만 그들은 시간이 지날수록 국군의 지원이 불가능하다는 사실을 깨닫게 되고, 자신의 의지와 상관없이 내던져진 상황에서 한 치도 벗어날 수 없음을 직감한다. 그럼에도 그들은 자신에게 주어진 불가해한 상황을 탓하거나 외면하지 않는다. 패배가 뻔히 보이는 상황에서 도주하지 않고 그 상황에 온전히 자신을 맡김으로써, 영화 속 인물들은 윤리와 책임의 주체로 거듭나게 된다.

다른 한편, 〈04:00-1950〉는 외부 세계와 고립된 벙커 내부를 조명하는 데 많은 시간을 할애한다. 전쟁이라는 극한의 상황과 마주한 병사들의 공포가 영화를 가득 채운다. 그러나 고립무원의 공간에 갇힌 병사들의 절망, 공포, 고독 따위만을 부각한다면 요점을 놓칠 수도 있다. 중요한 것은 영화 속 인물들이 표현하는 내면의 주관적인 감정이 아니라, 그 인물들이 폐쇄 공간이 부과하는 압력에 '사로잡혀' 있다는 점이다. 영화는 벙커를 가득 채우고 있는 처절한 고독과 쓸쓸함이라는 '정조'보다는 이러한 정조가 어떻게 인물들을 잠식하고 있는지에 초점을 맞춤으로써 인물과 공간이 맺는 복잡한 상호작용을 드러낸다. 이만희의 공간 상상이 당시 남한의 대중문화가 아시아를 상상했던 방식, 즉 반공 연맹을 중심으로 한 아시아에 대한 심상지리에서 멀리 벗어났던 것은 그 때문이었을지 모른다.

'자기 축소'의 공간:
1960년대의 마스무라 야스조

마스무라 야스조의 영화 역시 공간 상상의 측면에서 매우 흥미로운 지점들을 보여준다. 그의 1950~1960년대 영화들은 앞서 살핀 한국영화들과 사뭇 다른 관점을 드러낸다. 제국 일본의 식민적 아시아 상상이 어떻게 파열되는지 예리하게 드러내는 〈세이사쿠의 아내〉(1965)부터 살펴보자.

하나뿐인 남동생이 아사할 정도로 지독한 가난에 시달렸던 주인공 오카네(와카오 아야코)는 17세의 어린 나이에 70대 노인의 후처로 살게 된다. 3년 후 오카네가 스무 살이 되던 해 노인이 갑자기 사망하자, 그녀는 친정으로 돌아간다. 마침 오카네의 아버지도 사망하게 되고, 오카네는 어머니와 단둘이 남는다. 어머니는 남편의 뼈를 고향에 묻겠다며 오카네가 열세 살 때 떠나온 고향에 다시 돌아가자며 그녀를 설득한다. 내키지 않았던 오카네는 결국 어머니와 함께 고향에 돌아와 살게 된다. 그러나 마을 사람들이 어린 나이에 70세 노인의 후처로 살았던 자신을 험담하자, 오카네는 마을 사람들의 시선을 피해 철저하게 외톨이 생활을 한다. 그러던 중 참전 때문에 고향을 떠났던 세이사쿠가 마을에 돌아온다. 세이사쿠를 받아들이지 않던 오카네는 시간이 흐르며 그에게 조금씩 마음의 문을 열게 된다. 오카네와 세이사쿠는 조촐하지만 나름대로 행복한 결혼 생활을 이어간다.

(위부터) 〈세이사쿠의 아내〉(1965)와
〈나카노 스파이 학교〉(1966).
두 영화는 극명한 대비를 이루며
변증법적 성좌를 구성한다.

그러나 러일전쟁의 발발로 세이사쿠는 다시금 징집되어 전장에 나가게 된다. 세이사쿠가 잠시 휴가를 받아 전쟁터에서 돌아왔을 때, 마을 사람들은 큰 잔치를 열어 그를 환송한다. 오카네는 남편에게 전장에 나가지 말라고 애원하지만, 세이사쿠는 참전의 뜻을 굽히지 않는다. 세이사쿠가 다시 전장에 나가면 살아 돌아올 수 없을 거라고 생각한 오카네는 대못으로 그의 눈을 찌르는 선택을 한다. 결국 오카네는 감옥에 수감되고 눈이 먼 세이사쿠는 참전할 수 없게 된다. 세이사쿠는 2년의 수감 생활을 마치고 돌아온 그녀를 용서하고 다시 함께 삶을 꾸린다. 영화는 눈이 먼 세이사쿠 곁에서 밭을 가는 오카네의 모습을 담아내며 끝을 맺는다.

우선 〈세이사쿠의 아내〉를 제국주의 맥락에서 살펴볼 필요가 있다. 제국주의는 자본주의 팽창 논리와 긴밀히 연관된다. 자본주의는 과잉축적을 특징으로 한다.[37] 과잉 축적의 문제가 국민-국가의 영토 내에서 해소되지 않을 때, 자본은 잉여가치를 실현하기 위해 새로운 장소를 찾아 이동해간다. 과잉축적의 문제를 해소하기 위해 지리적 팽창을 도모하는 자본은 아직 자본의 손길이 미치지 않는 외부를 자본화하는 과정을 전개한다. 자신 앞에 놓인 장애물을 뛰어넘어 지리적 확장을 추구하는 데 자본만큼 탁월한 역량을 지닌 것은 없다.

과잉축적에서 비롯된 위기를 해결하기 위해 외부를 향해 나아가는 자본의 축적 및 순환 운동을 이르는 또 다른 이름

---

37 데이비드 하비는 과잉 축적의 조건을 노동의 잉여와 자본의 잉여로 파악한다. "기존의 영토체계 내에서 과잉축적은 (실업을) 유발하는 노동의 잉여와 (시장에서 손실 없이 처분될 수 없는 상품의 과잉, 유휴생산설비, 그리고/또는 생산적이고 이윤 가능한 투자처를 찾지 못한 화폐자본의 잉여로 드러나는) 자본잉여의 조건을 의미한다." 데이비드 하비, 《데이비드 하비의 세계를 보는 눈》, 최병두 옮김, 창비, 2017, 419쪽.

은 제국주의다. 이를 외부-내부의 관점에서 고찰하면, 제국주의는 내부와 외부의 경계를 지속적으로 재조정하는 자본의 축적 및 순환 운동인 셈이다. 그러나 제국주의는 순전히 경제적인 문제로만 환원되지 않는다. 왜냐하면 내부와 외부의 경계를 재조정하는 작업이 폭력에 기대지 않고서는 가능하지 않기 때문이다. 이미 완성된 영토적 분할을 재배열하여 제국주의 지배 아래 포섭시키는 과정은 전쟁·폭력·침략·약탈을 수반하지 않고서는 진행될 수 없다.[38]

그 연장선상에서 우리는 세이사쿠의 눈을 찌르는 오카네의 행위를 제국 일본이 저지른 전쟁범죄를 탈구축하는 시도이자, 제국주의적 팽창에 현저한 단절break을 발생시키는 행위로 읽을 수 있다.[39] 벤야민은 다음과 같은 말로 선형적 시간 개념에 기반을 둔 진보 논리에 급진적인 단절을 가하는 행위의 중요성을 언급한 바 있다. "마르크스는 혁명이 세계사의 기관차라고 말했다. 그러나 어쩌면 사정은 그와는 아주 다를지 모른다. 아마 혁명은 이 기차를 타고 여행하는 사람들이 잡아당기

---

38 데이비드 하비는 이를 '강탈depossession에 의한 축적'으로 개념화한다. 번역본은 'depossession'을 탈취로 옮겼으나, 여기서는 '강탈'로 수정한다. 하비가 말하는 '강탈에 의한 축적'은 마르크스의 '본원적 축적'에서 따 온 것이다. 하비는 이런 폭력이 과거에 한 번 발생하고 그친 것이 아니라 현재에도 여전히 지속되고 있는 과정이라는 점을 강조하기 위해 본원적 축적 개념을 강탈에 의한 축적으로 재개념화한다. 같은 책, 439쪽. 그는 1970년대부터 강탈에 의한 축적이 예전보다 강력한 형태로 등장한다고 보면서, 이를 '신제국주의'로 개념화한다. 이에 관해서는 데이비드 하비, 《신제국주의》, 최병두 옮김, 한울아카데미, 2016를 참고하라.

39 폴 비릴리오가 《전쟁과 영화》에서 언급했듯, 현대 전쟁에서 시각은 매우 중요한 기능을 수행한다. 오늘날 전쟁의 양태는 백병전과 같은 고전적 전투 방식이 아닌, 적이 어디에 위치하고 있는가를 식별하는 데 초점을 맞추기 때문이다. 그러므로 오카네의 행위는 단지 세이사쿠의 시각을 상실하게 하는 것만이 아니라, 시각 기능에 기반을 둔 전쟁 메커니즘에 제동을 거는 저항의 행위로 여겨진다. 폴 비릴리오, 《전쟁과 영화: 지각의 병참학》, 권혜원 옮김, 한나래, 2004.

는 비상 브레이크일 것이다."[40] 오카네의 행위는 바로 그 '비상 브레이크'를 가시화함으로써 제국주의적 확장을 급진적으로 파열시킨다.

한편 마스무라 야스조의 또 다른 영화 〈나카노 스파이 학교〉(1966)는 〈세이사쿠의 아내〉의 의미를 좀 더 명확하게 드러내준다. 〈나카노 스파이 학교〉는 일본 육군의 스파이 양성을 위해 창설된 나카노 학교를 다룬다. 1938년 창설된 나카노 학교는 1945년까지 2500명의 요원들을 배출했는데, 요원들은 전 세계에 걸쳐 스파이로 파견되어 제국주의적 팽창의 첨병 역할을 담당했다.[41] 특히 영화의 마지막 장면은 의미심장하다. 주인공 지로(이치카와 라이조)는 나카노 학교를 졸업한 지 사흘 만에 중국으로 향하는 기차에 몸을 싣는다. 영화는 맹렬히 폭주하는 기차를 보여주며 끝을 맺는데, 이때 기차는 제국주의적 팽창의 논리를 직접적으로 지시한다. 〈세이사쿠의 아내〉가 그려내는 오카네의 단절 행위는 〈나카노 스파이 학교〉의 이 마지막 장면과 극명한 대비를 이루며 변증법적 성좌를 구성한다.

더불어 〈세이사쿠의 아내〉를 도미야마 이치로가 말한 '폭력의 예감'에 기대 조명할 수도 있을 것이다. 도미야마는 예감의 문제를 폭력과 연결한다. 이때 예감은 이미 항상 작동하고 있었지만 좀처럼 가시화되지 않았던 폭력을 감지하는 행위이자, 더 나아가 자신이 이러한 폭력에 완전히 '노출되어' 있음을 지각함으로써 그 폭력에 "방어태세를 취하는sur la defensive"[42]

---

40   발터 벤야민, 〈〈역사의 개념에 대하여〉 관련 노트들〉, 《역사의 개념에 대하여/폭력비판을 위하여/초현실주의 외》, 최성만 옮김, 도서출판 길, 2012, 356쪽.

41   스티븐 C. 메르카도, 《제국주의 일본 나카노학교의 그림자 전사들: 군국주의 일본 육군의 엘리트 정보학교사》, 박성진·이상호 옮김, 섬앤섬, 2021, 23~24쪽.

42   도미야마 이치로, 《폭력의 예감》, 손지연 외 2인 옮김, 그린비, 2019, 46쪽.

행위이다. 도미야마는 프란츠 파농의 '방어태세를 취한다'는 구절을 끌어와 그 의미를 좀 더 확장한다. 이를테면 총살을 기다리는 사람들 무리가 그 예이다. 도미야마는 이미 총살당한 사람 옆에 있으면서 자신에게도 죽음이 임박했음을 지각하는 사람의 상태를 언급하기 위해 이 말을 사용한다.

살해당한 시체 '옆'에 있다는 것은 무엇을 의미할까? 옆 사람이 총살을 당해 죽은 것은 원칙적으로 나의 일은 아니지만, 그렇다고 남의 일만도 아니다. 여기서 나와 타자의 경계는 완전히 붕괴한다. 이처럼 폭력을 예감하고 방어태세를 취하는 것은 "목숨을 건 용감한 결기"도 아니고 "공갈에 굴복한 자들의 변명"도 아니다. 그것은 "폭력의 구체적인 작동에 한발 앞서 방어태세를 취하고 있는 겁쟁이들이 만들어내는 새로운 관계성에 대한 예감"이다.[43]

도미야마의 통찰력은 세이사쿠의 눈을 찌른 오카네의 행위를 살펴보는 데 유용한 참고가 된다. 우선 오카네가 세이사쿠의 눈을 찌른 시기에 주목해보자. 영화에서 세이사쿠는 러일전쟁 기간에 부상을 당해 잠시 귀국한다. 1904년에서 1905년 사이에 벌어진 러일전쟁은 이후에 일어난 한일합병, 만주사변, 중일전쟁, 아시아·태평양전쟁 등 제국 일본이 자행한 제국주의 침략을 예고한다. 오카네는 일본의 영토 외부에서 벌어지는 폭력을 다른 공간에서 벌어진 사건으로 간주하지 않으며(영화는 뤼순 총격이 개시되었음을 신문 기사를 통해 보여준다), 그러한 폭력이 자신과도 무관하지 않음을 인식한다. 오카네는 앞으로 다가올 폭력을 예감하고, 그에 대해 어떤 방어태세를 취한다.

43   같은 책, 9~10쪽.

내 일이 아닌데도 내 일처럼 느낀다는 것. 이는 어떤 의미에서 개인이라 불리는 영역의 위기다. 그뿐만 아니라 **이미** 남의 일이 아니니까, 전부터 줄곧 나에게 들러붙어 있었음이 점차 분명해지는 과거 소급적인 시간을 이 위기는 낳는다. 이러한 과거 소급성은 동시에 이제까지의 과거의 연장선 위에 미래를 상정하는 일을 어렵게 만들고 전혀 다른 미래의 도래를 예감하게 한다.[44]

〈세이사쿠의 아내〉는 도미야마가 말한 "전혀 다른 미래의 도래"를 지시하는 것처럼 보인다. 영화의 후반부, 오카네는 수감 생활을 마친 후 세이사쿠를 찾아가 눈을 찌른 행위에 대해 용서를 구한다. 그러나 세이사쿠는 오카네의 얼굴을 더듬으며 얼굴이 왜 이렇게 야위었냐고 위로한다. 세이사쿠와 오카네는 새로운 감각, 즉 촉각에 기반한 공동체를 구성한다. 대개 시각은 대상에 대한 통제를 특징으로 한다. 무언가를 본다는 것은 그 대상에 대해 일정한 권력을 행사하는 것과 맞물리기 때문이다. 반면 영화는 시각이 촉각으로 과잉결정되면서 새로운 감각의 분배가 상연되는 모습을 제시한다. 이때 촉각은 기존의 시각 기능을 교란하고 이를 새로운 감각으로 펼쳐놓음으로써 "전혀 다른 미래의 도래"를 예감하도록 한다.

마스무라 야스조의 영화는 공간을 제시할 때 자전거, 자동차, 버스 등 운송수단을 통해 이동성mobility을 강조하곤 한다. 〈입맞춤〉(1957)은 그의 데뷔작으로 교도소에 수감 중인 아버지

---

44   도미야마 이치로, 《시작의 앎: 프란츠 파농의 임상》, 심정명 옮김, 문학과지성사, 2020, 77쪽, 강조는 원문.

(왼쪽 위부터 시계 방향으로) 〈입맞춤〉(1957),
〈검정 테스트 카〉(1962), 〈눈먼 짐승〉(1969), 〈문신〉(1966).
이 영화들은 마스무라 야스조의 공간 상상 방식을 보여준다.
특히 사회와의 연결선을 완전히 끊어버린 폐쇄 공간을
전면화하는 시도는 〈눈먼 짐승〉에서 정점에 달한다.

를 면회하던 중 사랑에 빠진 남녀의 이야기를 다룬다. 영화 속 커플의 만남은 앞서 말한 이동수단의 매개를 통해 실행된다. 예컨대 남녀 주인공이 처음 데이트하는 곳은 벨로드롬(사이클 전용 경기장)이고, 남자 주인공 긴이치(가와구치 히로시)는 오토바이 뒷자리에 아키코(노조에 히토미)를 태우고 전속력으로 도로를 질주해 해변가에 다다른다. 인물들은 늘 자동차나 오토바이 같은 차량을 이용한다. 즉 〈입맞춤〉은 운송수단의 매개를 통해서만 어떤 공간에 진입할 수 있음을 보여준다. 여기서 운송수단은 행위자의 운동을 촉진하는 일종의 '보철'이다.

자동차 산업과 산업 스파이를 다루는 〈검정 테스트 카〉(1962)는 상품의 생산보다 유통과 홍보를 강조하며 당시 일본 자본주의의 발전 단계를 하나하나 짚어낸다. 〈검정 테스트 카〉가 공간 속에서 인물을 형상화하는 방식은 독특하다. 카메라는 한 명의 인물이 아닌 여러 명의 인물을 동시에 담아낸다. 폐소공포를 일으킬 정도의 타이트한 방식으로 인물을 클로즈업하기도 해서, 인물이 깊이를 결여한 이미지로 제시된다. 닫힌 공간 속으로 인물들을 몰아넣는 패턴은 〈문신〉(1966)과 〈눈먼 짐승〉(1969)에서도 발견된다. 〈문신〉은 여주인공(와카오 와야코)의 몸에 새겨진 거미 문신을 통해 자연과 문화의 문턱에 자리 잡은 피부의 문제를 전면화하는데, 이때 피부는 무엇보다도 그 아래에 본질적이고 깊이 있는 무언가가 자리 잡고 있다는 생각을 거부하는 경계로 이해된다. 여기서 피부는 내부-외부라는 틀로 설명할 수 없는 중간지대를 지시하는 한편, 깊이 없음과 표면을 강조한다는 점에서 포스트모던의 문화 논리와도 상응한다.

폐쇄 공간에 기반을 둔 마스무라 야스조의 공간 상상은

〈눈먼 짐승〉에서 정점에 이른다. 모델 아키(미도리 마코)는 촉각이 주는 쾌감에 완전히 심취해 있는 한 시각장애인 남성 조각가(후나코시 에이지)에 의해 납치된다. 그는 아키를 자신의 아틀리에에 가둬두고, 아키의 탈출은 번번이 실패로 끝난다. 영화의 후반부에 이르러, 아키는 촉각이 안겨주는 쾌감에 강박적으로 빠져들게 된다. 그들은 칼로 서로의 몸에 깊은 상처를 낸다. 상대방의 팔과 다리를 자를 정도까지 신체 절단의 행위에 빠져든 아키는 결국 죽음에 이르고, 조각가 역시 자살하며 영화는 끝이 난다. 〈눈먼 짐승〉은 공간의 팽창 및 확장에 관한 일말의 가능성마저 봉쇄하려는 것처럼 보인다.

이 문제를 영화적 형식을 통해서도 살펴볼 필요가 있다. 앞서 언급했듯, 마스무라의 영화는 좁은 공간에 여러 명의 인물을 등장시킴으로써 밀폐된 공간의 성격을 강조한다. 이런 경향은 〈나카노 스파이 학교〉에서도 반복적으로 등장한다. 그러나 이 영화는 화면 구성에서 〈눈먼 짐승〉과 큰 차이를 보인다. 〈나카노 스파이 학교〉의 경우, 닫힌 공간 속에 인물들을 위치시키면서도 인물의 이동과 운동을 부각하거나 집단적 인물들의 시선을 통해 한 인물의 행동과 감정을 관찰한다. 바에서 만난 여인과 사랑에 빠져 군도를 훔쳐 팔아넘기려다 발각된 테즈카를 둘러싸고 십수 명의 나카노 학교 학생들이 할복자살을 강요하는 장면이 그러하다. 이 장면은 할복자살이라는 폭력 앞에 놓인 테즈카가 그 어떤 곳으로도 도주할 수 없음을 가시화한다. 영화는 집단적 인물들과 한 인물의 관계를 통해 출구 없는 파시즘의 모습을 펼쳐놓는다.

〈눈먼 짐승〉 역시 각각의 인물을 별도의 화면에 담아내기보다는 한 화면에 두 인물이 나란히 있는 모습을 자주 보여준

〈나카노 스파이 학교〉는 하나의 화면에 여러 명의
인물들을 담아냄으로써 밀폐된 공간을 강조하면서도,
집단적 인물들의 시선을 통해 한 인물의 행동과
감정을 관찰한다.

다. 그러나 〈눈먼 짐승〉은 인물에게만 초점을 맞출 뿐 공간에
관한 정보를 매우 제한적으로만 보여준다. 예를 들면, 한 인물
의 시각으로 다른 인물을 관찰하는 방법을 취하지 않을뿐더러
인물의 움직임과 이동하는 비중 또한 상대적으로 낮춘다. 이처
럼 〈눈먼 짐승〉은 사회적 관계와의 연결선을 완전히 끊어버린
채 고립된 공간을 촉각의 감각으로 채우며, 이를 서사의 차원
뿐 아니라 형식의 차원에서도 제시한다.

　　〈눈먼 짐승〉에서 공간의 종별성은 사라진다. 관객은 아키
가 감금된 공간이 어떤 곳인지 가늠할 수 없다. 그곳이 일본의
변두리이든, 아니면 심지어 한국이든 전혀 상관이 없다. 공간
이 부과하는 압력이 사라지며 대두하는 감각적·심리적·심미
적 공간은 지구상의 모든 공간이 동질적 공간으로 변화해가는
포스트모던한 경향이 1960년대 말 마스무라 야스조의 영화에
서 선취되고 있음을 보여준다. 그러나 이때 그의 영화가 그리
고자 했던 제국주의적 팽창과 그 팽창의 힘을 단절시키려는 힘
사이에서 발생하는 환원 불가능한 긴장은 사라지게 된다.[45]

비교영화연구의
가능성을 그리며

지금까지 살펴본 바에 따르면, 1960~1970년대 한국영화에 등장하는 폐쇄 공간은 외부가 부과하는 제약에서 비롯된 것이다. 즉 한국영화에서 그려진 폐쇄 공간은 희미하게나마 사회적 조건과의 지시관계를 유지하며, 당대의 사회적 폭력을 좀 더 직접적으로 지시한다. 〈생명〉과 〈04:00-1950〉는 이런 문제를 가장 첨예하게 드러낸 경우다. 반면 마스무라 야스조의 영화에서 제시되는 닫힌 공간은 시간이 흐르면서 점점 더 인위적으로 형성되는 구성물에 가깝게 설정된다. 〈눈먼 짐승〉이 보여주듯, 폐쇄 공간은 그 공간의 외부를 지시하는 대상과 완전히 절연되어 자기 생성의 회로에 사로잡혀 있다. 폐쇄 공간이 탈맥락화될 때 발생하는 정치적 급진성은 그러한 공간이 발생할 수밖에 없는 맥락이 전제될 때 비로소 효력을 발휘한다. 달리 말해, 맥락을 전제하지 않은 채 탈맥락화만을 강조하는 시도는 탈정치화로 귀결되기 쉽다.

한국과 일본의 서로 경쟁하고 충돌하는 영화적 사례들은 영화가 자본주의와 조우하는 방식이 시기와 지역에 따라 어떻게 달라지는지 보여준다. 비교영화연구는 기본적으로 서로 다른 지역과 시기에 생산된 영화가 자본주의에 반응할 때 어떤

---

45 〈눈먼 짐승〉을 오시마 나기사의 〈돌아온 술주정뱅이〉(1968)와 비교해볼 수도 있을 것이다. 영화는 바닷가에서 옷을 도둑맞은 세 명의 일본 청년이 한국의 군복과 학생복을 입게 되면서 한국에서 일본으로 밀항한 사람으로 오인받아 베트남전쟁에 참가하게 되는 설정을 코믹하게 그려낸다. 이는 1960년대 후반 남한의 아시아 상상이 반공연맹을 중심으로 구성되어 있음을 드러내는 시도로, 일본의 아시아 상상 역시 그런 궤도에서 크게 벗어나 있지 않다고 역설하는 것이다.

차이를 보이는지 분석하는 것을 핵심 내용으로 한다. 그러나 이를 자본주의에 반응하는 방식이 다양하다는 식으로 단순히 결론 내린다면 곤란할 것이다. 우리에게 요청되는 것은 서로 다른 각각의 영화가 어떤 '성좌적' 관계를 맺고 있는지, 그리고 이런 관계 맺음이 당대 역사적 자본주의의 핵심을 인식하는 데 어떤 영향을 끼치는지 짚어보는 작업이다.

#〈보라〉(2010)
#〈파산의 기술記述〉(2006)
#〈동동의 여름방학〉(1984)

3장 알튀세르라는 유령들의 귀환: 노동 다큐멘터리 영화와 종별성

영화이론과
알튀세르 이론의 관계

1960~1970년대 스크린 이론Screen Theory이 라캉과 알튀
세르의 이론에 기대 이데올로기와 대립되는 이론적 실천의 가
능성에 주목했다면, 1980년대 이후에 등장한 일군의 이론들은
스크린 이론을 비롯한 정치적 모더니즘political modernism 담론
을 공격하면서 하나의 일관된 노선으로 수렴되지 않는 차이의
문제에 관심을 기울여왔다. 1960~1970년대 영화이론과 1980
년대 이후 영화이론 사이에는 간과할 수 없는 중대한 차이가
있지만, 그렇다 하더라도 양자는 '이론'의 이름으로 한데 묶일
수 있다. 이와 대조적으로 '포스트-이론'을 표방하는 이들은 기
존의 영화이론을 싸잡아 비판하면서 실용적 차원에서 영화이
론을 재구성하고자 한다. 일례로 포스트-이론을 대표하는 데
이비드 보드웰 같은 이는 영화 스타일의 역사를 문제와 해결
problems and solutions이라는 틀에서 접근한다. 그는 수많은 영화
스타일의 패턴들을 분류하고 규범화하면서, 영화 스타일의 연

속성과 변화를 결정하는 주된 요소는 제작 과정에서의 감독의 선택이라고 주장한다.[1]

그러나 영화 스타일의 역사를 이런 식으로 구조화할 경우 한 가지 문제가 발생한다. 세계를 상대하고 그와 씨름하는 가운데 채택했던 영화 스타일의 역사, 즉 스타일이 정치적 선택의 방법 가운데 하나일 수 있음을 의도적으로 망각하게 된다는 점이다. 또한 영화 스타일은 영화 제작자의 개인적 선택에 기초하는 것인 동시에, 역사적 자본주의라는 사회적 맥락에서 발생한 효과이기도 하다. 자본주의에 관한 참조 없이 영화 스타일의 변화와 연속성만을 파악하는 것은 영화 스타일과 사회적 맥락 사이의 관계를 무시하는 것으로, 영화연구의 보수화 경향의 한 단면을 보여준다.

이런 배경에서 지젝은 《진짜 눈물의 공포》에서 최근 영화연구의 지형을 정신분석/해체론/페미니즘/탈식민주의/마르크스주의/문화연구 등 이른바 이론 진영과 경험적으로 검증 가능한 연구 프로그램에 집중하는 포스트-이론 진영으로 나눈다.[2] 지젝은 포스트-이론을 비판하면서, 후기라캉주의를 경유해 영화연구 진영 내에서 '진정한 이론'을 추구하고자 한다. 그러나 이 글에서는 지젝과 달리 알튀세르의 이론을 토대로 영화연구의 지형을 재구성해보고자 한다. 그의 이론적 유산들 가운데에는 동시대 영화연구 담론에 여전히 유용하게 접합될 수 있는 것들이 여전히 많다. 실제로 1960~1970년대 스크린 이론 역시 매우 제한적인 범위 내에서 알튀세르를 재전유했다. 이데

---

1   데이비드 보드웰, 《영화 스타일의 역사》, 김숙 외 2인 옮김, 한울, 2002, 200~202쪽.
2   슬라보예 지젝, 《진짜 눈물의 공포》, 오영숙 외 옮김, 울력, 2004.

올로기와 같은 알튀세르의 몇몇 이론들을 부분적으로만 적용했을뿐더러, 오독에 기반한 접근들도 많았다. 이 글에서는 과잉결정, 최종심급에서의 결정, 모순의 종별성 등의 개념을 중심으로 알튀세르의 이론과 영화연구의 접목 가능성을 모색하고자 한다.

영화비평의 범주화 시도

정치적 모더니즘 담론은 알튀세르의 영향을 받아 이데올로기 형성과 호명 과정에 초점을 맞춰왔다. 예컨대 장 나르보니와 장 루이 코몰리가 1969년 《카이에 뒤 시네마》에 게재했던 〈영화/이데올로기/비평〉은 알튀세르의 '인식론적 단절' 개념에 대한 정치적 모더니즘의 응답으로 간주될 만하다.[3] 그들은 이 글에서 영화비평을 7개의 범주로 나누어 설명하면서, 명시적으로 알튀세르의 이데올로기 개념을 끌어들인다.[4] 이데올로

---

3   장 루이 코몰리·장 나르보니, 〈영화/이데올로기/비평〉, 《사유 속의 영화》, 이윤영 엮고옮김, 문학과지성사, 2011.

4   로버트 스탬·로버트 버고인·샌디 플리터먼 루이스는 장 루이 코몰리와 장 나르보니가 〈영화/이데올로기/비평〉에서 제시한 7개의 범주를 자신들의 어휘로 요약하여 설명한다. "a) 지배적 영화dominant films: 철저하게 지배 이데올로기에 빠져 있는 영화. b) 저항영화resistant films: 기의와 기표의 차원에서 모두 지배 이데올로기를 공격하는 영화. c) 형식적 저항영화formally resistant films: 명백하게 정치적이지는 않지만 형식적 전복을 실행하는 영화. d) 내용 지향적인 정치영화content-oriented political films: 코스타 가브라스의 영화와 같이 명백하게 정치적이고 비판적인 영화, 하지만 주류의 언어와 이미지를 차용함으로써 이데올로기 체계에 대한 비판이 약화되는 영화. e) 균열 영화fissure films: 피상적으로 보면 주류 영화에 속하지만 내적 비판이 '간극'을 여는 영화. f) 라이브 영화live cinema: 사회적 사건들을 비판적으로 묘사하지만 이데올로기적으로 조건지어지는 영화의 전통적인 묘사 방법들에 도전하는 데에는 실패한 영화. g) 라이브 영화Ⅱ: 동시대의 사건들을 비판적으로 묘사하며 동시에 전통적인 재현에 의문을 제기하는 다이렉트 시네마direct cinema." 로버트 스탬 외 2인, 《어휘로 풀어읽

기와 과학의 엄격한 대립을 바탕으로 영화 텍스트 분석의 척도를 제공한 이 글은 작가론과 스타연구에 집중했던 이전 영화연구의 인상주의적 흐름을 뛰어넘는다는 점에서 의의가 있다.

그러나 이 글에는 한 가지 큰 문제가 있다. 영화가 제작되고 생산된 사회적 조건을 도외시한 채 전 세계에서 제작된 영화들을 일괄적으로 판단할 수 있는 형식적 규범을 마련했다는 점이 바로 그것이다. 즉 이 글은 영화 미학을 고정화한다. 데이비드 노먼 로도윅이 적절하게 지적하듯, 나르보니와 코몰리의 이러한 시도들은 표면적으로 알튀세르의 의도에 부합하는 것처럼 보이지만, 실은 알튀세르의 예술론과 부합하지 않는다. "알튀세르의 비평이 다양한 종류의 텍스트나 형식적 전략이 가지는 이데올로기적 함축성의 수준을 판결하는 형식적 유형론을 세우려는 의도를 내비친 적은 한 번도 없었"기 때문이다.[5]

과잉결정

그러나 알튀세르가 남긴 이론적 유산 가운데, '형식적 유형론'을 제시하지 않으면서도 여전히 동시대적 시의성을 지닌 개념들은 많다. 앞서 언급했듯, 알튀세르가 언급한 과잉결정·최종심급에서의 결정·모순의 종별성 개념들은 동시대의 영화연구에도 시사하는 바가 크다. 우선 과잉결정 개념을 살펴보기로 하자.

는 영상기호학》, 이수길 외 4인 옮김, 시각과언어, 2003, 369~370쪽.

5   데이비드 노먼 로도윅, 《현대 영화 이론의 궤적》, 김수진 옮김, 한나래, 1999, 141쪽.

알튀세르의 과잉결정overdetermination 개념은 프로이트의 《꿈의 해석》에서 유래했지만, 프로이트의 그것과는 다른 차원의 궤적을 그리며 발전해왔다. 알튀세르가 우선 주목한 것은 러시아혁명이었다. 그는 왜 "유럽에서 '**가장 낙후한**' 나라인 **러시아에만**" 혁명이 가능했는지 질문을 던지면서, 그 이유로 러시아가 제국주의 체계에서 "가장 약한 고리"였음을 꼽는다.[6] 알튀세르는 '가장 약한 고리'라는 레닌의 수사를 사용해 러시아혁명의 발생 조건을 설명했는데, 이는 연쇄적 사슬의 힘이 그 사슬 가운데 가장 약한 고리의 힘에 따라 좌지우지되듯, 어떤 체계 혹은 권력의 힘 역시 그곳에서 가장 취약한 곳을 통해 행사되는 것을 지시하기 위해서였다. 체계의 힘이 가장 약한 고리를 통해 작동하기 때문에 그 체계를 전복하고자 한다면 사슬 가운데 가장 약한 고리를 찾아야 한다는 논리다. 알튀세르는 이 논의를 좀 더 발전시켜 영국이나 독일 같은 서구 부르주아 사회에서는 혁명이 일어나지 않았던 반면, 1917년 당시 유럽에서 가장 낙후된 국가인 러시아에서만 혁명이 일어난 까닭이 "다른 나라들에서는 찾아볼 수 없었던 **역사적 모순들의 축적과 격화**"에서 비롯되었다고 주장한다.[7]

과잉결정 개념은 "**모순의 존재 조건들이 모순 자체의 내부에 반영된다는 것, 복잡한 전체의 통일성을 구성하는, 지배 관계를 갖도록 절합된 구조가 각 모순의 내부에 반영된다는 것**"을 지시한다.[8] 사회적 전체를 구성하는 각각의 모순들은 서로가 서로에 대해 독립적

6   루이 알튀세르, 《마르크스를 위하여》, 서관모 옮김, 후마니타스, 2017, 172쪽, 강조는 원문.
7   같은 책, 174쪽, 강조는 원문.
8   같은 책, 357쪽, 강조는 원문.

이면서도 의존적이다. 과잉결정 개념은 독립적인 것보다는 의존적dependent인 것에 초점을 맞춘다. 의존적이라는 말은 각각의 모순들이 밀접한 관계를 형성하고 있음을 뜻하며, 좀 더 구체적으로는 각각의 모순들이 서로의 존재 조건이 되는 것을 말한다. 알튀세르는 이처럼 과잉결정 개념을 모순의 작동 원리와 관련짓고, 그 연장선상에서 사회구성체에서 모순이 단일한 모순으로 환원되지 않고 언제나 복합적 모순의 '종별적specific' 양상 속에서만 파악될 수 있다고 집중적으로 부각한다.

즉 생산력과 생산관계의 모순 또는 자본과 임금노동간의 모순만으로는 변혁이론에 대한 새로운 전망을 제시할 수 없으며, 기본 모순은 언제나 역사적 맥락 속에서 종별화된다는 것이 알튀세르의 기본 논점이라 할 수 있다. 알튀세르는 **"자본-노동의 모순은 결코 단순하지 않으며, 이 모순은 자신이 그 속에서 작동하는 구체적인 역사적 정황들과 형태들에 의해 항상 종별화된다"**고 주장한다.[9] 그는 역사적 모순들의 심화를 레닌적 의미에서 '불균등 발전의 법칙'과 관련짓는데, 이는 과잉결정 개념을 설명하기 위한 중요한 밑그림을 제공한다.

> 자본-노동의 모순은 상부구조의 형태들(국가, 지배적 이데올로기, 종교, 조직된 정치운동 등)에 의해 종별화된다. 자본-노동의 모순은 **내적·외적인 역상적 상황**에 의해 종별화된다. 이 내적·외적인 역사적 상황은 한편으로는 **국민적 과거** 자체(완수되었거나 "억제된" 부르주아 혁명, 완전히 또는 부분적

---

9   같은 책, 188쪽, 강조는 원문. 단, 번역본에 나와 있는 '특수화된다'를 '종별화된다'로 변경했다.

으로 제거되었거나 제거되지 않는 봉건적 착취, 지역적 "풍속", 특유한 국민적 전통들, 정치적 투쟁들과 행동들의 "고유한 스타일" 등)에 따라 자본-노동의 모순을 결정하고, 다른 한편으로는 (자본주의 국민들 간의 경쟁 또는 "제국주의적 국제주의"가 지배하거나 제국주의 내부에서의 경쟁이 지배하는) 현존의 **세계적 맥락**에 따라 자본-노동의 모순을 결정하는데, 이런 현상들의 다수는 레닌적 의미의 "불균등 발전의 법칙"에 따라 전개된다고 할 수 있다.[10]

인용문은 알튀세르적 관점에서 모순이 어떻게 과잉결정되는지 잘 보여준다. 불균등성은 모든 개별적이고 특수한 사례를 조건짓는 원인으로 설명된다.[11] 그런데 불균등성은 결코 직접적이거나 무매개적인 형태로 나타나지 않으며 항상 다른 모순들과의 과잉결정을 통해 자신을 드러낸다. '불균등 발전'은 바로 이런 과정을 지시하는 표현이다. 알튀세르는 임금노동-자본과 같은 기본 모순이 역사적 '정황들'에 의해 과잉결정되는 과정을 주로 강조하지만, 기본 모순은 지리적 지역에 의해서도 과잉결정된다. 시간적 차원과 관련된 기본 모순이 공간적 차원과도 긴밀하게 뒤얽혀 시공간의 동역학을 산출하는 것이다. 여기서 공간은 누구를 포함하고 누구를 배제할 것인가의 문제를 함축한다.

그러나 과잉결정 개념은 쟁점을 형성한다. 특히 약한 고리 테제를 둘러싼 비판이 제기된다. 예컨대 진태원은 이 테제의

---

10   같은 책, 188~189쪽, 강조는 원문. '특수화'를 '종별화'로 변경했다.
11   같은 책, 367쪽.

이론적 성과를 조명하면서도 다음과 같은 질문을 던진다. "혁명이 성공하기 위해서는 러시아와 같은 조건, 중국이나 쿠바와 같은 조건이 반드시 수반되어야 하는가? 그러한 조건들이 갖추어져 있지 않는 한 혁명이나 이행은 불가능한 것인가? 이 문제는 약한 고리라는 비유의 난점과 긴밀히 결부되어 있다."[12] 러시아에서 혁명이 발생한 것은 맞지만, 이것이 모든 저발전 국가들에 균등하게 적용되지는 않았다. 어떤 국가들에서는 러시아보다 더욱 '후진적인' 발전의 형태가 나타났음에도 혁명이 발생하지 않았던 것이다.

여기서 혁명이 발생하기 위해서는 러시아에서 발생한 혁명의 조건들이 반복되어야 하는지, 아니면 이러한 조건 외에 또 다른 조건들이 필요한 것인지 쟁점이 형성된다. 약한 고리 테제가 고전적 마르크스주의의 경제주의(생산력의 발전에 따른 혁명의 발생)에 타격을 가하기는 했지만 일정한 한계를 보일 수밖에 없었던 이유는, 진태원이 적절하게 지적했듯 약한 고리라는 비유가 순전히 물리적 차원으로 이해되었기 때문이다. 약한 고리라는 비유는 "모순의 물리적 측면 또는 객관적 측면은 어느 정도 해명해줄 수 있을지 모르지만, 모순의 주관적 측면 또는 **이데올로기적 측면**에 대해서는 거의 설명해주는 바가 없다".[13] 모순의 주관적 차원을 이해하기 위해서는 과소결정 underdetermination 혹은 이데올로기 개념을 검토해야 하는데, 이는 상당한 설명을 요구하므로 여기서는 생략하기로 한다.

12   진태원, 〈과잉결정, 이데올로기, 마주침: 알튀세르와 변증법의 문제〉, 《알튀세르 효과》, 진태원 엮음, 그린비, 2011, 85쪽.
13   같은 책, 같은 쪽, 강조는 원문.

최종심급에서의 결정

　다른 한편, 과잉결정 개념은 이런 모순도 있고 저런 모순도 있다는 식으로 모순을 묘사하는 것과는 무관하지만, 그 의도와 상관없이 다원주의적 관점으로 해석될 여지가 있다. 이에 대해 최원은 이렇게 지적한다. "만일 모든 심급 및 그것의 의미가, 그 자체 정세 이외의 그 무엇도 아닌 다른 모든 심급들(과 심지어 자기 자신)의 독특한 배열에 의해(즉 '상황에 따라') 사실상 결정된다면, 그것은 알튀세르의 이론이 사회구성체의 다원주의적 모델에 의존하고 있다는 것을 의미하는 것이 아닐까?"[14] 이때 '최종심급에서의 경제 결정determination in the last instance by the economic'은 과잉결정 개념에 혹시 있을지 모를 다원주의적 측면을 보완해준다. 그것은 기본적으로 다양한 모순들로 구성된 사회적 전체에서 최소한 하나의 모순이 여타의 다른 모순들을 과잉결정하는 과정을 가리킨다. 단지 모순들이 중첩되어 있음을 지시하는 것이 아니라, 복수의 모순들이 뒤얽혀 있는 특정한 정세에서 어떤 모순이 더 중요하고 어떤 모순이 부차적인가를 결정하는, 즉 모순들 간의 상호관계를 **위계적**으로 정박시키는 역할을 한다.

　정리하자면 과잉결정 개념보다는 최종심급에서의 경제 결정이 위계의 문제와 좀 더 긴밀히 연결되어 있다. 위계 개념을 제대로 이해하기 위해서는 마르크스의 《정치경제학 비판 요강》을 들여다볼 필요가 있다. 알튀세르는 《자본을 읽자》에

14　최원, 〈알튀세르의 '최종심급' 개념〉, 《현대 정치철학의 네 가지 흐름》, 한국철학사상연구회, 에디투스, 2019, 132쪽.

서 사회적 전체를 구성하는 각각의 심급들의 상호관계를 설명하기 위해 《정치경제학 비판 요강》의 한 구절을 인용한다. "경제적 관계들이 다양한 사회 형태들의 연속 속에서 역사적으로 차지하는 관계가 문제되는 것이 아니다. '관념 속에서의'(프루동) (역사 운동의 영락한 표상에서의) 서열은 더욱 문제가 되지 않는다. 오히려 근대 부르주아 사회 내부에서 그것들이 차지하는 구조Gliederung가 문제인 것이다."[15]

이 문장에서 주의 깊게 살펴야 할 것은 독일어 단어 'Gliederung'이다. 《정치경제학 비판 요강》의 역자 김호균은 이를 '구조'로 번역했지만, 목차, 편성, 배열 등을 뜻하는 독일어 'Gliederung'을 영역본은 'articulated hierarchy'로 번역했다. 《자본을 읽자》의 역자 김진엽은 이를 다시 '접합된 계층구조'로 번역했으나, '위계화된 접합'의 의미로 보는 것이 타당해 보인다. 위계는 사회구성체를 구성하는 다양한 모순들이 일정한 편차를 보이며 접합되고 있음을 가리킨다. 모순들이 관계를 맺는 방식에 위계가 없다면, 주요모순과 부차적 모순의 관계는 매우 밋밋하고 평평한 상태로만 펼쳐질 뿐이다. 위계에 대립되는 개념을 '등가'라고 할 수 있는데, 이런 맥락에서 사회적인 것을 구성하는 각각의 사회적 요구들이 '등가 연쇄'를 형성하는 과정에 초점을 맞추는 라클라우의 이론이 포스트-마르크스주의적인 것은 너무나 당연한 귀결이다.

그런데 위계를 중심으로 모순들의 접합에 초점을 맞추는 행위는 언제나 특수한 모순을 주요모순으로 설정하고, 나머지 모순들을 부차적인 것으로 설정하는 것과는 아무런 관련이 없

---

15   칼 맑스, 《정치경제학 비판 요강 Ⅰ》, 김호균 옮김, 백의, 2002, 79쪽.

다. 이런 관점을 경제주의라고 할 수 있는데, 경제주의는 "심급들 간의 위계를 단번에 영구히 설정해버리고, 각 심급의 본질과 역할을 고정하고, 심급들 간의 관계들의 일의적인 의미를 규정"한다.[16] 즉 경제주의는 특정한 사회구성체에서 작동하는 중첩된 모순들의 위계적 구조를 본질주의적으로 파악하는 것과 관련된다.

그러나 최종심급에서의 경제 결정과 경제주의는 뚜렷하게 구별된다. 최종심급에서의 경제 결정 개념이 가리키는 경제는 사회구성체를 구성하는 한 부문으로서의 경제, 즉 우리가 상식적으로 알고 있는 그 경제 개념과는 전혀 관련이 없다. 오히려 그것은 사회적 전체라는 복합적 구조 내에서 어떠한 심급이 지배적 심급인가를 결정하는 것과 관련되며, 따라서 토대-상부구조에 기반을 둔 고전적 마르크스주의의 토픽과 전적으로 다른 이론적 궤적을 형성한다. 다시 말해, 최종 심급에서의 경제 결정은 사회적 전체를 구성하는 각각의 모순들 중에서 "제1의 역할"을 "교체"[17]하는 것, 즉 특정한 국면에서 어떤 모순이 주요한 모순이고, 어떤 모순이 부차적인 것인가를 구별하는 과정을 뜻한다.

최종심급에서의 경제 결정은 모순의 위계적이고 불균등한 접합이 "우연적으로 실행되는 것"과는 무관하며, 대신 "내부적 또는 필연적 이유로 인해, 교체와 전위, 압축들에 의해 실행"된다.[18] 여기서 확인할 수 있는 것은 '결정'이 전위와 압축으로 구성된다는 점이다. 전위란 하나의 모순이 다른 모순의 "자

16   루이 알튀세르, 《마르크스를 위하여》, 368쪽.
17   같은 책, 369쪽.
18   같은 책, 369쪽.

리로 이동"하는 것 혹은 그 모순의 역할이 "모순들 사이에서 그리고 모순의 측면들 사이에서" 바뀌는 것을 말한다. 그러나 모순이 '적대적antagonistic' 관계로 전화하기 위해서는 자리 바꿈과 역할 바꿈만으로는 충분하지 않다. 전위된 모순은 **"압축에 의해서만('융합'에 의해서만) '결정적'·폭발적이게 된다"**.[19] 전위·압축·폭발의 과정은 우연성이 필연성에 의해 과잉결정되는 순간이고, 수평축이 수직축에 의해 직조되는 과정이며, 언어학적으로는 환유가 은유에 의해 매개되는 과정이다.

전위·압축에 관한 논의는 알튀세르의 예술론과도 이어진다. 알튀세르에 따르면, 추상화가 레오나르도 크레모니니는 초기에 바위에서 식물로, 식물에서 동물로, 그리고 마지막에는 동물에서 인간으로 계속해서 대상을 바꾸면서 인간과 사물의 동형성을 바탕으로 한 끊임없는 원환운동을 그렸다. 크레모니니는 이를 통해 하나의 질서를 그리고 있는데, 그 질서는 '발생론의 질서the order of Genesis'이다. 발생론은 기원, 생성, 창조 등을 나타내는데, 어떤 대상이 어떤 시점에 발생한 이후 계속해서 변화의 과정에 놓여 있음을 나타낸다. 알튀세르가 보기에 초기 크레모니니가 그린 발생론의 질서는 인간, 자연, 사물 등의 객체가 유사성similarities의 원리 아래 형성되고 있음을 보여준다. 인간은 자연과 유사하고, 자연은 사물과 유사하며, 사물은 인간과 유사한 것으로 그려진다. 즉 각각의 객체는 유비관계를 통해 연결된다. 그러나 알튀세르는 크레모니니의 작품 속에 객체들 간의 유사성을 넘어서는 지점이 있다고 힘주어 말한다. "네 가지 질서(지질학적·식물적·동물적·인간적 질서)의 형식

---

19   같은 책, 366쪽, 강조는 원문.

들 사이의 비교(유사성)는 사실 그 유화들의 지배적인 조직원리가 아니다. 이 비교 자체는 다른 조직원리에 종속되어 있다. 그건 차이의 원리이다."[20]

유비와 대립되는 차이의 원리는 "인간-사물 또는 사물-인간이 그(것)들에 대한 우리의 관념들과 가지는 차이들"[21]을 특징으로 한다. 알튀세르는 크레모니니가 인간과 사물 간의 끊임없는 반복적 순환 구조와 이러한 구조를 발본적으로 지탱하는 조건들 사이의 변증법적 긴장을 그렸다고 본다. 즉 유사성의 원리를 바탕으로 한 인간-사물의 원환 구조가 또 다른 구조에 의해 '절단'되는데, 알튀세르는 이러한 절단을 "원의 차이" "원의 곁에 있는…… 거대한 수직선" "비원형 구조" "결정적인 부재" 등의 용어로 설명한다. 이는 발생론적 질서에 입각한 무한한 동심원의 구조와 결정적으로 차별화되는 지점이다. 알튀세르는 크레모니니의 유화 속 문, 창문, 칸막이, 벽, 인간의 변형된 얼굴 등이 이러한 차이의 구조를 나타낸다고 지적한다.

그러나 알튀세르의 수많은 개념들이 수정과 변화의 과정을 겪었듯, 최종심급에서의 경제 결정 역시 그와 유사한 궤적을 밟게 된다. 초기 알튀세르가 강조했던 최종심급에서의 경제 결정도 어느 순간 경제라는 용어가 지워지며 '최종심급에서의 결정'으로 변경되기에 이른다. 실제로 〈이데올로기와 이데올로기적 국가장치들〉의 도입부에서 최종심급에서의 경제 결정은 "경제적 토대에 의한 '최종심급에서의 결정'"으로 대체된

---

20 루이 알튀세르, 〈추상화가 크레모니니〉, 《레닌과 철학》, 이진수 옮김, 백의, 1995, 239쪽.

21 최원, 《라캉 또는 알튀세르: 이데올로기적 반역과 반폭력의 정치를 위하여》, 난장, 2016, 281쪽.

다.[22] 경제의 누락은 〈아미엥에서의 주장〉에서도 발견된다. "맑스주의적 견해는 복합적이고 불균등하며, 최종심급에서의 결정에 의한 불균등성으로 특징지어지기 때문이다."[23] 앞서 말했듯, 최종심급에서의 경제 결정에서 말하는 경제의 의미가 정치·경제와 같은 하나의 부문으로서의 경제가 아니라면, 특정한 역사적 정세 속에서 주요 모순과 부차적 모순을 분류하는 과정을 굳이 경제라고 부를 필요는 없다는 지적이 있다.

이런 배경에서 최원은 발리바르의 '단락' 개념에 기대, 최종심급을 경제가 아닌 "물질성의 표시(즉 계급관계의 실제성의 표시)"로 정식화하면서 "'계급투쟁'만이 사회의 유일하게 가능하게 물질성"은 아니라고 강조한다.[24] 성적·인종적·지적 차이 역시 계급투쟁만큼이나 물질성을 지닌다고 볼 때, 최종심급을 '한계 개념'으로 재정식화할 수 있다는 것이다. "'최종심급' 개념은 '한계 개념'인데, 왜냐하면 각각의 구체적인 정세 안에서 '최종심급'에서의 물질성을 결정하는 것은 더 이상 이론의 대상이 될 수 없기 때문이다."[25] 여기서 '한계 개념' 외에 '압력'을 추가해야 할 필요성을 느낀다.[26] 한계가 구체적 대상으로부터

22　Louis Althusser, *Lenin and Philosophy and Other Essays*, Monthly Review Press, 1972, p.136. 최원, 〈알튀세르의 '최종심급' 개념〉, 《현대 정치철학의 네 가지 흐름》, 150쪽에서 재인용.

23　루이 알튀세르, 〈아미엥에서의 주장〉, 《아미엥에서의 주장》, 김동수 옮김, 도서출판 솔, 1996, 152쪽. '최종심'을 '최종심급'으로 수정했다.

24　최원, 〈알튀세르의 '최종심급' 개념〉, 《현대 정치철학의 네 가지 흐름》, 153쪽.

25　같은 책, 146쪽, 154쪽.

26　압력이라는 용어는 레이먼드 윌리엄스의 것을 빌려온 것이다. 윌리엄스는 《마르크스주의와 문학》에서 알튀세르의 과잉결정 개념에 제동을 건다. 그렇다 하더라도, 결정의 의미와 관련해 "한계의 설정" 및 "압력의 행사"를 동시에 강조하는 그의 작업은 여전히 유용하다고 할 수 있다. 윌리엄스가 '압력의 행사'를 강조할 때, 그것은 어떤 "사회 양식을 유지·갱신하려는 강제적 충동"을 뜻한다. 레이먼드 윌리엄스, 《마르크스주의와 문학》, 박만준 옮김, 지식을만드는지식, 2013, 177쪽.

무언가를 추상화하는 다소 소극적 과정을 뜻한다면, 압력은 그 대상으로 하여금 무언가를 산출하도록 강제하는 적극적 과정과 관련된다고 할 수 있다. 결국 최종심급에서의 결정은 한계와 압력의 과정을 통해 우리로 하여금 어떤 행위들을 산출하도록 만드는 조건들인 셈이다.[27]

영화연구와
종별성의 문제

이제 과잉결정과 최종심급에서의 결정 같은 알튀세르의 개념들이 어떤 방식으로 영화연구와 관계 맺을 수 있을지 살펴볼 차례다. 무엇보다 '사회-문화적 종별성' 개념을 통해 알튀세르의 이론적 유산과 영화연구를 생산적으로 접합해볼 수 있지 않을까 싶다. 특정한 사회구성체에 복수의 복잡한 모순들이 존재하고, 이런 모순들을 동역학적 관계로 파악하는 것은 종별성의 문제와 무관하지 않다. 종별성의 문제는 영화가 역사를 기입하는 방식을 고려할 때 유용한 관점을 제공한다.

영화연구에서 종별성specificity 개념은 일반적으로 매체 특정성을 지시해왔다. 예컨대, 소설, 연극, 회화, 음악, 무용 등의

---

27   이와 관련해 두 가지 측면에 주목할 필요가 있다. 우선 경제라는 단어를 생략하고 이를 최종심급에서의 결정으로 대체하면, 이 용어가 경제주의와 관련될 수 있는 어떠한 형태의 가능성도 애초에 봉쇄해버리게 된다. 다른 한편, 이렇게 될 경우 발리바르가 주장한 바 있는 정치적인 것의 자율성이 아닌 '정치의 타율성'을 강조할 때의 경제 개념, 곧 정치가 자신의 근본적인 외부와 긴밀하게 뒤얽혀 있다고 주장할 때의 경제 개념은 약화되는 것처럼 보인다. 이에 관해서는 에티엔 발리바르, 〈스피노자, 루소, 마르크스: 정치적인 것의 자율성에서 정치의 타율성으로〉, 《스피노자와 정치》, 진태원 옮김, 이제이북스, 2005 참조.

장르와 달리, 영화 장치의 고유한 특징이란 무엇인가라는 질문이 바로 이에 해당한다. 그러나 종별성 개념은 매체 특정성에 국한되지 않는다. 종별성 개념은 무엇보다 특정한 사회구성체에 존재하는 모순들의 '복잡한' 관계를 인식하는 작업으로 이해될 필요가 있다.

알튀세르적인 차원에서 종별성 개념을 영화연구와 접합하려면, 우선 문학이론에서 종별성 개념을 어떻게 사용해왔는지 살펴볼 필요가 있다. 문학이론가 피에르 마슈레는 문학이 자신만의 일관된 체계를 지니고 있다는 환상을 비판한다. 이는 '예술을 위한 예술'을 옹호하는 주장과도 일맥상통하는데, 문학을 이렇게 이해할 경우 문학은 자신만의 울타리로 둘러싸인 '작품'이라는 문학 효과를 제시하는 데 그칠 뿐이다. 문학이 이와 같은 경로로만 생산된다면, 독자가 문학을 독해한다는 것은 "작품의 가장 내밀한 질서를 재구성하고, 작품을 그것을 발생시킨 기획과 다시 관련지으며, 작품에 배어 있는 시대정신Zeitgeist에 작품을 담금으로써 작품의 됨됨이를 재인식"할 뿐이다.[28]

문학작품이 상정하는 통일성과 일관성에 맞서, 마슈레는 텍스트의 비일관성을 강조한다. 텍스트의 비일관성을 강조하는 이유는 텍스트와 이것이 발생한 사회적 조건들 사이의 관계를 끊임없이 상기하기 위해서다. "문학이 현실의 객관적 반영이라면, 그것은 문학이, 문학을 하나의 통일된 '세계'의 형식으로서가 아니라 물질적·역사적·사회적 현실의 형식으로 구축하는 저 적대들에 의해 결정되기 때문이다."[29] 여기서 주의

28   뻬에르 마슈레이, 〈반영의 문제〉, 도미니크 르쿠르 외, 《유물론 반영론 리얼리즘》, 이
      성훈 엮고옮김, 백의, 1995, 229쪽.
29   같은 책, 230쪽.

할 것이 있다. 문학이 현실을 객관적으로 반영한다는 것은, 문학이 주어진 사회적 현실을 기계적으로 반영한다는 뜻이 아니다. '반영의 객관성'은 문학이 자신을 출현시킨 사회적 조건들을 반영하는 것을 뜻한다. 문학은 주어진 사회적 현실 그 자체가 아니라, 사회적 현실을 구성하는 "갈등적인 절차"를 반영하는 것이다.[30]

만일 반영의 문제를 미리 주어진 사회적 현실을 단순히 그대로 복제하는 것으로 이해한다면, 그것은 '반영의 정확성'의 문제에 해당되므로 마슈레의 의도에서 가장 멀리 벗어나게 된다. 예컨대 에티엔 발리바르, 도미니크 르쿠르, 피에르 마슈레 등과 같이 알튀세르 사상을 이어받은 연구자들은 1970년대에 레닌의《유물론과 경험비판주의》를 재독해하면서, 이 책의 핵심적 본질이 반영의 정확성 테제가 아닌 반영의 객관성 테제에 있다고 역설한다. 물론 문학은 사회적 조건들에 관한 나름의 상상적 해결책을 제시한다. 문학은 '실제 존재 조건에 대한 상상적 관계의 표상'이라는 점에서 사회적 현실의 모순과 갈등을 이데올로기적으로 해결한다.

그러나 이보다 더 중요한 것은, 문학이 사회적 현실에 내재한 모순들을 이데올로기적으로(상상적으로) 해결한다 하더라도, 그 해결에 모순과 갈등에 관한 어떤 흔적들이 여전히 존재한다는 점이다. (프레드릭 제임슨이〈대중문화에서의 물화와 유토피아〉에서 강조하는 물화와 유토피아의 변증법 역시 이런 맥락을 상기한다.) 즉 어떤 문학 텍스트를 분석하는 이유는 텍스트 체계의 통일성과 연속성을 확인하는 데 있지 않다. 오히려 그 텍스트가

---

30   같은 책, 229쪽.

배척하고 제거하는 것은 무엇인지 살펴보고, 그 추방의 과정에서도 희미하게나마 보존되어 있는 '유토피아적 충동'을 어떻게 하면 '구제'할 수 있을지 모색하는 데 있다.

그렇다면 이제 종별성의 문제를 영화연구의 자장 속에서 검토해보자. 우선 영화연구자 스티븐 히스의 관련 작업부터 살펴볼 필요가 있다. 그는 《영화에 관한 질문들》에서 종별성의 문제를 다음과 같이 제시한다. "특정적[종별적]이란 기호학적인 것이며 기호학적 영화—의미작용적 실천으로서의 영화—분석이란 영화-텍스트 내에서 작동하는 이질성, 약호들과 체계들의 범위에 대한 분석이다."[31] 즉 히스에게 종별성이란 카메라의 각도, 거리, 프레이밍, 조명, 사운드 등과 같이 영화에 고유한 일련의 약호들이 이데올로기적 주체를 생산하는 것을 의미하는 동시에, "주체가 이데올로기 속에 각인되는" 과정에서 발생하는 "이질성"에 초점을 맞추는 개념이기도 하다.[32] 로도윅은 히스의 종별성 개념을 다음의 두 가지 측면에서 주목한다. 첫째, 히스의 종별성 개념은 영화 형식이나 스타일에 집중하는 영화이론에서 탈피하여 주체-관객의 위치지움에 근거한 영화이론을 발전시키기 위한 밑그림을 제공한다.[33] 둘째, 히스의 종별성 개념은 부정성negativity 개념을 도입하는데, 그것은 "영화적 담론 체계 생산의 조건들"과 결부되어 있다.[34]

종합하면 히스는 이데올로기 과정과 이데올로기에 종속되지 않는 또 다른 층위의 주체를 구분하고자 하며, 이와 같은

31 스티븐 히스, 《영화에 관한 질문들》, 김소연 옮김, 울력, 2003, 24쪽, 괄호는 인용자.
32 같은 책, 24쪽, 번역 일부 수정.
33 데이비드 노먼 로도윅, 《현대 영화 이론의 궤적》, 256쪽.
34 같은 책, 255쪽.

과정을 종별성 개념을 통해 설명하고자 한다. 유의미한 이론적 시도이지만, 한계도 명확해 보인다. 왜냐하면 히스의 종별성 개념은 특정한 사회구성체에 존재하는 모순의 복잡성을 사고하는 것으로까지는 확장되지 않기 때문이다. 다시 말해 히스는 종별성 개념을 두고 사회구성체에서 모순들이 특정한 방식으로 '불균등'하게 접합되는 방식을 고려하기보다는 영화비평의 규범적 기준을 제시하는 것처럼 보인다.

히스에 대한 폴 윌먼의 비판은 이 논의와 관련해 유용한 참조점을 제공한다. 윌먼은 히스의 종별성 개념이 이데올로기에 기반한 통일화unification와 이것으로부터의 분리separation라는 이항대립에 기반하고 있다고 비판하면서, 이렇게 되면 영화가 제공하는 선택은 나쁜 측면과 좋은 측면 단 두 개에 불과하며, 결국 그의 이론은 클레멘트 그린버그 유의 모더니즘 담론에서 제시한 종별성의 문제와 크게 다르지 않다고 목소리를 높인다.[35]

종별성과
새로운 아방가르드

윌먼의 종별성 개념은 히스와 구별되며, 히스보다 훨씬 풍부한 관점을 제공한다. 단적으로 윌먼은 사회구성체에서 다종다양한 모순들이 종별적인 방식으로 접합되는 과정을 집중해

---

35   Paul Willemen, *Looks and Frictions: Essays in Cultural Studies and Film Theory*, Indiana University Press, 1994, p.150.

서 부각함으로써, 히스보다 훨씬 더 강하게 영화가 역사적 조건과 맺는 관계에 초점을 맞춘다. 예컨대 윌먼은 내셔널 종별성national specificity과 내셔널리즘 담화nationalist discourse를 분명하게 구별한다. 그는 흑인 영국 영화가 영국이라는 사회구성체의 종별성과 연관되지만, 영국 내셔널리즘과는 무관하다고 힘주어 말한다.[36] 동일한 이유에서 문화형성체의 종별성specificity of cultural formation과 내셔널 정체성national identity 역시 분명하게 구별된다. 윌먼은 "내셔널 종별성의 구성"이 "내셔널 정체성과 내셔널리즘 담화의 접합을 포함하고, 통제한다"고 주장한다.[37]

내셔널 종별성이 내셔널 정체성과 내셔널리즘 담화를 규정하는 조건으로 이해된다면, 내셔널 정체성과 내셔널리즘 담화는 내셔널 종별성을 '은폐'하는 시도로 읽힐 수 있다. 이런 배경에서 윌먼은 호주성Australianess이라는 통념과 호주 내셔널 정체성이라는 문제가 "호주의 문화 종별성"의 "일시적 구성 요소"로 이해되어야 한다고 언급한다. 요약하면, 윌먼에게 내셔널리즘과 내셔널 정체성은 내셔널 종별성 또는 문화형성체의 종별성이 어떤 역사적 시대 동안 모양을 갖추었던 특정한 방식을 가리킨다. 따라서 어떤 문화형성체의 종별성을 분석한다는 것은 문화형성체를 구성하는 복수의 사회적 힘들이 과잉결정되어 서로 위계적으로 접합될 때 어떤 식으로 긴장이 발생하는지 살피는 것이라 할 수 있다.

윌먼은 종별성의 개념을 '새로운 아방가르드'를 고안하기

---

36   Ibid., p.209.
37   Ibid., p.210.

위한 전략으로도 설정한다. 새로운 아방가르드는 단순히 역사적 소재들이 아니라 "역사적 힘들의 복잡성"과 "자본주의로부터 사회주의적 출구를 찾으려고 하는 관객들의 경험"을 "재현"하고자 한다.[38] 따라서 모더니즘처럼 예술에 관한 지식을 지향하지 않으며 역사적 지식을 우선시한다. 윌먼은 예술 지식보다 역사적 지식을 훨씬 강조하는데, 그것은 그가 무엇보다도 시네마가 역사를 어떻게 기입하는가에 초점을 맞추기 때문이다.

윌먼에게 새로운 아방가르드의 서사는 선형적 인과성에 기반한 서사와도 다르고, 해체주의적 서사와도 다르다. 새로운 아방가르드의 서사는 '묵주 목걸이와 같은 사건들의 연쇄'도 아니고, 그와 같은 절차를 탈구축(해체)하는 것도 아니다. 그것은 벤야민이 〈역사철학테제 7〉에서 말한 바로서의 "결을 거슬러 역사를 솔질하는" 서사, "생산과 소비 사이에 하나의 공간을 남겨놓는" 서사이다. 새로운 아방가르드의 서사가 탈구축적(해체적) 서사와 다르다면, 그것은 "이 공간에 소환되는 지식의 본성"이 다르기 때문이다. 아방가르드의 서사는 이야기들이 구성되고 말해지는 방식에만 관심을 기울이는 것이 아니라, "관객의 역사에 관한 지식과 경험에 말을"걸며, "역사의 이해"에 집중한다. 지금까지 언급한 모든 설명들은 결국 "역사의 동력의 재현"이라는 문제로 수렴된다.[39]

윌먼은 영화와 사회의 관계를 기계적 반영론('반영의 정확성')에 기대 설정하지 않는다. 기계적 반영론은 영화와 사회의 일대일 대응관계를 전제하며, 영화의 고유한 메커니즘에 사회

38   Ibid., p.153.
39   Ibid., p.155.

허우 샤오시엔의 〈동동의 여름방학〉(1984)은
도시에 사는 동동이 자신의 여동생과 함께 시골의
외갓집에 머물며 벌어지는 에피소드들을 다룬다.

변동의 구체적 현황들을 단순히 적용시키는 수준에 머무른다. 이렇게 되면, 영화의 기능은 단지 일련의 사건들을 전달하는 데 그칠 뿐이다. 영화가 사회적 조건들을 반영한다고 할 때, 그 것은 사회적 현실에 내재한 복잡한 갈등적 과정을 반영하는 것 이지 주어진 사회적 현실의 실상을 있는 그대로 반영하는 것이 아니다. 사회적 현실은 미리 주어진 실체로 존재하지 않으며, 무수한 파편·조각·잔해들로 구성된 역동적인 현실을 가리킨 다. 이렇게 되면, 우리가 인식하는 현실의 범주는 매우 복합적 이며 다층적인 과정으로 전환된다. 이처럼 윌먼은 기계적 반영 론의 시각에서 벗어나, 영화적 메커니즘을 통해 영화가 사회와 맺는 변증법적 관계를 인식하고자 했다.

지금까지 설명한 윌먼의 방법론은 대만의 감독 허우 샤오 시엔의 〈동동의 여름방학〉(1984)을 분석한 그의 논문에서도 잘 드러난다. 이 영화는 타이페이에 살고 있는 동동이 어머니가 병원에 입원해 있는 동안 자신의 여동생과 함께 시골에 있는 외갓집에 머물면서 벌어지는 에피소드들을 다룬 영화다. 놀랍 게도 윌먼은 이 영화를 분석하며 '경제란 무엇인가'라는 질문 을 던진다. 그는 이 질문을 던지며 어떤 장면을 염두에 두었다. 외할아버지가 축음기 위에 음반을 올려놓고 음악을 트는 장면 이다. 음악이 흘러 나오는 동안 외할아버지는 동동에게 사진 앨범을 손으로 가리키며 무언가를 말하는데, 이때 그들의 대화 소리는 들리지 않는다.

다음 장면에서 외할아버지는 동동에게 일제 식민지 시기 의 근대 건축물이 배경을 이루는 어떤 사진을 손으로 가리키 고, 곧이어 카메라는 들녘을 배경으로 고즈넉한 농촌의 풍경 을 담아낸다. 여기서부터 음악은 다이제틱 사운드diegetic sound

영화이론가 폴 윌먼은 〈동동의 여름방학〉의
이 신 안에 근대성과 그와 모순적인 자연의 리듬이
동시에 배치된다고 말한다.

에서 비다이제틱 사운드non-diegetic sound로 전환된다.[40] 축음기에서 음악이 나오는 동안, 농촌의 들녘, 오랜 세월을 마을 사람들과 함께해온 고목, 고목에 올라탄 아이들의 모습이 비춰진다. 윌먼은 이 신 안에서 근대성이 그와 '모순적인' 자연의 리듬과 동시에 배치된다고 말한다. 윌먼이 보기에 이 신은 우리가 가늠하는 것보다 훨씬 더 강렬한 수준에서 근대성에 내재한 긴장관계, 즉 "힘들 사이에 위계적으로 질서 지워진 상호관계"의 측면을 보여준다. 이는 곧 "경제economy"[41]의 문제를 제기한다.

　　동동의 외할아버지가 손으로 가리킨 사진 속 근대 건축물은 제국 일본이 이식한 식민주의의 흔적을 연상케 한다. 곧 근대 건축물은 대만의 구체적 역사를 지시한다고 볼 수 있다. 여기서 중요한 것은 대만의 역사가 아이들이 뛰어놀고 있는 자연의 영원한 리듬과 충돌하고 대조되는 방식으로 전개되고 있다는 점이다. 제국 일본으로부터 강제로 이식된 대만의 식민지 근대성은 반복적 영원성인 자연의 리듬과 교차되는데, 이때 윌먼은 놀랍게도 이 과정을 위계와 경제의 문제로 바라본다. 이는 앞서 살펴본 최종심급에서의 결정 혹은 과잉결정과 다르지 않다. 윌먼이 언급한 종별성·경제·위계적 조직화에 따른 모순들의 연결 방식은 알튀세르의 개념들과 깊은 관련을 맺고 있는 것처럼 보인다.

40　다이제틱 사운드에서 영화 속 인물들은 화면 속 소리의 출처를 알 수 있는 반면, 비다이제틱 사운드에서는 오직 관객만이 그 출처를 식별할 수 있다.

41　Paul Willemen, "The Times of Subjectivity and Social Reproduction", *Inter-Asia Cultural Studies* 9(2), 2008, p.293.

한국 노동 다큐멘터리의 역사와
〈보라〉

이번에는 지금까지 살펴본 맥락 속에서 〈보라〉와 〈파산의 기술記述〉을 살펴보고자 한다. 한국 노동 다큐멘터리 역사에 중요한 변곡점을 제시하는 이 영화들은 세밀한 독해를 요한다. 영화를 들여다보기에 앞서, 한국 노동 다큐멘터리의 역사를 간략하게나마 짚고 넘어갈 필요를 느낀다.

1989년 노동운동 활성화를 위한 목적으로 조직된 영상 운동 집단 노동자뉴스제작단은 〈노동자뉴스 1호〉(1989)를 제작하며 운동의 차원에서 영화를 제작하는 액티비즘activism의 시작을 알렸다. 제작단이라는 이름에서 추론할 수 있듯, 노동자뉴스제작단은 개별 작가가 아닌 집단 주체의 제작을 지향하며, 교육, 선전, 선동 등의 방법을 강조한다. 이는 러시아혁명 이후 소비에트 권력이 영화가 교육의 강력한 수단임을 자각하고 이를 적극적으로 활용하고자 했던 상황을 떠올리게 한다. 노동자뉴스제작단과 더불어, 다큐멘터리 작가회의는 〈옥포만에 메아리칠 우리들의 노래를 위하여: '90 대우조선 단협투쟁기〉(1991)를 제작했고, 1989년부터 1992년까지 활동을 이어갔던 여성영상집단 바리터는 〈작은 풀에도 이름이 있으니〉(1990)로 노동 문제와 여성 문제의 결합을 시도했다. 바리터는 다큐멘터리 작가회의에 참여해 〈전열〉(1991)을 제작하기도 했다.[42] 액티비즘에 기반을 둔 노동 다큐멘터리는 2000년대 이후 다양하게

---

42   황미요조, 〈공/사의 관계를 해체하기: 한국 여성 다큐멘터리와 '개인적인 것'〉, 서울독립영화제 엮음, 《21세기의 독립영화》, 한국독립영화협회, 2014, 141쪽.

세분화되었지만, 넓은 의미에서 보면 현재까지도 그 명맥을 유지하고 있다고 볼 수 있다.

2000년대 초반에 이르러 〈소금: 철도여성노동자이야기〉(2003), 〈계속된다: 미등록 이주노동자 기록되다〉(2004) 등 여성과 이주노동자의 현실을 기록하는 다큐멘터리가 등장했고, 2007년 비정규직법 개정 이후 〈평촌의 언니들〉(2008), 〈외박〉(2009)처럼 비정규직 노동자를 다룬 영화들도 제작됐다. 노동 다큐멘터리 영화는 노동이라는 문제를 중심으로 비정규 노동, 성노동, 이주노동, 감정노동 등을 다루며 주제의 폭을 넓혀왔다. 탈북 여성의 문제를 담은 〈려행〉(2016), 〈마담 B〉(2016) 등이 그 사례다. 〈위로공단〉(2014)은 1970년대 구로공단 여성 노동자부터 마트 노동자, 승무원, 콜센터 직원을 거쳐 캄보디아 여성 노동자에 이르기까지 시대와 국민-국가의 영토적 경계를 뛰어넘어 여성 노동의 문제를 중점적으로 조명한 바 있다.

〈위로공단〉에서 살펴볼 수 있듯, 2010년대 이후 노동 다큐멘터리는 내용뿐 아니라 형식적 차원에도 큰 관심을 보여왔다. 〈청계천 메들리〉(2010)와 〈철의 꿈〉(2013)은 이러한 흐름을 대표한다. 그러나 〈청계천 메들리〉가 새로운 노동 다큐멘터리의 가능성을 보여주었다면, 그와 대조적으로 〈철의 꿈〉은 '미학의 정치화'가 아닌 '정치의 미학화'로 경도되는 것은 아닌지 우려를 낳게 한다. 다른 한편, 〈스와니: 1989 아세아스와니 원정투쟁의 기록〉(2014), 〈빨간 벽돌〉(2017), 〈그림자들의 섬〉(2014)처럼 과거의 투쟁을 회고하는 노동 다큐멘터리도 증가했다. 2000년대 후반에 제작된 〈꽃다운〉(2009)에서도 그 단초를 발견할 수 있다. 그러나 현재의 시점에서 과거를 낭만적으로 회고하는 시도는 역사적 시간의 육박하는 압력을 회피한다는 점

노동자들의 육체적 통증을 다루는
〈보라〉(2010)는 기존의 노동
다큐멘터리 영화와 차별화된 재현
양식을 선보인다.

에서 퇴행적이다.

이강현 감독의 〈보라〉(2010)는 이러한 역사에서 독특한 위상을 점하는 영화로, 기존의 노동 다큐멘터리 영화와 차별화된 재현 양식을 선보인다. 영화는 노동자의 통증을 다룬다. 산업안전보건법에 의하면 상시고용 50인 이상 300인 이하 사업장의 노동자는 3개월에 한 번씩 의무적으로 현장 보건관리를 받아야 한다. 〈보라〉는 이처럼 다양한 노동 현장에서 이루어지고 있는 현장 보건관리의 실상을 기록한다. 영화는 초반에 금속 공장, 피아노 공장, 마네킹 공장 등을 보여주다가 후반부에 이르러서는 비닐하우스 딸기밭, 용산의 컴퓨터 작업장, 사진 강좌 등을 보여준다. 초반부가 노동 현장에서 발생하는 산업재해와 신체적 고통의 문제를 부각한다면, 후반부는 데이터베이스 센터에서 하드디스크를 수리하는 장면 등을 배치하며 디지털 세계를 관리하는 노동에 주안점을 둔다.

〈보라〉는 노동자들의 육체적 통증을 다루면서도 이를 스펙터클화된 방식으로 드러내지 않는다. 그보다는 포착하기 어려운 이미지를 독특하게 형상화한다. 예를 들어 보건의와 사무 관리자가 대화를 나누는 장면에서 인물들의 시선은 한 곳으로 집중되지 않고 '사선적'으로 분산되어 있다. 따라서 이 장면을 보고 있는 관객 역시 화면 속 인물들 가운데 누가 이 장면을 주도적으로 통제하고 있는지 판단하기 어렵다. 영화 속 인물들은 많은 경우 프레임의 가장자리에 머물러 있거나 주변부에서 서성거리고 있다. 카메라는 인물에게 직접 다가가지 않으며, 그들의 주위를 빙빙 돌 뿐이다. 이미지와 사운드의 연결이 완전히 탈구된 경우도 적지 않으며, 사운드 트랙도 중심적 사운드와 주변적 사운드의 격차를 특징으로 한다.

가령 영화가 시작된 지 19분 정도에 나오는 장면이 그러하다. 보건의 서너 명이 각자 책상에 앉아 노동자들을 상담하고 있다. 이때 우리는 사운드 트랙을 통해 어떤 보건의가 노동자에게 건강관리 상담을 하는 소리를 들을 수 있지만, 그것이 어떤 이미지에 귀속되는 것인지는 알 수 없다. 또 이때 들리는 보건의의 목소리는 현장에서 들리는 소음들과 뒤섞이며 우리를 이른바 난청의 상황에 빠뜨린다. 이는 불안감을 촉발하는데, 어떤 소리가 들리기는 하지만 그 소리의 원천이 어디에 있는지 정확히 인식할 수 없을 때 우리는 불안감을 느끼기 마련이다. 이처럼 〈보라〉는 영화를 구성하는 여러 계열들을 서로 충돌시킴으로써 각각의 계열들 사이에서 발생하는 모순과 균열의 지점을 가시화한다.

〈파산의 기술記述〉이 드러내는 역사적 조건

즉 〈보라〉는 노동자들의 육체적 통증을 이미지와 사운드의 대립 또는 사운드 내에서의 위계적 대립 등을 통해 보여준다. 그러나 〈보라〉는 종별성보다는 독특성singularity에 좀 더 초점을 맞추는 것처럼 보인다. 종별성의 문제는 이강현 감독의 또 다른 다큐멘터리 〈파산의 기술記述〉(2006)에서 본격화된다. 영화는 파산을 소재로 IMF 사태 이후 진행된 신자유주의 시대 한국사회의 단면을 비춘다. 〈파산의 기술記述〉은 흐릿하게 보이는 지하철 CCTV 화면을 시작으로 미세먼지 가득한 뿌연 하늘을 비추고 도시의 분주함을 길어 올린 다음, 5호선 마천행 지하철을 타는 사람들의 모습, 거리를 걷는 사람들, 기계, 클로즈업된 노동자의 얼굴, 다리미질을 하거나 의자에 앉아 컴퓨터를 주시하는 노동자의 모습, 도시를 가로질러 광폭하게 움직이는 차량 등의 모습 등을 담아낸다.

시작한 지 대략 9분 정도 지날 무렵, 영화는 홈 비디오 화면과 강제집행 화면을 교차해 보여주면서, 파산의 풍경을 본격적으로 '기술記述'하기 시작한다. 이 장면에서 우리는 화면 속 이미지를 식별할 수 없는 상태에서 문 두드리는 소리만을 듣게 된다. 누군가 문을 두드리면서 이름·주민등록번호·주소를 묻는다. 곧이어 암전되었다가 형광등 불빛이 켜지며 집 안 거실이 드러나고, 입금을 재촉하는 목소리만 들리는 강제집행의 현장과 집 곳곳에 붙은 빨간 딱지 같은 이미지들이 펼쳐진다. 24분경 〈파산의 기술記述〉은 파산의 고통을 경험한 사람들의 모습과 말을 기록하며 파산의 풍경을 구체적으로 표현한다.

돈이 없어 아이들이 아파도 병원에 못 가는 상황, 카드 돌려막기로 인한 가계 빚의 급증, 급식비·전화비·전기세가 끊긴 상황, 딸을 24시간 어린이집에 맡기고 노동을 할 수밖에 없는 어떤 파산자의 상황을 '기술'한 후, 영화는 파산자들의 고통을 아파트 철거 현장과 대조한다. 곧 파산자들의 인터뷰와 철거 현장을 교차시킴으로써 〈파산의 기술記述〉은 지금 여기서 벌어지는 파산의 현장이 또 다른 공간에서 자행되는 철거의 현장과 결코 무관하지 않음을 강조한다. 겉으로 보기에 아무런 관련이 없어 보이는 파편화된 대상들이 어떤 식으로든 서로 연관되어 있다고 주장하는 것이다. 이런 방식은 당대 한국사회에 관한 일종의 인식적 지도 그리기의 실천으로 보인다. 이때 〈파산의 기술記述〉은 파편화된 개별 주체들의 이질적 체험을 강조하

〈파산의 기술記述〉(2006)은 노동자를
비추면서도 해상도에 편차를 두거나 촬영한
인물을 다른 장치(예컨대 컴퓨터 모니터)를
통해 보여줌으로써 인물에 대한 우리의
동일시를 방해한다.

는 사적 다큐멘터리의 관행과 멀리 떨어져 있다.

여기서 눈여겨보아야 할 것은 카메라가 파산자들의 얼굴을 온전히 보여주지 않는다는 점이다. 절반만 보이는 얼굴은 인물에 대한 우리의 동일시적 감정을 소원하게 한다. 영화는 신용불량자들의 고통스러운 삶을 기록하면서도 그들에 대한 몰입을 방해하는데, 이러한 전략은 파산이 인물의 감정이나 도덕성이 아닌, 보이지 않는 어떤 구조에서 비롯된 것임을 부각한다. 각각의 노동자를 비추면서도 해상도에 편차를 두거나 촬영한 인물을 다른 장치(예컨대 컴퓨터 모니터)를 통해 보여줌으로써 인물에 대한 우리의 동일시를 방해한다.

영화는 파산의 기원과 계보에 대해서도 탐색한다. 파운드 푸티지로 담아낸 한국사회 파산의 역사는 저 멀리 박정희 시대에 추진된 국토건설사업을 시작으로 IMF 금융위기와 이에 뒤따른 금융개혁, 노사정위원회 설치, 마지막으로 1987년 시민항쟁 17주년을 기념하여 서울광장에 모인 사람들, 대낮의 집회에 참석한 노동자들의 모습까지 비춰낸다. 파운드 푸티지에서 확인하게 되는 것은 "세계 5위의 전자제품 수출국" "4반세기에 걸친 제철소"(포항제철), "세계 6위의 대형 철강 생산국" 등과 같은 공식 역사의 문구들이다.

오늘에 이르기까지 늘 승리를 거둔 사람은 오늘날 바닥에 누워 있는 자들을 짓밟고 가는 지배자들의 개선 행렬에 함께 동참하는 셈이다. 전리품은 통상적으로 늘 그래왔듯이 개선 행렬에 따라다닌다. 사람들은 그 전리품을 문화재라고 칭한다. 그 문화재들을 역사적 유물론자는 거리를 두고 바라보게 될 것이다. 왜냐하면 그 유물론자가 문화재들에서 개관하는 것은 하나같이 그가 전율하지 않고서는 생각할 수 없는 곳에서 온 것들이기 때문이다. 그것들은 그것들을 만들어낸 위대한 천재들의 노고에뿐만 아니라 그 천재들과 함께 살았던 무명의 동시대인들의 노역에도 힘입고 있다. 동시에 야만의 기록이 아닌 문화의 기록이란 결코 없다. 그리고 문화의 기록 자체가 야만성에서 벗어날 수 없는 것처럼 그것이 한 사람에게서 다른 사람에게로 넘어간 전승의 과정 역시 야만성을 벗어나지 못한다. 따라서 역사적 유물론자는 가능한 한도 내에서 그러한 전승에서 비껴 선다. 그는 결을 거슬러 역사를 솔질하는 것을 자신의 과제로 본다.[43]

벤야민이 정확하게 지적했듯, 공식 역사가 승리를 선언할 때 역사유물론자들은 그 승리의 역사로부터 비껴 서서 "결을 거슬러 역사를 솔질하는 것을 자신의 과제"로 여긴다. 〈파산의 기술記述〉은 전적으로 역사유물론의 편에 서 있다. 영화 속 내레이션은 승리를 선포한 자들의 공식 담론에는 전혀 관심을 기울이지 않고, 파운드 푸티지 속에 드러난 사람들의 표정과 몸짓, "그때 거기서 흔들리던 손"과 "그때 거기서 한참을 넋 놓고 바라보던 눈동자의 실핏줄"에 주목한다.

영화가 강조하는 역사유물론의 관점은 마지막에 이르러 더욱 증폭된다. 〈파산의 기술記述〉은 시청 광장에 모인 사람들과 대낮의 노동자 집회 현장에 참석한 사람들을 극명하게 대조

43　발터 벤야민, 〈역사의 개념에 대하여〉, 《역사의 개념에 대하여/폭력비판을 위하여/초현실주의 외》, 336쪽.

한다. 1987년 시민항쟁 17주년 기념에 모인 사람들의 활기찬 모습은 집회에 참가한 사람들의 "돌처럼 딱딱한 표정"이나 노동자의 주검 옆에서 울부짖는 사람들의 모습과 분명하게 대비되어 나타난다. 누군가는 이 장면이 노동권이 시민권보다 더 중요하고 시급한 사안임을 강조하려는 의도를 띤다고 말할지 모른다. 충분히 가능한 해석이지만, 이 장면은 노동권이 시민권보다 우위에 있음을 강조하기보다는 서로 분리된 것처럼 보이는 노동권과 시민권이 불균등한 방식으로 접합되고 있음을 보여준다. 말하자면 이는 알튀세르가 말하는 모순의 복잡성이 현시되는 지점일 수 있다.

노동권과 시민권의 문제를 경제와 정치의 관계로 풀어볼 수도 있다. 서동진은 《변증법의 낮잠》에서 정치와 경제의 관계를 새롭게 조명할 수 있는 중요한 이론적 틀을 제시한 바 있다.[44] 문화 분석이 구체적 사회관계에 초점을 맞춰야 한다고 힘주어 강조하는 저자는 소소한 일상의 행복을 강조하는 구체적 유토피아의 정치는 물론, 개별 존재자와 존재적인 것(이념) 사이의 간극을 강조하는 입장들에 대해서도 제동을 건다.

일체의 현실적인 삶을 변화시키려는 구체적 계획을 거부하고 오직 이상으로서의 진리 자체에 충실하여야 한다는 주장 역시 많은 이들을 매료시킨다. 존재자의 세계에 한눈을 팔지 말고 존재적인 것에 대하여 굽힘 없이 헌신하여야 한다는 주장을 듣노라면 어딘지 숭고한 울림이 느껴진

---

44   경제와 정치의 단락 및 접합 관계에 관해서는 서동진, 《변증법의 낮잠: 적대와 정치》, 꾸리에, 2014를 참조.

다. 그러나 이 역시 행복이라는 이상에 굴복하는 것 못잖게 공허하다. 위대한 부정의 몸짓을 찬미하는 것은 쉬운 일이다. 그러나 그 부정을 통해 어떤 세상을 만들어낼 것이라는 책임을 회피하고 기꺼이 궂은일을 마다치 않을 각오로부터 도망가는 것은 졸렬한 일이다.[45]

최근 많은 포스트-마르크스주의자들(랑시에르, 바디우, 라클라우 등)이 주장하는 바처럼 정치란 것은 오직 정치적 주체의 문제일 뿐이라고 역설한다. 그들은 마치 정치란 어떤 타율성도 갖지 않는 정치 자체의 고유한 자율적 공간 안에서 움직인다고 강변하는 것처럼 들리기도 한다. …… 우리는 그들에게 각자가 상상하는 정치적 주체가 상대하는 객관(적 세계)은 어디에 있냐고 퉁명스레 물어보지 않을 수 없다. 그들은 경험적이고 구체적인 삶의 세계를 단순히 존재자들의 세계로 비난하며 성급하게 현실을 존재론화하면서 구체적인 사회 관계를 제거하고 있는 것은 아닐까.[46]

이 글은 경험적 현실과 그것의 한계를 바라보는 입장(독특성의 입장)과 영화가 사회적 현실과 맺고 있는 관계를 강조하는 입장(종별성의 입장)을 상반되는 대립쌍으로 바라보지 않는다. 그보다는 특수라는 동일한 판본이 두 가지 양식으로 전화되는 지점을 조망하고자 한다. 서문에서 언급했듯, 특수는 독특성과 종별성으로 나뉘며, 이처럼 형태가 변화된 특수는 새로운 보편

---

45   같은 책, 16쪽.
46   같은 책, 58~59쪽.

개념을 요청한다.

　　이와 관련하여 서동진의 책에서 특히 눈에 띄는 부분은 〈종합할 수 없는 두 가지, 정치와 경제〉라는 제목을 단 4장이다. 서동진은 여기서 지젝을 인용해 "자본주의적 사회관계를 결정하는 경제"(계급 적대)와 우리가 흔히 "현실경제·경제현상이라고 부르는 경제"를 구별한다.[47] 그는 여기서 정치와 경제를 두 개의 분리된 영역으로 구별하는 대신, 정치를 경제의 자기 이중화 과정 속에서 드러나는 간극으로 본다. 다시 말해, 정치는 경제가 스스로를 계급 적대와 현실 경제의 두 영역으로 끊임없이 나누는 간극 속에서 발생한다. 서동진은 자본주의 사회에서 경제가 발본적인 모순에 시달리기 때문에, 그 모순을 해결하기 위해 끊임없이 자신을 정치로 표현한다고 본다.[48] 이 주장의 요점은 정치가 자신이 제어하지 못하는 발본적인 타자성, 즉 경제에 의해 강제된다는 것이다. 이는 자율적 정치라는 환상을 넘어설 것을 요청한다. 다시 말해 정치는 스스로 자율적인 무언가를 생산하기보다, 언제나 경제라는 타자에 의해 매개된다. 비록 영화연구에 관해 언급한 바는 없지만, 《변증법의 낮잠》은 비판적 영화연구의 재구성을 위한 중요한 밑그림을 제시한다.

　　다시 〈파산의 기술記述〉로 돌아가보자. 서동진의 방법을 따라 이 영화를 살펴보면, 영화는 계급 적대로서의 경제와 파산의 상태라는 현실경제 사이에서 발생하는 간극을 정치를 매개로 표현한다고 볼 수 있다. 곧 영화는 '경제의 자기이중화'의 과

47　같은 책, 179쪽.
48　같은 책, 177~178쪽.

정 속에서 발생하는 간극을 보여주는데, 정치는 바로 이러한 간극 속에서 솟아오른다. 이때 영화는 단지 정치 그 자체에 초점을 맞추지 않고(즉 정치의 자율적 공간을 상정하지 않고), 경제라는 타자에 의해 강제된 것으로서 정치를 보여준다.

그러나 알튀세르의 관점에 좀 더 치중해 이 영화를 살펴보면 조금 다른 결과가 산출된다. 이 영화의 가장 중요한 토대는 파산이다. 여기서 파산은 사회를 구성하는 다양한 심급들의 관계를 결정하는 역사적 조건이다. 영화 말미에 이르러 파산이라는 역사적 조건은 노동권과 시민권의 균열이라는 형태로 드러난다. 영화는 파산이라는 모순의 두 대립적인 측면(노동권과 시민권)을 보여줌으로써, 역사적 사건을 기입하는 영화적 능력을 극명하게 보여준다.

알튀세르는 사건과 역사적 사건을 구분하며, 어떤 일이 발생하건 발생하지 않건 간에 그것은 결국 하나의 사건이 된다고 말한 바 있다. 그러나 사건이 자동적으로 역사적 사건으로 이어지는 것은 아니다. 알튀세르가 말했듯, **"이런저런 사건이 역사적 사건이 되는 것은, 그것이 사건이라는 사실 자체 때문이 아니라, 그 사건이 그 자체로 역사적인 형태들 속으로, 역사적인 것 자체의 형태들(구조 및 상부구조의 형태들) 속으로 삽입**되기 때문이다".[49] 알튀세르의 이러한 구별을 참조하면, 현실경제의 실정적 측면에만 초점을 맞췄던 기존의 노동 다큐멘터리들은 사건만을 가시화한다. 이와 대조적으로 〈파산의 기술記述〉은 파산이라는 사건이 역사적 사건으로 다층화되는 과정을 명징하게 보여준다. 특정한 정세 속에서 복수의 모순들이 과잉결정되고, 그러한 모

---

49   루이 알튀세르, 《마르크스를 위하여》, 222쪽, 강조는 원문.

순들이 어떻게 종별화된 방식으로 연결되어 있는지를 드러냄으로써, 앞서 살펴본 반영의 객관성을 가시화한다.

또한 이 영화를 발리바르의 단락short-circuit 개념에 기대 살펴볼 수도 있다. 단락이란 전기 회로에서 전압의 차이가 있는 두 지점이 피복 손상 등의 이유로 전기적으로 접촉되는 현상을 뜻한다. 발리바르는 단락 개념을 정치경제학 비판과 연결 짓는다. 정치경제학이 정치와 경제를 두 개의 식별 가능한 영역으로 분리하는 작업이라면, 정치경제학 비판이란 "정치경제학이 확립한 분리를 확인하는 것이 아니라 그것을 반박하고 무효화하는 것"이다.[50] 발리바르는 마르크스의 《자본》에서 '직접적(무매개적)unmittelbar/immédiat'이라는 단어를 끌어와 이를 정치와 경제가 단락되는 과정으로 개념화한다. 이에 따르면 단락은 정치와 경제라는 이미 확립된 영역들의 단순한 결합을 지시하지 않는다. 그것은 공통의 토대로부터 정치와 경제라는 각각의 영역이 '형성'되는 과정에 초점을 맞춘다. "(착취관계로서) 노동관계는 **무매개적으로** 경제**적이고** 정치적이다."[51] 다시 말해 이 착취관계는 "시장('경제적 공동체')의 맹아이자 국가(지배·종속)의 '맹아'"인 셈이다.[52]

〈파산의 기술記述〉은 파산이라는 사건이 노동권과 시민권의 대립이라는 역사적 사건으로 분화되면서도 동시에 '단락'되는 과정을 보여준다. 노동권과 시민권은 서로 대립되는 것처럼 보이지만, 사실은 파산이라는 공통의 사건에 대한 서로 다른

50   에티엔 발리바르, 〈맑스의 계급정치 사상〉, 신현준 옮김, 서관모 엮음, 《역사유물론의 전화》, 민맥, 1993, 232쪽.
51   같은 책, 233쪽, 강조는 원문.
52   같은 책, 234쪽.

반응이다. 즉 영화 속에서 드러나는 노동권과 시민권은 파산이 기술記述되는 종별적 방식인 셈이다. 전압의 차이가 있는 두 지점에 단락이 발생하면 과도한 전류가 흘러 폭발로 이어질 수 있듯, 노동권과 시민권의 단락은 영화의 새로운 실천이 과연 무엇인지 질문하도록 한다. 〈파산의 기술記述〉은 그 영화적 점화 가능성의 계기를 드러내는 영화다.

알튀세르 이론과의
새로운 만남을 위하여

영화연구에서 알튀세르의 저작들은 그 저작들에 대한 열렬한 환호와 그에 뒤따른 완전한 망각을 특징으로 한다. 1980년대 후반쯤에 이르러 서구에서 알튀세르의 이론은 변혁이론의 진영에서 거의 사라지다시피 했다. 정신분석의 용어를 빌려 말하자면 그의 이론은 이론의 장에서 완전히 '배척'되었다. 하지만 그렇다 하더라도 알튀세르의 이론은 여전히 어떤 외상적 효과를 남기고 있다. 이제 우리는 다음과 같이 질문해볼 수도 있을 것이다. 어떤 이론이 그것의 급진성 때문에 '배척'된 것은 아닌가?

이 글은 알튀세르를 전유하여 영화연구 진영 내에서 새로운 이론의 가능성을 모색하고자 했다. 그 일환으로 우선 과잉결정과 최종심급에서의 결정이 무엇을 의미하는지 되짚어보았고, 이 개념들이 영화연구에 어떤 방식으로 접합될 수 있는지 폴 윌먼의 이론을 경유하여 살펴보았다. 알튀세르의 수많은 이론적 유산 가운데 과잉결정, 모순의 종별성 및 복잡성 개념

등은 영화연구 진영 내에서 폭넓게 수용되지 않았다. 영화연구는 이상하리만큼 이 문제에 대해 깊은 관심을 보이지 않았다. 이런 점에서 종별성과 모순의 문제에 천착한 윌먼의 이론적 시도는 매우 독보적이다. 물론 윌먼은 알튀세르가 자신에게 어느 정도로 지대한 영향을 끼쳤는지에 대해서는 직접적으로 말한 바 없다. 그러나 윌먼의 글을 자세히 살펴보면, 그의 사유가 상당 부분 알튀세르의 이론적 유산에 빚지고 있음을 분명히 알 수 있다.

정치적 모더니즘 담론에 대한 비판은 적지 않고, 실제로 그 담론의 한계를 지적하는 시도 역시 흔히 발견된다. 그러나 정치적 모더니즘 담론에 관한 비판이 알튀세르와의 관련성 자체마저 폐기할 것을 요구한다면 곤란할 것이다. 목욕물을 버리다 아이까지 버릴 수는 없지 않은가? 따라서 지금 이 시대의 영화연구는 알튀세르에게 다시 한번 기회를 주어야 한다.

#〈괴물〉(2006)

4장 경험적 역사와 비역사적 중핵 사이의 긴장: 〈괴물〉이라는 급진적 예외

역사주의를 넘어
〈괴물〉 읽기

　1990년대 후반부터 최근에 이르기까지 한국영화는 놀라운 변화를 거듭해왔다. 일각에서는 국내 영화 시장에서의 상업적 성공과 국제영화제 수상 등을 근거로 동시대 한국영화가 기존의 관행에서 벗어나 새로운 영화를 생산해왔다고 주장한다. 실제로 줄리언 스트링어와 달시 파켓 같은 평론가들은 이와 같은 한국영화의 흐름을 "뉴코리안 시네마"로 명명한다.[1] 이들은 한국사회가 1980년대 군사독재정권 이후 민주화 사회로 이행했다는 진단하에, 한국영화가 변화한 사회적 현실에 조응하며 새로운 영화적 흐름을 선보였다고 주장한다. 동시대 한국영화를 사회적 맥락과 연동하는 시도는 수긍할 만하지만, 한국사회가 민주화 사회로 이행했고, 한국영화가 그 사회적 변화의 결

1　Julian Stringer, "Introduction", Shin Chi-Yun & Julian Stringer eds., *New Korean Cinema*, Edinburgh University Press, 2005; Darcy Paquet, *New Korean Cinema: Breaking the Waves*, Wallflower Press, 2009.

과라는 진단에는 동의하기 어렵다. 목적론적 사고의 전형처럼 여겨지기 때문이다. 이제 이런 사고틀을 넘어 한국영화에 관한 문제 설정을 새롭게 모색할 때가 아닐까?

그런 점에서 영화 〈괴물〉(2006)은 좋은 사례를 제공한다. 〈괴물〉은 기존 한국형 블록버스터와 달리 전적으로 새로운 전략을 선보였다. 그동안 한국형 블록버스터는 할리우드 장르 관습을 모방하면서도 한국의 지역적 색채를 영화 텍스트에 성공적으로 기입했다고 평가받았다. 반면 〈쉬리〉(1999) 이후 등장한 많은 한국형 블록버스터 중 로컬리티locality의 문제를 다루지 않고 시각적 스펙터클에 강하게 의존했던 블록버스터 영화들은 흥행에서 참패했다(〈무사〉(2000) 〈내츄럴시티〉(2003) 등).

'무국적 영화'를 향한 욕망이 한풀 꺾이자, 한국형 블록버스터는 로컬리티를 가시화하는 데 크게 의존하는 전략을 취했다. 한국 영화비평 담론에서는 이러한 현상을 설명하기 위해 '혼종성'이나 '문화 번역' 논리에 기대 한국형 블록버스터 현상을 설명하기도 했다.[2] 이런 설명에 따르면, 블록버스터 관습은 할리우드 고유의 것이 아니다. 더 나아가 각각의 내셔널 시네마는 나름의 방식으로 블록버스터 포맷을 재전유한다. 따라서 한국형 블록버스터는 할리우드 블록버스터라는 형식의 "복수화와 탈-서구화"[3]를 지시하는 것으로 이해될 수 있다.

---

2   호미 바바가 제시한 혼종성 개념에 기대 한국형 블록버스터 현상을 설명한 글로는 다음을 참조하라. Ok Hye-Ryoung, "The Politics of the Korean Blockbuster: Narrating the Nation and the Spectacle of 'Glocalisation' in 2009 Lost Memories", Kim Dong-Hoon ed., *Transnationalism and Film Genres in East Asian Cinema* 29(2), 2009.

3   Chris Berry, "What's Big about the Big Film?': 'Dewesternizing' the Blockbuster in Korea and China", Julian Stringer ed., *Movie blockbusters*, Routledge, 2003, p.218.

이렇게 볼 때, 〈괴물〉은 할리우드 양식을 차용하면서도 로컬리티의 소재를 분명하게 드러낸 영화로 독해될 수 있다. 일반적으로 괴물 영화는 괴물이 등장하게 된 원인을 잘 묘사하지 않는 데 비해(〈죠스〉(1978)가 대표적이다), 〈괴물〉은 괴물 탄생의 역사적 배경을 상세히 묘사하기 때문이다(영화는 프롤로그에서 괴물 탄생의 원인이 주한 미군이 한강에 방류한 포름알데히드에 있음을 분명히 밝힌다). 일각에서는 이런 이유를 들어 〈괴물〉이 "미국과 국제적 개입주의에 대한 비판"[4]을 노골적으로 보여줌으로써 반미주의 혹은 반제국주의 시각을 분명히 한다고 주장한다.

일리 있는 주장이지만, 이런 식의 비평은 자칫하면 역사주의의 함정에 빠질 위험이 있다. 조앤 콥젝은 역사주의를 "권력 체계를 '초월하는' 어떤 원칙 혹은 주체" 없이 "사회를 권력/지식 관계의 내재적 네트워크로 환원시키는 것"으로 정의한다.[5] 이때 역사주의란 다양한 경험적 역사들과 그 역사들을 내부로부터 잠식해 들어가는 비역사적 공백 간의 접합 관계를 생략한 채 경험적 역사들에만 초점을 맞추는 경향을 뜻한다. 경험적 역사와 그런 역사 속에 포함된 공백에 주목할 때, 우리는 역사주의적 비평의 한계를 넘어설 수 있을 것이다.

역사주의적 관점과 별개로, 〈괴물〉을 '최후 구출' 시나리오에 대한 위반으로 읽을 수도 있다. 익히 알려져 있듯, 영화의 내러티브를 추동하는 것은 괴물이 현서(고아성)를 납치했다는 사실 자체다. 현서가 납치되자 뿔뿔이 흩어졌던 가족들이 현

---

4   Hsuan L. Hsu, "The Dangers of Biosecurity: The Host and the Geopolitics of Outbreak", *Jump Cut: A Review of Contemporary Media* 51, 2009.

5   Joan Copjec, *Read My Desire: Lacan against Historicists*, MIT Press, 1994, pp.6~7.

〈괴물〉(2006)의 급진성은 역사의
경험적 지식이 포착하지 못하는 부분을
영화의 형식적 차원과의 변증법적
긴장을 통해 제시한다는 데 있다.

서를 찾기 위해 모이고, 현서의 납치는 가족들의 결합을 촉발하는 '누빔점quilting point' 역할을 한다. 그러나 현서를 찾으려는 가족들의 시도는 끊임없이 유예된다. 중요한 것은 일반적인 최후 구출 시나리오 영화들과 달리, 〈괴물〉에서는 결국 현서가 죽은 채 발견된다는 점이다.

영화는 이 지점에서 장르의 관습과 규칙을 정면으로 위반하는 것처럼 보인다. 이는 문화산업의 메커니즘과 깊은 연관이 있다. 흔히 우리는 문화산업이 동일한 대상을 반복해서 제시한다고 생각하지만, 사실은 그렇지 않다. 오히려 문화산업은 이전의 생산물과 차별화된 새로운 문화상품을 끊임없이 제공하는 메커니즘에 기초한다. 이런 점에서 문화산업은 벤야민이 말했던 유행 개념과도 맞닿아 있다. 유행은 가장 최근의 것이 이전의 것보다 더 낫다는 논리에 기초하여 새로운 취향과 스타일을 지속적으로 만들어낸다. 그러나 실제로 유행은 "새로운 것처럼 가장하고 있는 반복동일성의 끝없는 생산과 소비"[6]를 가리킨다. 이것이 장르 규칙을 위반했다는 사실 그 자체를 전복적이라고 보기 어려운 이유다.

이런 관점들을 소환해 〈괴물〉을 다른 각도에서 조명해보면 어떨까? 만일 〈괴물〉이 전복적인 영화로 이해될 수 있다면, 그건 이 영화가 한국형 블록버스터의 일반적 관습을 따라 지역적 의미 작용에 충실해서도 아니고, 최후 구출 시나리오를 위반해서도 아니다. 〈괴물〉이 급진적이라면, 그건 아마도 이 영화가 역사의 경험적 지식이 포착하지 못하는 부분을 영화의 형식적 차원과의 변증법적 긴장을 통해 제시하기 때문일 것이다.

---

6   그램 질로크, 《발터 벤야민과 메트로폴리스》, 244쪽.

다시 말해 〈괴물〉은 사회적 현실의 충만함을 전제하고 그것이 상실되는 과정에 초점을 맞추기보다는 현실 자체가 상징화될 수 없는 것, 즉 '부재 원인'으로서의 공백을 통해 구조화되어 있음을 여실히 보여준다. 〈괴물〉의 전복성은 여기서 비롯된다.

역사적 맥락과
영화 텍스트 사이의 긴장

한국영화를 '뉴코리안 시네마'로 개념화하는 사람들은 과거 충무로 영화산업에 팽배해있던 비합리적 관행—이를테면, 영화 제작이 리서치가 아닌 몇몇 영화인의 느낌에 의존하여 이루어지거나 제작과 투자 등이 분리되지 않는 것 등—이 합리적 산업 구조로 개편됨에 따라 새로운 영화를 제작할 수 있는 조건이 형성되었다고 주장한다.[7] 한국 영화산업에 중대한 변화가 일어났다는 것은 분명한 사실이다. 영화산업의 변화가 새로운 한국영화를 생산하기 위한 조건을 창출했다는 견해에도 동의한다. 그러나 그런 변화가 한국 자본주의의 전반적 재구조화 경향과 뗄 수 없이 얽혀 있는 관계로, 좀 더 거시적인 차원에서 문제에 접근할 필요가 있다.

우선 한국 영화산업의 변화 시점을 1987년 노동자대투쟁으로 설정한다면 어떨까. 1987년 이후 자본은 노동의 전면적 투쟁을 새로운 방식으로 재구조화하거나 포섭해왔고(이를테면 정규직과 비정규직의 분리를 통한 새로운 노동분업의 시행), 노동의

---

7   Darcy Paquet, *New Korean Cinema*, pp.44-60.

본성을 근본적으로 변화시켰다.[8] 이는 마르크스가 지적했던 형식적 포섭에서 실제적 포섭으로의 이행과 맥을 같이한다.[9] 형식적 포섭은 자본과 노동의 분명한 구별을 전제로 한다. 자본과 노동의 경계는 뚜렷하고, 양자의 관계는 외재적 관점에서 형성된다. 반면 실제적 포섭에서는 자본이 노동의 구성 요소로 각인되고, 이에 따라 노동의 성격 자체도 크게 변한다.

형식적 포섭에서 실제적 포섭으로의 이행에서 결정적인 것은 테크놀로지가 노동 과정 안에서 차지하는 비중이 매우 중요해졌다는 사실이다(노동 현장에 테크놀로지를 도입하고 테크놀로지의 사용 정도에 따라 노동력을 분할하는 과정). 1980년대 말 이후 한국 영화산업의 변화를 형식적 포섭에서 실제적 포섭으로의 이행과 맞물려 사고할 수 있는 것은 이 때문이다. 여기서 테크놀로지 도입이란 영화 제작 과정에 테크놀로지를 도입하는 것뿐만 아니라, 투자, 제작, 배급, 관람 등 전 영역에 걸친 합리화 경향과 맞물린다. 한국영화 역사상 최초의 '기획 영화'로 알려진 〈결혼 이야기〉(1992)는 실제적 포섭 단계로의 이행을 보여주는 대표적 사례다.[10]

8   Michael Hardt & Antonio Negri, *Empire*, Harvard University Press, 2000.

9   Karl Marx, *Capital: A Critique of Political Economy Volume I*, Ben Fowkes tr., Penguin Books, 1976, pp.1021-1024.

10   〈결혼 이야기〉는 1992년 개봉한 로맨틱 코미디 영화다. 제작사인 익영영화사는 이 영화의 제작을 독립 제작사 신씨네에 맡기고, 영화 제작비 일부는 영화산업에 막 뛰어든 삼성으로부터 조달하는 방식을 택했다. 〈결혼 이야기〉는 대기업이 한국영화 제작에 참여한 첫 사례 혹은 프로듀서가 중심이 되는 첫 사례로 꼽히며 서울에서만 52만 명의 관객을 끌어들였다. 《씨네21》 기사에 따르면, "삼성물산의 드림박스가 김의석 감독의 데뷔작 〈결혼 이야기〉에 제작비 6억 원 가운데 25퍼센트를 투자"했고, "삼성은 이 영화에 삼성전자의 전자제품 등을 소품으로 지원하고 입장권 2만 7000장을 구입해 2억 7000만 원을 무상지원했다". 류재훈, 〈돈으로 '질'을 살 수는 없다: 〈결혼 이야기〉에서 〈개같은 날의 오후〉까지, 대기업 영화 성적표〉, 《씨네21》 45, 1996, 28쪽.

이와 더불어 한국형 블록버스터가 로컬리티를 서사의 주된 요소로 활용하는 경향도 눈에 띈다. 현상적으로 이것은 중장년층을 포함한 다양한 관객을 유인하기 위한 마케팅 기법으로 보이지만, 실질적으로는 자본의 유기적 구성의 고도화(테크놀로지 도입)로 인해 이윤율이 저하된 상황에서 그 저하 경향을 상쇄하기 위해 자본을 개입시키려는 시도에 가깝다. 따라서 한국 영화산업의 변화를 억압적인 1980년대 독재 사회에서 1990년대 민주 사회로의 이행으로 보거나,[11] "초국적 매체와 지역적 매체 간의 창조적 상호협력의 결과"[12]로 인식하는 관점은 영화산업의 변화가 한국사회에서 자본주의가 재구성되어온 사회적 맥락과 조응한다는 사실을 놓칠 수 있다.

영화산업의 변화가 자본주의의 변화와 밀접하게 연관되긴 하지만, 그렇다고 해서 영화가 반드시 산업 논리를 따라가는 것은 아니다. 영화의 내적 논리가 사회적 맥락과 완전히 상응하는 것은 아니기 때문이다. 다시 말해 우리는 영화의 '상대적 자율성'을 염두에 두어야 한다. 즉 중요한 것은 자본주의의 논리와 동시적이면서도 비동시적으로 관계 맺는 영화의 내적 논리를 통해 자본주의 동학의 핵심을 사유하는 것이다.

신진 프로듀서의 등장과 대기업의 영화제작 참여는 "영화산업의 성패가 '감'이 아닌 '조사 통계'에 따라 결정"된다는 것을 의미한다. "이들은 대중이 선호하는 장르의 취향을 리서치한 후, 특정 장르와 가장 강력한 시너지 효과를 맺을 수 있는 스타를 캐스팅해 대기업으로부터 투자자본을 끌어왔다." 김영진, 〈신진 프로듀서의 기획영화〉, 《한국영화사: 개화기開化期에서 개화기開花期까지》, 김미현 책임편집, 커뮤니케이션북스, 2006, 325쪽. 〈결혼 이야기〉는 기존 충무로 관행을 파괴하면서 새로운 제작 환경을 창출했지만, 동시에 한국영화가 대기업 영화자본에 실제적으로 포섭되는 계기가 되었다.

11   Julian Stringer, "Introduction", *New Korean Cinema*, pp.6-7.
12   Shin Jee-Young, "Globalization and New Korean Cinema", Ibid., p.57.

보편-특수의 관점에서 본
한국형 블록버스터

〈괴물〉을 보편성의 틀로 바라본다면 어떨까? 버틀러·라클라우·지젝이 벌인 보편성 논쟁[13]은 이런 접근의 강력한 참조점이 된다. 특히 버틀러의 문화 번역 논리와 라클라우의 등가사슬 논의에 대한 비판적 검토는 〈괴물〉을 포함한 한국형 블록버스터를 새로운 시각으로 소환하는 데 큰 도움이 된다.

먼저 이 글에서 다루는 보편-특수 개념을 간략히 살펴보자. 서문에서 언급했듯, 보편 개념은 무엇보다도 구조 또는 집합 내의 요소(특수)를 분류하고, 그 요소를 구조 안에 자리잡게 하는 원리로 이해된다. 이것은 정태적 범주가 아니며, 역동적 관계로서 끊임없이 변화하는 유동적 과정을 지시한다. 또한 보편-특수는 보편적 유와 특수한 종의 관계로도 풀이될 수 있다. 보편적 유와 특수한 종의 관계는 상위 개념과 하위 개념으로도 연결되는데, 상위 개념인 유 개념generic concept은 하위 개념인 종 개념specific concept을 포함한다. 그러나 유 개념은 모든 종 개념을 아우르거나 포괄하는 범주가 아니다. 종 개념이 변하면 유 개념 역시 변하기 때문이다. 보편-특수 관계가 정태적이지 않고 유동적인 것은 이 때문이다.

종 개념의 변화는 '종차' 개념과 긴밀히 연결된다. 종차는 동일한 유 개념에 속한 종 개념이 다른 종 개념들과 구별될 때 사용되는 개념이다. 종차 문제를 살펴보기 위해 우선 소쉬르

---

13   주디스 버틀러·에르네스토 라클라우·슬라보예 지젝, 《우연성, 헤게모니, 보편성: 좌파에 관한 현재적 대화들》, 박대진·박미선 옮김, 도서출판b, 2009.

의 입론을 참조할 필요가 있다. 소쉬르는 기호signe와 지시대상의 관련성을 제거할 뿐만 아니라, (기호의 형식인) 하나의 기표 signifiant가 가치를 지니는 것은 그 기표가 다른 기표와 '변별적 differential'이기 때문이지, 그것이 어떤 고유한 속성과 특징을 지니고 있기 때문이 아니라는 점을 강조한다. 예컨대 개dog라는 기표가 변별적인 것은 그 기표 자체에 고유한 특징이 있기 때문이 아니라, 그것이 말이나 소 혹은 닭이 아니기 때문이다. 이러한 차이 개념은 무한한 차이들의 연쇄를 촉발한다.

이러한 이해를 우리가 다루는 보편-특수에 적용해보면, 보편 개념 속 특수를 다르게 이해할 수 있다. 즉 특수가 자신만의 고유한 성질을 지녀서 차이가 나는 것이 아니라, 단지 다른 대상과 변별적이라는 점에서 차이가 있을 뿐이며, 이러한 차이는 무한한 연쇄 고리를 형성한다. 그러나 이 글에서 사용하는 종차 개념은 소쉬르적인 변별적 차이와 근본적으로 다른 궤적을 그린다. 여기서 종차란 한 차이가 다른 차이와 변별적 관계를 형성하면서 외적 차이에만 머무르는 대신, 그 차이가 다시 내부로 돌아와 내적 차이를 산출하는 과정을 가리킨다. 즉 중요한 것은 외적 차이와 내적 차이가 겹치면서 산출되는 흔적과 간극이다. 타자와 관계를 맺는 것(외적 차이)보다 더욱 중요한 것은 타자와의 관계를 통해 나의 정체성identity를 발본적으로 재구성하는 것(내적 차이)이다.

다시 보편 개념으로 돌아오면, 보편적 유는 특수한 종과 별개로 존재하는 것이 아니라 그것과의 연관 속에서만 존재한다. 특수한 종 역시 보편적 유와의 연관 속에서만 존재한다. 이를 보편적 유와 특수한 종의 동시적이면서도 상관적인 관계라 할 수 있을 것이다. 이런 관계라면 특수가 보편을 변화시킬 수도 있는데, 특수의 형태가 변할 때 보편의 개념 자체가 완전히 재구성된다.[14] 특수가 다양한 것처럼 보편 역시 단수로만 존재하지 않는다. 보편은 곧 복수이며, 그 복수의 개념들이 서로 경쟁하며 각축을 벌일 때 보편 개념은 크게 확장될 수 있다.

버틀러는 '공식적 보편성official universality'이 무한히 다양한 특수자들을 하나의 단일한 원리로 포섭한다고 주장한다. 그러면서도 버틀러는 공식적 보편성이 '유령적 보편성spectral universality'의 차원을 내포한다고 지적한다.[15] 유령적 보편성이 공식적 보편성의 정당성에 의문을 제기하고 그 지배 형태를 오염시키는 역할을 떠맡는다는 것이다. 즉 유령적 보편성 논의의 핵심은 보편성의 특징인 형식주의가 언제나 "형식주의 그 자체가 거짓임을 드러내는 흔적이나 잔여에 의해 어떤 식으로든 훼손된다"는 점을 지적하는 데 있다.[16] 유령적 보편성에 대한 강조는 '문화 번역'에 대한 강조로 이어진다.

버틀러는 문화 번역을 공식적 보편성 과정에서 배척된 내용을 전경화함으로써 새로운 재의미화와 재공식화를 추진하는 과정으로 이해한다. "어떤 보편성 개념도 단일한 '문화'라는 개념 안에서 편히 머무를 수는 없는데, 그것은 다름 아닌 보편성 개념이 문화를 교환 관계로 이해할 것을, 또한 그 개념이 번역의 과업을 수행할 것을 강제하기 때문이다."[17] 말하자면, 개

---

14 특수자의 형태가 변화하는 과정은 독특성singularity과 종별성specificity으로 나뉜다. 독특성이 특수자의 구체적 내용을 지워나가는 과정과 관련된다면, 종별성은 한 특수자가 다른 특수자와 맺는 관계를 가리킨다. 좀 더 자세한 내용은 서문을 참조하라.

15 한국형 블록버스터를 유령적 보편성의 관점에서 분석한 글로는 다음을 참조하라. 김소영, 〈사라지는 남한 여성들: 한국형 블록버스터 영화의 무의식적 광학〉, 《아틀란티스 혹은 아메리카: 한국형 블록버스터》, 현실문화, 2001.

16 주디스 버틀러, 〈경쟁하는 보편성들〉, 《우연성, 헤게모니, 보편성》, 193쪽.

17 주디스 버틀러, 〈보편자를 다시 무대에 올리며〉, 같은 책, 46쪽.

별적 특수자는 공식적 보편성의 상징적 명령을 떠안아야 하는 상황에 반복적으로 처하지만, 그 명령을 단지 수동적으로 떠안는 것이 아니라, 언제나 그것을 전치·탈동일시하거나 다시 의미화한다.

이런 맥락에서 버틀러는 기존의 보편 개념 안에서 권리를 빼앗긴 사람들이 자신들 역시 그 개념에 포함되어야 한다고 주장할 때 어떤 효과가 산출될지 질문한다. 이렇게 되면, 보편 개념은 정태적 개념으로 고정되지 않고 복수의 개념으로 유동하게 된다. 이 복수의 보편 개념들이 서로 경쟁하고 각축을 벌이는 와중에 보편 개념은 더 '광범위하게' 확장된다. 예컨대 프랑스혁명에서 보편 개념으로서 인권은 성차·인종·계급을 초월한 모든 인간들이 아니라, 일부의 선택된 사람들에게만(예컨대 남성) 적용되었다. 그러므로 프랑스혁명 이후의 역사는 이러한 보편 개념에서 박탈당한 사람들이 자신들 역시 인권의 개념에 포함시킬 것을 주장하는 과정으로 풀이될 수 있다.[18]

한국형 블록버스터는 일견 버틀러의 문화 번역 논리에 상당히 부합하는 것처럼 보인다. 할리우드 블록버스터 포맷을 모방하고 그와 동시에 '한국적 콘텐츠'를 무대에 올림으로써 유령적 보편성의 차원을 모색할 수 있는 길을 제시하는 것처럼 보이기 때문이다. 남북 문제를 다루는 〈쉬리〉(1999)와 〈공동경비구역 JSA〉(2000), 국가폭력 문제를 재현하는 〈실미도〉(2003), 한국전쟁을 배경으로 한 〈웰컴 투 동막골〉(2005)과 〈태극기 휘날리며〉(2004)가 그런 경우에 해당한다. 할리우드의 장르 관습을 차용하면서도 로컬리티의 소재를 적극적으로 인용

18   린 헌트, 《인권의 발명》, 전진성 옮김, 돌베개, 2009.

하는 한국형 블록버스터는 블록버스터 개념을 '탈서구화'하면서 다양한 지역적 차이들을 생산한다.

그러나 한국형 블록버스터가 단순한 차이의 생산을 넘어 존재론적인 관점에서 급진적 차이를 생산하고 있는지는 의문이다. 무엇보다 버틀러의 입론에 적대antagonism 개념이 부재한다는 사실이 이런 의심을 증폭시킨다. 여기서 적대는 하나의 차이가 다른 차이와 외재적 관계를 형성하면서도 그 관계가 다시 내적 차이를 산출하는 과정을 가리키는데, 버틀러는 이러한 적대를 사유할 수 있는 계기에 대해서는 다루지 않는다. 다시 말해, 버틀러의 이론에는 차이들의 무한한 연쇄만 있을 뿐, 하나의 특수한 차이가 자신의 비-동일성과 만나는 지점, 즉 근본적 실패로서의 공백이 분출되는 지점이 없다. "버틀러는 체계적으로 적대(그것은 불가능한, 실재적인 것이다)를 (상징적인) 차이/대립으로 (잘못) 읽는다."[19] 이에 대해 지젝은 다음과 같이 덧붙인다.

이런 주장과는 반대로 나의 주장은 다음과 같다. 즉, 정확히 적대는 (기표의) 동일성이 차이의 다발에 다름 아닌 소쉬르적인 변별적 관계가 아니라고 단언해야 한다. 라클라우가 매우 정확한 용어로 말하듯, 소쉬르적 변별성이 놓치고 있는 건 내적 차이와 외적 차이의 "반성적" 겹침이다. 예컨대, 여성과 남성을 분리하는 차이는 그것이 동시에 여성을 안으로부터 "빗금 긋고" 온전한 자기 정체성을 성취하지 못하도록 가로막는 한에서 "적대적"이다. (이는 남성

19   슬라보예 지젝, 〈끝없이 처음부터 반복하기〉, 《우연성, 헤게모니, 보편성》, 293쪽.

과의 대립이 여성의 정체성을 정의하는 순수한 변별적 관계와 대비된다.)[20]

　무한한 차이만을 지시할 뿐인 버틀러의 보편 개념만으로는 하나의 사회에 존재하는 근본적인 적대를 포착하기 어렵다. 버틀러의 경우에서처럼 적대가 설정되지 않는다면, 차이에 대한 강조는 상당 부분 경험주의적인 문제 설정으로 축소될 수밖에 없을 것이다. 말하자면 버틀러에게 관건은 공식적 보편성이 배제한 내용을 어느 정도로까지 재현의 장으로 끌어낼 수 있는가에 집중되는데, 이는 본성상의 차이가 아니라 종류상의 차이이며, 차이의 문제를 정도degree의 문제로 축소시킬 위험이 있다. 다른 한편으로 버틀러의 입론은 역사주의로도 이해될 수 있는데, 역사주의는 역사적 경험과 그 경험 속에서 포착되지 못하는 비역사적 중핵을 구별하지 못할 때 발생한다.[21] 따라서 역사주의의 함정을 벗어나기 위해서라도, "어떤 역사적 지평 내의 우연성/대체 가능성과 바로 이 지평을 정초하는 좀 더 근본적인 배제/배척foreclosure을 보다 분명하게 구별할 필요"가 있다.[22]

20　같은 책, 294쪽.
21　Sean Homer, "Narratives of History, Narratives of Time", *On Jameson: From Postmodernism to Globalization*, Caren Irr & Ian Buchanan eds., State University of New York Press, 2006, p.74.
22　슬라보예 지젝, 〈계급투쟁입니까, 포스트모더니즘입니까? 예, 부탁드립니다!〉, 《우연성, 헤게모니, 보편성》, 159쪽.

영화가 자기 자신의 모순과
조우할 때

한편 라클라우는 경험적 역사에 모종의 한계limit-case를 설정함으로써 자신만의 보편-특수 모형을 다듬는다. 라클라우는 라캉의 개념에 기대 자신의 이론을 전개하면서, 하나의 특수한 요소와 다른 특수한 요소의 결합은 특수 내부의 한계에 기초해야 한다는 점을 강조한다. 라클라우의 이론을 상세히 보여주는 〈그림 1〉(176쪽)을 보자.

여기서 T는 억압적 체제를, 수평선은 억압적 체제와 사회의 경계를 나타낸다. 원 D_1~D_4는 각기 다른 사회적 요구들demands을 뜻하는데, 이 각각의 요구들은 아래쪽 반원과 위쪽 반원으로 분할된다. 아래쪽 반원은 각각의 사회적 요구들의 특수성을 뜻하고, 위쪽 반원은 다른 요구들과 등가적으로 접합될 수 있는 조건을 지시한다. 등가 사슬을 이루는 사회적 요구들 위에 있는 D_1은 일반적 등가물을 나타내는데, 일반적 등가물은 등가 사슬의 한 부분이면서 동시에 모든 등가적 요구들을 조직하는 역할을 맡는다.[23]

라클라우에 따르면 사회적인 것을 구성하는 기본 단위는 개별 주체의 요구들이다. 〈그림 1〉에서 나타나는 것처럼, 원 D_1~D_4는 각기 다른 사회적 요구들을 지칭한다. 라클라우는 정치 공간의 구성이 각각의 사회적 요구들의 관계 및 결합 방식에서 비롯된다고 보는데, 중요한 것은 그 요구들이 등가

23   에르네스토 라클라우, 〈보편성의 구성〉, 같은 책, 410쪽. 라클라우의 이론은 하승우,
      〈좌파 포퓰리즘을 둘러싼 몇 가지 질문들: 이론과 쟁점〉, 《문화/과학》 108, 2021,
      51~54쪽에서 발췌한 것이다.

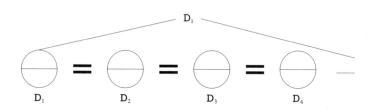

equivalence로 결합되어 있다는 점이다. 즉 사회적 요구들의 결합 및 연결의 원리는 등가 사슬의 형성에 있으며, 이는 요구들 사이에 위계가 없음을 뜻한다. 라클라우의 이론이 노동계급이나 프롤레타리아를 특권화하는 전통적인 마르크스주의의 주장에서 멀리 벗어나 있음을 알 수 있는 부분이다.

또한 각각의 사회적 요구들은 이미 정해진 정체성을 바탕으로 결합되는 것이 아니라, 정체성들의 '한계'를 통해 연결된다. 혹은 이미 정해진 정체성 간의 외재적 연결이 아니라, 등가적 접합을 통해 새로운 정치 주체가 구성된다고도 할 수 있다. 원 D_1~D_4의 위쪽 반원이 다른 요구들과 접합될 수 있는 조건을 뜻한다는 것은 이런 의미에서다. 라클라우가 제시하는 사회적 공간의 구성 논리에서 한계는 매우 중요한 역할을 한다. 한계는 구체적 요구가 추상화되는 계기로, "사회의 자기 구성의 궁극적 불가능성"을 지시함과 동시에 "비어 있는 기표"로서의 "이름들"을 가리킨다.[25] 이런 점에서 등가는 차이와 전적으로

---

24   에르네스토 라클라우, 〈보편성의 구성〉, 《우연성 헤게모니 보편성》, 410쪽.
25   에르네스토 라클라우, 〈구조, 역사, 그리고 정치적인 것〉, 같은 책, 255쪽.

다른 개념이라고 할 수 있다.[26] 등가가 각각의 사회적 요구에 한계를 설정함으로써 다른 요구들과의 접합을 구성하는 논리와 관련된다면, 차이는 이미 정해져 있는 자신의 고유한 실정적 내용에 충실할 뿐 한계를 사유하지 않기에 다른 사회적 요구들과 결합되기 어렵다.

사회적 요구들의 등가적 결합은 헤게모니 개념과도 연동한다. 그람시는 헤게모니를 '지적이면서 도덕적인 지도력'이자 동의를 필요로 하는 지배로 개념화했다. 동의의 유무에 따라 헤게모니는 명령command과 구별된다. 명령은 동의 없이 진행되는 지배의 형태로서, 오늘날 글로벌 자본주의의 주요한 특징 가운데 하나다. 라클라우는 그람시를 재전유하면서, 헤게모니 개념을 하나의 특수한 요구가 사회 전체의 요구로 변화하는 과정으로 재정식화한다. 이때 헤게모니 개념은 하나의 특수한 사회적 요구가 다른 사회적 요구들과 등가적으로 연대함으로써 자신의 규모를 확대해가는 과정으로 이해된다. 〈그림 1〉의 D_1은 다른 사회적 요구들과 마찬가지로 여러 요구들 가운데 하나이면서도, 동시에 여타의 모든 요구들을 조직화하는 헤게모니적 실천을 수행한다. 그러나 어떤 사회적 요구가 헤게모니적 실천을 수행할지는 미리 결정되지 않는다. 그것은 오직 특정한 정세에 달려 있을 뿐이며, 그렇기에 우연적이라고 할 수 있다.

특수한 사회적 요구가 사회 전체의 보편적 요구로 확장되기 위해서는 '텅 빈 기표'(한계, 이름)의 역할이 필요하다. 이는 어떤 요구가 사회적 전체의 요구로 확대되기 위해서는 실정적 내용을 포함하지 않아야 함을 뜻한다. 곧 다종다양한 사회적

---

26   Ernesto Laclau, *On Populist Reason*, Verso, 2005, p.78.

요구를 엮어내기 위해서는 텅 빈 기표가 구체적 내용 없이 가능한 한 비워져야 한다. 또한 텅 빈 기표는 개념이 아니다.[27] 그것은 모든 것을 의미하면서 동시에 아무것도 의미하지 않는 이름이다. 만약 텅 빈 기표가 실정적 내용으로 채워지게 되면, 등가적 접합은 원활하게 이루어질 수 없게 된다. 이렇게 되면 구체적 정체성에 바탕을 둔 차이의 논리만이 남게 된다.

많은 이들이 오해하는 것과 달리, 라클라우의 정식화는 차이의 논리에서 가능한 한 멀리 벗어나 있다. 만일 구체적 요구가 추상화되지 못한다면, 사회의 정치 공간을 '포괄적으로' 구성하는 능력은 상당히 쇠퇴할 것이다. 라클라우가 "새로운 사회적 상상계의 구축 없이 좌파의 르네상스는 존재하지 않을 것"[28]이라고 단언하는 것도 이 때문이다. '새로운 사회적 상상계의 구축'은 새로운 언어의 발명(명명 행위)과도 궤를 같이하는데, 라클라우는 이 명명 행위naming를 '정동affect'과도 연결 짓는다.[29] "'담론적 실천'이란 말하기나 쓰기에만 관련된 실천이 아니라, 의미 작용과 행위, 언어적이고 정동적인 요소들의 분리가 불가능한 의미화의 실천"이다.[30] 라클라우의 정치적 공간 구성은 하이데거가 논한 존재론적 존재Ontological Being와 존재자적 내용Ontic Contents의 간극에서 비롯되었는데, 이렇게 독특성singularity에 기반을 둔다는 사실은 역으로 그의 입론이 역사적 종별성specificity에 취약한 이론임을 말해준다.

---

27   Ibid., p.118.

28   에르네스토 라클라우, 〈구조, 역사, 그리고 정치적인 것〉, 《우연성 헤게모니 보편성》, 289쪽.

29   Ernesto Laclau, *On Populist Reason*, p.118.

30   샹탈 무페, 《좌파 포퓰리즘을 위하여: 새로운 헤게모니 구성을 위한 샹탈 무페의 제안》, 이승원 옮김, 문학세계사, 2019, 113쪽.

이러한 헤게모니적 실천의 과정 속에서 '우리'가 구성된다. 좀 더 정확히 말하면, 이때의 '우리'는 '그들'과의 구별 속에서 자기 자신을 구성한다. 우리가 누구이고, 그들이 누구인가는 처음부터 규정된 것이 아니며, 헤게모니 투쟁에 따라 다르게 나타날 수 있다. 여기서 주의할 것은 그들과 구별되는 우리(인민)가 구성될 때, 그들과 우리는 사회를 구성하는 두 부분이 아니라는 점이다. 우리는 그들을 우리 사회에서 수용할 수 없는 적으로 규정하고, 이 과정 속에서 우리 자신을 인민people이라고 주장한다. 이와 관련해서 라클라우와 무페는 이론적 편차를 보인다. 무페는 적의 범주를 사회적인 것을 구성하는 또 다른 '대적자'로 간주함으로써 라클라우보다 '경합적'인 측면을 좀 더 강조한다.

이렇듯 라클라우는 사회적 공간에서 정치 주체가 어떻게 구성되는지 탐색함으로써 정치 구성의 논리를 세공한다. 라클라우가 볼 때 새로운 정치를 향한 투쟁에서 관건이 되는 것은 사회적 요구들을 등가적으로 접합하는 역량이다. 그러나 라클라우의 이론은 무한한 등가 사슬로 엮어지는 각각의 사회적 요구들 사이에 위계가 존재한다는 점을 놓치는 결정적인 한계를 드러낸다. 등가 연쇄에 관한 사유는 정치 공간 확장을 도모하는 데 유용하지만, 이것만으로는 충분치 않다. 그 연쇄를 이루는 요구들 사이에 존재하는 압력과 긴장에 주목할 때 더욱 급진적인 정치 전략을 모색할 수 있다.

지젝은 라클라우의 입론을 두고 사회적 요구들의 무한한 등가 사슬에 하나의 특권적인 지점—이를테면 계급투쟁—이 있음을 인정하지 않는 것이 문제적이라고 지적한다. "여기서 나와 라클라우의 논쟁 지점은 헤게모니 투쟁에 진입하는 모든 요소들이 원리상 등가라는 걸 내가 수용하지 않는다는 것이다. (경제적 투쟁, 정치적 투쟁, 여성주의적 투쟁, 생태학적 투쟁, 인종적 투쟁 등.) 일련의 투쟁 속에서 언제나 그 연쇄의 부분이면서도 다름아닌 그것의 지평을 은밀하게 중층결정하는 하나가 존재한다."[31] 지젝은 여기서 말하는 "중층결정하는 하나"를 계급투쟁과 연관짓는다.

> 진실로, 계급투쟁이란 사회를 "총체화하는" 계기이며 사회의 구조화 원리이다. 그러나 이것이 우리가 사회를 합리적 총체로 파악할 수 있게 해주는 궁극적인 보증서("모든 사회현상의 궁극적 의미는 계급투쟁 속에서 그것의 위치에 따라 결정된다")를 의미하는 것은 아니다. "계급투쟁"이라는 개념의 궁극적 역설은 사회가 조화롭고 투명하고 합리적인 전체로 닫혀지는 것을 끊임없이 방해하는 모순과 분열, 모든 합리적 총체화를 무너뜨리는 장애 자체에 의해 "결합되어" 있다는 것이다. '계급투쟁'은 실정적으로 주어진 것이 결코 아님에도 불구하고 바로 그 부재 속에서 우리가 모든 사회현상을 자리매김할 수 있게 해주는 참조점으로 기능한다.[32]

지젝은 등가 연쇄의 한 부분이면서 이러한 등가 연쇄가 자리잡고 있는 지평을 재구성하기 위한 방법으로 '구체적 보편성concrete universality' 개념을 제시한다. 지젝은 이 개념을 두고,

---

31   슬라보예 지젝, 〈자리를 점유하기〉, 《우연성 헤게모니 보편성》, 433쪽.
32   슬라보예 지젝, 《그들은 자기가 하는 일을 알지 못하나이다》, 박정수 옮김, 인간사랑, 2004, 280쪽.

하나의 특수자the particular가 다른 특수자와 외적으로 관계를 맺으며 차이를 형성하는 것에만 초점을 맞추지 않고, "외적 차이는 언제나 내적 차이라는 것, 현상의 장의 외적 제약은 언제나 온전히 자기 자신이 되는 것의 본래적 불가능성으로서 이 장 내부에 스스로를 반영한다"는 점을 강조한다.[33] 다시 말해 구체적 보편성은 하나의 특수자가 다른 특수자와 외적 관계를 맺을 때 발생하는 차이를 넘어, 이러한 외적 관계가 내적 관계로 재기입되고, 그럼으로써 하나의 특수자가 자기 자신의 비동일성non-identity과 조우하는 계기를 지시한다.

그렇다면 구체적 보편성 개념을 영화연구와 어떻게 접목할 수 있을까? 지젝은 내용(내러티브)과 영화적 형식 간의 내재적 긴장을 변증법으로 사유할 때 그것이 가능하다고 설명한다.

> 우리가 진정한 이론의 수준에 도달하는 것은, 어떤 독특한 단락에서 특정한 형식적 절차가 (내러티브) 내용의 특정한 면을 표현한다고 보는 것이 아니라, 그것이 명시적인 내러티브 라인으로부터 배제된 내용의 부분을 표시/신호한다고 볼 때에만 가능하다. 그래서 — 바로 이것이 진정한 이론적 요점이다 — 만일 내러티브의 내용을 '전부' 재구성하기를 원한다면, 우리는 명시적 내러티브 내용 자체를 넘어서 내용의 '억압된' 측면의 대역으로 기능하는 어떤 형식적 특질들을 포함시켜야 하는 것이다.[34]

33   슬라보예 지젝, 〈끝없이 처음부터 반복하기〉, 《우연성 헤게모니 보편성》, 323쪽.
34   슬라보예 지젝, 《진짜 눈물의 공포》, 105쪽.

지젝에 따르면, 구체적 보편성 개념은 영화가 자기 자신의 내적 모순과 조우하는 지점, 즉 평범하고 일상적인 영화적 대상filmic object이 존재론의 차원에서 변화하는 과정을 가리킨다. 영화적 형식은 내용과 구별되는 대신, 내용의 연장으로 기능한다. 그러므로 영화적 형식의 변형은 내용의 발본적인 재구성을 요청한다. 내용의 연장으로서 형식의 변환이 내용의 재구성을 촉발하는 것이다.

물론 지젝의 구체적 보편성 개념에서 좀 더 나아가 논의의 폭을 넓힐 필요 또한 있다. 지젝이 언급한 계급투쟁을 최종심급에서의 결정으로 번역한다면 어떨까. 우리는 최종심급에서의 결정을 등가 사슬의 구성이 중단되면서 그 사슬들의 터전인 지평 자체를 무너뜨리는 계기로 풀이해볼 수 있다. 다시 말해 라클라우가 다루지 않은, 사회적 요구들이 존재하고 접합되는 지평 자체를 발본적으로 재구성하는 문제에 좀 더 주목할 필요가 있다. 이는 어떠한 의미 작용에도 흡수되지 않는 공백void에 주목하는 것을 뜻한다.

공백이 분출될 때 이후의 사건은 이전의 사건으로 환원될 수 없다. 이는 경험적 지식의 역사와 비역사적 중핵 간의 변증법적 긴장이 드러나는 순간이다. 여기서 공백은 라클라우의 이론에서처럼 등가 사슬을 형성하기 위한 한계의 차원이 아니라, 역사적 맥락을 그 안에서부터 파괴하는 급격한 중단을 의미한다. 그러나 의미작용의 연쇄에 중단을 끌어들이는 것이 역사성의 문제를 포기하는 것은 결코 아니다. 오히려 중단은 경험주의적·실증주의적 역사주의에서 벗어날 수 있는 계기를 마련해준다. 중단이 역사성의 문제를 처음부터 다시 사유할 수 있는 시작점이 되는 셈이다.[35]

현서의 죽음을 둘러싼 해석들

〈괴물〉은 프롤로그에서 괴물이 탄생하는 역사적 맥락을 자세히 묘사한다. 프롤로그는 주한 미군이 포름알데히드를 방류하는 것을 보여주면서 시작한다(2000년 2월 9일 주한 미8군 용산기지 내 영안실). 한강에 방류된 포름알데히드를 수평 트래킹으로 담아내고, 이를 한강의 이미지와 디졸브 한 뒤, 2002년 6월 잠실대교 부근에서 낚시를 하던 낚시꾼들을 통해 한강에서 무언가가 자라고 있다는 사실을 알려준다. 그로부터 몇 년이 흐른 2006년 10월 어느 날, 부도를 겪고 한강에 뛰어내리려고 하는 한 중년 남성이 한강에 거대한 무엇인가가 있음을 목격한다. 그리고 그는 한강 속으로 뛰어든다. 이때 관객은 주한 미군이 한강에 방류한 포름알데히드가 괴물을 발생시킨 촉매로 작용했음을 유추할 수 있다. 이처럼 프롤로그는 괴물의 성장 과정을 매우 분명하게 연대기적 시간으로 표현한다. 괴물의 등장 배경 역시 구체적인 역사적 사실에 기반한다.

프롤로그의 첫 번째 신은 2000년 2월 9일 주한 미군이 실제로 한강에 포름알데히드를 방류한 사건(맥팔랜드 사건)을 정확히 지시한다(이 신에서 제시되는 장소와 시간 역시 맥팔랜드 사건의 그것과 일치한다). 괴물의 등장 원인이 역사적 사실에 근거하는 만큼, 프롤로그는 알레고리와는 거리가 있다. 알레고리가 역사적 상징화에서 빠져나가는 것, 다시 말해 재현된 것과 재현 대상 사이의 환원 불가능한 틈에 기초하는 데 비해, 〈괴물〉

---

35   여기에서 자세히 다루기는 어렵지만, 이 문제를 가장 급진적으로 사유한 이는 아마도 발터 벤야민일 것이다.

의 프롤로그는 괴물을 알레고리적으로 형상화하기보다는 괴물 탄생의 역사적 원인을 제공하는 데 초점을 맞춘다. 여기서 〈괴물〉이 사용하는 전략은 어느 정도 정치적이지만 급진적이지는 않다. 왜냐하면 각각의 신이 선형적 인과성의 논리를 따라 연결되고, 그만큼 그 신들이 괴물의 탄생 및 성장과 관련한 일련의 정보를 제공하는 수준에 머무르기 때문이다.

이후 영화는 남은 가족들이 괴물의 외상적 침입에 어떻게 반응하는지에 집중한다. 그러나 재난영화의 통념적 관습과 달리 현서는 영화 말미에 이르러 죽은 채로 발견된다. 여기서 현서의 죽음을 어떻게 해석할 것인지는 중요한 쟁점을 형성한다. 지젝은 최후 순간의 구출이라는 내러티브 종결 시나리오가 물신주의적 분열—"나는 알고 있다. 그렇지만I know, but……"—에 기반한다고 지적한 바 있다. "우리는 구원자가 틀림없이 제시간에 도착해서 희생자를 구출하리라는 것을 아주 잘 알고 있지만 그럼에도 불구하고 파국적인 결말이 현실로 나타날 가능성이 있기라도 한 것처럼 극도의 긴장을 느낀다." 그러나 지젝은 "영웅이 너무 늦게 도착해서 붙잡혀 있는 무고한 희생자를 구하지 못하게 되는 일은 결코 일어날 수 없다"면서 마이클 치미노의 〈천국의 문〉(1980)을 사례로 다룬다. 그러면서 이 영화의 전복성은 "미국 서부의 식민화에 대한 반자본주의적이고 다문화적인 접근"이 아닌 최후 순간의 구출이라는 "규칙을 위반하는 데 있다"고 지적한다.[36]

이와 관련해 우리에게 의미심장한 질문을 던지는 비평으로 〈괴물〉에 대한 정성일의 분석을 꼽을 수 있을 것이다. 지젝

---

36   "영화의 클라이맥스 장면에서 주인공(크리스 크리스토퍼슨)은 실로 너무 늦게, 그러니

과 유사한 관점에서 그는 현서가 영화 말미에서 죽은 것으로 해석될 때 그 지점이 오히려 영화의 급진성을 드러낸다고 본다. 재난영화에서 피해자 구출의 실패는 곧 장르 규칙의 위반을 가리키기 때문이다. 그러나 정성일은 현서가 영화의 말미가 아니라 납치된 순간 이미 죽었을 가능성 또한 제기한다. 그의 지적대로 만약 현서가 납치된 순간에 죽은 것이라면, 현서가 납치된 이후의 모든 장면은 사실상 강두(송강호)의 꿈이 되며, 이때 영화를 둘러싼 해석틀은 근본적으로 전환된다. 그는 이 새로운 가능성을 제기함으로써 〈괴물〉이 제기하는 정치적 질문을 다시금 곱씹고자 한다.[37]

나는 마지막 장면에서 봉준호가 갑자기 현서를 죽였다고 생각하지 않는다. 그 마지막 장면에는 현서를 죽여야 할 그 어떤 이유도 없다. 더 비장하게 만들기 위해서? 보는 사람을 울리기 위해서? 아니, 그 반대이다. 만일 현서를 죽이게 되면 봉준호는 괴물영화의 컨벤션과 정면으로 싸우게 되는 것이다. 그러나 (내 생각에) 봉준호는 괴물영화라는 장르와 싸우는 데 관심이 없다.[38]

내가 여기서 보는 것은 봉준호의 차가운 냉소주의다. 그는 정치적인 영화를 만들었다. 그걸 부정해서는 안 된다. 그러나 그는 그 안에서 역설적으로 정치적인 행동을 향해 깔

까 회사가 고용한 용병들에게 포로로 잡힌 정착민들이—주인공의 연인을 포함해서—이미 학살된 다음에 도착하는 것이다." 슬라보예 지젝, 《진짜 눈물의 공포》, 41~42쪽.

37 정성일, 〈괴물적인 것怪物的, 뻑사리의 정치학〉, 《필사의 탐독: 정성일의 한국영화 비평활극》, 바다출판사, 2010, 350쪽.

38 같은 책, 353~354쪽.

현서의 죽음은 영화를 둘러싼
중요한 쟁점들을 형성한다.

깔대고 웃으면서 공허한 제스처처럼 다룬다. 그는 여전히
항의한다. 그러나 한참 항의한 다음 그 항의라는 행위가
지난 참을 수 없는 가벼움에 대해서 환멸을 드러낸다.[39]

하지만 현서의 죽음을 다른 식으로 해석할 수도 있지 않을
까? 현서가 영화 말미에 죽은 채로 발견된 것이 최후 순간의 구
출이라는 장르 규칙의 위반일 수는 있다. 하지만 동시에 이렇
게 반문하는 것 또한 가능하다. 장르 규칙의 위반 자체가 생각
만큼 급진적이지는 않다는 것이다. 오늘날 우리는 규칙의 위반
이 규칙이 되고, 예외상태가 상례가 된 사회에 살고 있다. 따라
서 후근대 자본주의의 원리야말로 공적 규칙의 위반에 기반하
고 있는 것은 아닌지 질문할 필요가 있다. 공적 규칙들이 이미

39   같은 책, 357쪽.

언제나 자신의 은밀한 외설적 형상에 의존하고 있다면, 장르 규칙의 위반이 그 자체로 급진성을 담보한다고 보기는 어렵기 때문이다.

예컨대 〈추격자〉 후반부에서 납치된 희생자를 살해하는 장면은 이를 가장 명징하게 보여주는 사례다. '헐벗은 생명'의 스펙터클적 전시는 급진적 영화 이미지의 생산과는 거리가 멀다. 영화 속 납치된 희생자의 살해 장면은 오늘날 한국영화의 신에서 빈번하게 등장하는 장르 코드 위반들의 범람과 궤를 같이하는데, 이것이야말로 할리우드로 일컬어지는 공식적 보편성에서 벗어나기 위한 탈동일시의 위반 전략을 추구하는 행위의 모순을 고스란히 보여주는 징후다. 그 행위 자체가 사실상 이데올로기적 함정에 빠져 있다.

이데올로기는 탈동일시적 제스처를 이미 자신의 구성 요소로 포함한다. 그러므로 이데올로기를 벗어난다는 명목으로 탈동일시 전략을 취하는 것 자체를 급진적이라고 보기는 어렵다. 이보다 더 중요한 것은 이데올로기적 동일시 이전에 그 동일시 자체를 구조화하는 공백이 존재하고 있음을 온전히 받아들이는 것이다. 이때 비로소 우리는 역사적 경험의 틀에서 벗어난 비역사적 중핵과 조우하게 된다.

영화 중간에 등장하는 매점 장면이 기이한 느낌을 자아내는 것은 바로 그 때문이다. 여기서 가족들은 아무런 대화 없이 컵라면을 먹고 있다. 관객인 우리는 이 쇼트를 영화적 현실의 한 부분으로 생각한다. 그러나 일정 시간이 흐른 후, 밥상 밑에 있던 현서가 불쑥 프레임 안으로 들어온다. 그리고 그 순간 관객의 머릿속에서 작동하던 내러티브상의 정합성은 일순간 정지되고, 관객은 이 장면을 기이한uncanny 장면으로 간주하게 된다. 그러나 가족들은 현서의 갑작스런 등장에 전혀 놀라지 않은 채 배고픈 현서에게 음식을 주고, 아무 일도 없다는 듯 다시 라면을 먹는다. 이 쇼트 뒤로는 현서가 하수구에 있는 장면이 이어진다. 여기서 괴물은 한강 매점 주변을 배회하던 세진과 세주를 떨어뜨리고, 결국 어린 동생 세주만이 살아남는다. 그 후 영화는 한강 매점에 있는 가족의 모습을 다시 보여준다. 여기서 가장 중요한 것은 졸고 있는 강두의 모습이다.

〈괴물〉이 제기하는
윤리적 질문들

강두의 조는 모습은 관객들로 하여금 현서가 매점에서 가족들과 컵라면을 먹고 있는 장면을 명백한 꿈 장면으로 인식하도록 한다. 그렇다면 이것은 누구의 꿈일까? 하수구에 갇힌 현서의 꿈일까 아니면 강두의 꿈일까? 정성일은 현서의 매점 신이 강두의 꿈이라고 주장한다.

라면을 먹는 쇼트가 나온 다음 하수구의 현서의 얼굴로 이어 붙었다. 그때 괴물이 나타나서 세진과 세주를 버리고 간다. 현서는 세진의 코에 손가락을 대본 다음 그가 죽었다는 것을 알게 된다. 그런 다음 이 쇼트는 박강두가 매점에서 그들의 가족 곁에 누워 잠을 자는 쇼트로 연결되었다. 그리고 강두는 계속 자고 있는데 박희봉은 남주와 남일을 앉혀놓고 그 자신과 강두에 관한 긴 이야기를 들려준다. 여기 미묘한 문제가 생겨난다. 매점을 현서의 꿈으로

강두의 조는 모습은 현서가 매점에서 가족들과 음식을 먹는
장면을 기이한 장면으로 전환시킨다.

보지 않고, 하수구에 있는 현서가 강두의 꿈이라면 어떻게
하겠는가? 그렇게 되면 매점의 쇼트는 꿈속의 꿈이 된다.
반대로 현서가 꿈을 꾼 것이라면 강두가 자는 장면은 시간
적 동시성의 쇼트가 되지만, 그렇게 되면 매점 안에 들어
와 라면을 먹은 장면은 꿈인지 실재인지 모호하게 된다.
나는 이 쇼트를 무시해도 괜찮다고 생각하지 않는다.[40]

현서의 매점 신 다음에 하수구에 있는 현서가 나오므로 매
점 신을 현서의 꿈으로 해석할 수 있을지도 모른다. 그러나 이
보다 더 합리적인 해석은, 매점 신을 강두가 졸고 있는 장면과
연결하고, 하수구 속에 있는 현서를 강두의 꿈속 장면 중 하나
로 이해하는 것이다. 정성일은 이러한 주장의 근거로 현서가

40   같은 책, 349~350쪽.

나오는 모든 장면이 강두에 의해 매개되고 있음을 지적한다. 그중 하나의 사례를 살펴보자.

네 번째 현서의 신. 박강두는 병원에서 탈출하고 난 다음 원효대교를 향하여 달린다. 그리고 현서의 이름을 외친다. 그때 현서가 있는 하수구의 신이 텔레파시처럼 등장한다. 여기서 나는 현서가 아니라 현서가 '있는 하수구의 신'이라고 썼다. 현서는 세주를 깨운다. 그런 다음 잠들어 있는 괴물을 보면서 세주에게 말한다. "누나가 금방 나갔다 올게, 빨리 나가서 의사랑 119랑, 군인 아저씨, 경찰 아저씨, 죄다 데리고 올게." 하지만 우리는 설혹 현서가 나갔다 할지라도 그게 불가능하다는 걸 강두 가족의 '사투'를 보면서 잘 알고 있다. 현서는 있는 힘을 다해 달려가서 괴물을 밟고 동아줄을 잡지만 괴물은 깨어나고 만다. 도망치는 현서를 향해 괴물이 달려들면 화면은 페이드아웃 된다. 그런 다음 이 장면은 박강두의 얼굴 클로즈업으로 이어진다. 박강두는 괴물의 은신처에 도착했고, 괴물은 입 속에 현서와 세주를 물고 원효대교 북단을 향해 가는 중이다. 현서가 나오는 네 번째 하수구 장면도 세 번째 장면과 같은 편집을 하고 있다. 박강두의 행동을 일직선으로 따라가지 않고 그 사이에 현서의 에피소드 신을 넣어서 그 행동을 나누고 있다. 여기에는 편집에서 신 안의 인서트의 주관성이라는 문제가 개입하고 있다. 나는 이 세 번째와 네 번째의 편집에 의지해서 두 번째 매점에서 현서가 나타나는 장면은 박강두가 꿈속에서 현서를 만나는 장면이라고 생각할 수밖에 없다. 그렇게 설명해도 된다면 세 번째와 네 번째도 모

두 박강두의 신 안에서 생각하는 현서의 신이다.[41]

정성일은 영화 속 현서가 등장하는 모든 장면이 강두에 의해 매개되고 있음을 효과적으로 주장하며, 이러한 시각적 정보들에 의거해 현서가 괴물에게 납치되는 순간 죽었다고 역설한다. 정성일은 현서의 죽음을 매우 비판적으로 해석한다. 그가 이 영화에서 확인하는 것은 감독(봉준호)의 차가운 냉소주의다. 냉소주의가 공적 권력을 비난하고, 그것에 저항하는 행동이 지닌 참을 수 없는 가벼움에 대해서도 마찬가지로 환멸을 드러내는 것이라면, 현서의 죽음은 봉준호의 냉소주의를 직접적으로 지시하는 것처럼 보인다는 것이다.

현서가 괴물에게 붙잡힌 순간 이미 죽었다는 정성일의 해석은 충분히 동의할 만한 것이지만, 그 정치적 함의에 대해서는 완전히 다른 해석이 가능하다. 라클라우의 도식(〈그림 1〉)을 다시 소환하면, 가족들은 현서를 납치해간 괴물과 맞서 싸우기 위해 생사를 건 싸움을 벌인다. 실종된 현서를 찾아 나서는 가족들의 노력은 사회적 '요구들'을 지시한다. 곧 강두·희봉(변희봉)·남일(박해일)·남주(배두나)는 현서를 납치한 괴물을 상대로 등가 사슬을 구성한다. 바로 이 지점에서 헤게모니적 접합이 작동한다. 헤게모니는 적의 현존과 적에 맞서는 세력의 등가적 연결을 통해 발생한다. 영화에서 괴물이 곧 적임을 파악하는 것은 어렵지 않다. 앞서 이야기했듯 등가적 접합은 한계를 통해 작동하며, 〈괴물〉에서의 등가적 접합 역시 각 인물의 행위의 실패와 한계를 통해 이루어진다.

41   같은 책, 352~353쪽.

예컨대 1980년대 운동권을 환기시키는 남일은 화염병으로 괴물을 타격하지만 실패한다. 영화의 후반부, 괴물과 마주하게 된 결정적인 상황에서도 남일은 괴물을 공격하지 못하고 심지어는 들고 있던 화염병을 놓친다. 하지만 이 장면은 (운동권의) 무능력에 대한 냉소를 드러내기보다는 다양한 사회적 요구를 한데 묶기 위해 실정적 내용 없는 텅 빈 기표가 필요한 상황을 지시한다. 이런 구도 안에서 현서의 죽음은 어떤 함의를 띠는가? 마지막에 이르러 현서가 죽은 채 발견된다는 데 초점을 맞춘다면, 현서의 죽음은 등가 사슬의 한 부분으로 편입될 것이다.

반면 현서가 괴물에게 납치된 순간에 죽은 것이라면, 현서의 죽음은 등가 사슬을 가능하게 하는 지평 내에서 대체 가능한 또 다른 요소가 되는 대신, 바로 그 지평 자체를 뒤흔듦으로써 영화의 내러티브를 전면적으로 재구조화하는 역할을 하게 된다. 즉 이때 현서의 죽음은 등가 사슬의 형성을 비가시적인 차원에서 방해하는 얼룩으로 기능한다. 더 나아가 보편-특수의 관점에서 보면, 현서의 죽음은 등가 사슬을 형성하는 외적 차이가 내적 차이로 재기입될 때 발생하는 근본적인 간극을 지시한다. 바로 이것이 앞서 언급한 최종심급에서의 결정이라는 용어의 함의이다.

여기서 몇 가지 질문을 제기할 수 있을 것이다. 현서가 괴물에게 납치된 순간 이미 죽은 것이라면, 그 사건은 영화의 극대화된 냉소주의가 아니라 가족 내부에 이미 존재하고 있던 파국의 가능성을 드러내는 것이 아닐까? 파국이 본래부터 존재했다면, 〈괴물〉은 상실한 대상lost object에서 부재한 대상absent object으로의 이행을 드러냄으로써 관객이 사회적 현실의 공백과 조우하도록 견인하는 것은 아닌가? 만약 영화가 부재한 대상으로서의 공백을 전시한다면, 여기가 바로 주체subject로서의 관객이 개입하는 지점이 아닌가? 왜냐하면 주체란 실정적 정체성이 아니라, 그 어떤 실정화positivisation로도 포착될 수 없는 공백을 가리키는 이름이기 때문이다.

만일 트라우마적 계기가 현서가 괴물에게 납치되는 순간부터 발생했다면, 〈괴물〉의 후반부는 과거의 실패한 시도들을 반복함으로써 주체가 스스로를 보상redeem하는 과정을 가리키는 것일 수 있다. 실패한 시도들의 반복을 통해, 과거가 그 가능성 속에서 '열리게' 된다면, 영화는 진정으로 윤리적인 질문을 제기하게 된다. 〈괴물〉의 내적 긴장이 표출되는 것은 표면적인 내러티브의 논리상 배제되어 있는 이 사실(현서가 괴물에게 납치된 순간 죽었다는 사실)이 영화 형식과의 변증법적 긴장을 통해 드러나는 순간이다. 이때 관객은 그 형식적 모순을 통해 내러티브를 전면적으로 재구성하게 된다. 역사적 맥락과 비역사적 중핵 사이의 이 환원 불가능한 긴장은 그저 로컬리티의 소재(괴물의 탄생 배경)를 맥락화할 뿐인 프롤로그가 관객에게 제공해주지 않는 무엇이다.

한편 현서의 유령적 출몰은 (영화 내부에서) 시간이 흐르면서 관객이 지각하고 있는 내러티브 현실로 다시 '봉합'된다. 그러나 평범한 대상이 유령적 존재로 전환되면, 이후의 유령적 존재는 이전의 존재 양식으로 되돌아가지 않는다. 이후의 존재는 존재론적으로 다른 등록소에 속하게 되며, 이때부터 영화적 사건은 이전의 논리로 설명할 수 없는 환원 불가능성을 획득하게 된다. 현서의 매점 신을 통해 볼 수 있듯, 〈괴물〉은 '기이한' 하나의 쇼트가 영화의 전체 내러티브를 전면적으로 재구성하는 독특한 텍스트다. 〈괴물〉이 한국형 블록버스터의 전체 계열에서 급진적으로 예외적인 지위를 차지한다면, 바로 그 때문일 것이다.

〈괴물〉은 한국형 블록버스터의 통념에서 벗어나 경험적 역사와 대문자로 쓰인 역사 간의 긴장을 드러냄으로써 우리로 하여금 동시대 역사의 중핵을 인식하도록 한다. 말하자면 역사적 지평에 존재하는 대체 가능한 일련의 현상들이 근본적으로 외상적인 것들의 배척에 기반하고 있음을 극적으로 보여주는 영화이다.

#〈박쥐〉(2009)
#〈아가씨〉(2016)
#〈헤어질 결심〉(2022)
#〈복수는 나의 것〉(2002)

5장 (트랜스)내셔널 시네마에서 '네이션적인 것'으로 : 초국적 작가로서 박찬욱이라는 사례

21세기 한국영화의
초국적 경향

국내 최초의 기획영화로 알려진 〈결혼 이야기〉(1992)부터 〈쉬리〉(1999)와 〈공동경비구역 JSA〉(2000)을 거쳐 가장 최근 천만 관객을 동원한 〈범죄도시 2〉(2022)에 이르기까지 한국 영화산업은 급격한 변동을 겪어왔다. 그 변화를 '르네상스'나 '성공' 등의 수사로 설명한다면 지나치게 나이브한 관점일 것이다. 그런 수사 대신 필요한 건 무엇보다 국내의 노동과 자본이 초국적 자본의 유입에 어떻게 반응했는지 면밀히 살피는 일이다. 좀 더 구체적으로 말해, 수출 주도형 산업 모델에서 고부가가치 산업 모델로 강조점이 이동하고, 형식적 포섭에서 실제적 포섭으로의 이행이 가속화된 맥락을 참고할 필요가 있다. 신자유주의 시대 한국 영화산업은 전적으로 이런 맥락 속에 있다.

1990년대 이후 한국영화는 장르적 상상력을 발전시키는 방향으로 변화해왔고, 천만 관객 영화 사례에서 볼 수 있듯 높은 국내 시장점유율을 유지해왔다. 무엇보다도 한국영화는 초국적 신자유주의 시대에 들어 전 지구적 시각문화의 한 부분으로 편입되었다. 이 과정은 현기증이 날 만큼 빠른 속도로 진행되고 있다. 한국영화가 얼마나 트랜스내셔널하게 변했는지 보여주는 사례는 흔하다. 영국의 독립 배급사 중 하나인 타탄Tartan은 아시아 익스트림Asia Extreme이라는 브랜드를 앞세워 한국, 홍콩, 타이 등에서 만들어진 호러·스릴러 영화를 영국에 배급했다. 박찬욱의 〈올드보이〉(2003)와 〈친절한 금자씨〉(2005), 김지운의 〈장화, 홍련〉(2003) 등이 아시아 익스트림 레이블로 묶여 해외에 배급된 영화들이다. 〈마이 쎄시 걸〉(2008), 〈안나와 알렉스: 두 자매 이야기〉(2009), 〈올드보이〉(2013) 등 할리우드에서 한국영화를 리메이크하는 경우도 눈에 띄게 늘어났고, 한국 출신 배우들이 할리우드 영화에 출연하는 일도 흔해졌다. 〈설국열차〉(2013)는 국내 상영 6개월 만에 유럽과 아시아를 순회하며 한국영화가 글로벌 미디어 시장에서 차지하고 있는 위상을 가늠케 했다.

더불어 최근 몇 년간 한국영화의 국제영화제 수상 소식이 이어지면서 해외에서 한국영화에 대한 관심이 급증했다. 2019년 〈기생충〉(2019)이 제72회 칸 국제영화제에서 황금종려상을 수상했고, 다음 해 열린 제92회 아카데미 시상식에서는 작품상과 감독상 등 4개 부문을 석권했다. 한국영화가 아카데미에 후보로 지명되고 수상한 것은 〈기생충〉이 처음이다. 2022년에는 〈헤어질 결심〉(2022)이 제75회 칸 국제영화제에서 감독상을 받았다. 2002년 칸 국제영화제에서 〈춘향뎐〉(2000)으로 감독상을 수상했던 임권택의 뒤를 이어 20년 만에 감독상을 수상하게 된 것이다. 이로써 박찬욱은 〈올드보이〉(2003)와 〈박쥐〉(2009)로 받은 심사위원대상과 심사위원상에 이어 칸에서 세

번째 수상을 획득했다. 배우들도 잇따른 수상 소식을 전했다. 윤여정은 제93회 아카데미 시상식에서 〈미나리〉(2020)로 여우조연상을, 〈오징어 게임〉(2021)의 오영수는 제79회 미국 골든글로브 시상식에서 TV 드라마 부문 남우조연상을 받았으며, 〈브로커〉(2022)의 송강호는 제75회 칸 국제영화제에서 남우주연상을 수상했다.

2017년 6월 OTT 서비스 사업자 넷플릭스에서 전액을 투자한 〈옥자〉가 극장과 온라인에 동시 개봉한 것도 빼놓을 수 없다. 국내 메이저 멀티플렉스가 〈옥자〉의 극장 상영을 거부하자, 제작진이 멀티플렉스 외의 극장에서 영화를 개봉하기로 한 것이다. 한쪽에서는 이를 넷플릭스가 독과점으로 굳어진 국내 영화산업에 틈새를 만든 계기로 긍정적으로 평가한 반면, 다른 쪽에서는 넷플릭스가 기존 영화 관람의 패턴을 교란시키고 궁극적으로는 글로벌 미디어 문화로의 편입을 예고한다고 평가했다.

코로나19의 영향으로 글로벌 OTT 서비스 사업은 더욱더 급성장했다. 넷플릭스 오리지널 시리즈로 제작된 〈오징어 게임〉은 2021년 9월 공개된 이후 글로벌 비영어 TV 부문 역대 시청 시간 1위를 차지했고, 2022년 3월에는 애플TV+가 제작한 오리지널 시리즈 〈파친코〉가 공개됐다. 가장 최근인 2022년 7월에는 〈이상한 변호사 우영우〉가 동남아시아에서 큰 인기를 얻으며 비영어 TV 부문 1위를 차지했다. 그러나 2022년 코로나19가 엔데믹으로 전환됨에 따라 극장 매출액이 급증하고, OTT 서비스 사업은 상대적으로 주춤한 상태다. 지금으로서는 OTT 서비스 사업이 코로나19 시기 동안 이어진 가파른 상승세를 유지할지 예측하기 어렵다.

할리우드 직배사가 한국 영화산업에 진출한 것도 눈에 띈다. 20세기폭스의 자회사인 20세기폭스코리아는 〈황해〉(2010)에 부분 투자한 것을 시작으로 〈런닝맨〉(2013), 〈슬로우 비디오〉(2014), 〈나의 절친 악당들〉(2015) 등으로 투자 범위를 확대했고, 〈곡성〉(2015)의 투자·배급 역시 담당했다. 워너브라더스의 자회사인 워너브라더스코리아 역시 〈밀정〉(2016)으로 한국영화 시장에 성공적으로 진출했고, 〈VIP〉(2016)에는 100억에 가까운 제작비를 제공하기도 했다. 과거 한국영화계가 할리우드 직배사의 배급 저지와 스크린쿼터 축소에 격렬하게 저항했다는 점을 떠올리면 격세지감마저 느낄 정도다.

그러나 2019년 20세기폭스가 월트디즈니컴퍼니에 인수됨에 따라 더 이상 한국영화에 대한 투자·배급을 진행하지 않고 있고, 워너브라더스코리아 역시 연이은 저조한 흥행 실적과 코로나19 팬데믹으로 인해 한국 영화산업에서 철수한 상태다. 이러한 사태들에서 볼 수 있듯, 초국적 자본은 한국영화의 제작에 언제나 우호적이지는 않다. 한국영화의 제작이 이윤 창출에 장애물로 인식되는 순간, 자본은 언제 그랬냐는 듯 또 다른 투자처를 찾아 이동할 것이기 때문이다. 이는 CJ ENM, 쇼박스, 롯데엔터테인먼트, NEW 같은 국내 투자배급사에게도 마찬가지로 해당되는 논리다. 단적으로 자본의 잉여가치 생산에 국적은 중요하지 않다.

그렇다면 세계 시장에서 각광받는 박찬욱과 봉준호의 영화들을 어떻게 분류해야 할까? 이들의 영화를 과연 '글로벌' 혹은 '로컬'이라는 어느 하나의 범주 안에 위치시킬 수 있는가? 무엇보다도 이 둘은 임권택·이창동·김기덕·홍상수의 경우처럼 주로 국제영화제를 통해 알려지기 시작한 감독들과 구별되기에, 기존의 작가 범주가 아닌 새로운 범주로 인식될 필요가 있다. 일각에서는 이들을 소위 '글로벌 작가'로 명명하기도 하지만, 이 글은 이런 관점과는 견해를 달리한다.

무엇보다도 트랜스내셔널은 내셔널에 대한 참조 없이 형성되지 않는다(마찬가지로 내셔널 역시 트랜스내셔널을 고려하지 않고서는 구성되지 않는다). 두 영역은 상호 교차하며 전 지구적 시각문화의 복잡한 회로를 구성한다. 박찬욱과 봉준호의 영화가 트랜스내셔널리즘적 경향을 보여주고 있음에도 불구하고, 여전히 내셔널적인 차원에서 독해될 수 있는 것은 이 때문이다. 물론 여기서 말하는 박찬욱과 봉준호는 개별 인물의 이름이 아닌 영화 제도 안에서 사용되는 박찬욱과 봉준호라는 기표를 뜻한다. 다만 이 글에서는 박찬욱에 초점을 맞추기로 한다.

박찬욱과 한국영화

2017년 10월 《뉴욕 타임스》의 'T 매거진T Magazine'은 박찬욱 감독과 그의 작품들을 소개했다. 박찬욱 감독이 복수 3부작을 통해 한국영화를 세계에 알렸으며, 그 복수 3부작이 어두운 유머·낭자한 유혈·회화적 의미의 구성을 조합하고 있지만, 이러한 폭력의 이면에는 부조리에 대한 애정과 깊은 휴머니티가 놓여 있다는 평이었다.[1] 무엇보다 흥미로운 것은 박찬욱이 루키노 비스콘티의 〈레오파드〉(1963)를 언급하는 부분이다. 'T

1   "Park Chan-Wook, the Man Who Put Korean Cinema on the Map", *The New York Times*, October 16, 2017.

매거진' 기자는 인터뷰 진행 중 우연히 박찬욱의 책상에 놓여 있는 《레오파드》라는 소설을 보게 된다. 기자는 이 책이 주세페 토마시 디 람페두사의 《레오파드》인지 묻는데, 박찬욱은 아니라고 답한다. 그러면서 그는 비스콘티의 〈레오파드〉가 자신이 좋아하는 영화라는 말을 덧붙인다. 비스콘티의 〈레오파드〉는 〈흔들리는 대지〉(1948), 〈로코와 그의 형제들〉(1960)과 함께 비스콘티의 시칠리아 3부작 가운데 하나이다.

19세기 이탈리아 시칠리아를 배경으로 한 〈레오파드〉는 귀족계급의 가치가 몰락하는 과정을 스펙터클하게 그려내는 영화로, 어떤 면에서는 〈아가씨〉(2016)와 유사한 지점이 있다. 영화 속 시칠리아가 낙후된 몰락의 이미지가 아닌 화려하고 웅장한 스펙터클로 제시되기 때문이다. 〈아가씨〉에서도 1930년대 일제강점기의 조선이라는 맥락은 그다지 중요해 보이지 않는다. 그러나 〈레오파드〉와 〈아가씨〉 사이에는 매우 큰 간극이 있다. 무엇보다 〈레오파드〉는 그람시가 말했던 '남부 문제'를 알레고리적인 방식으로 표현한다는 점에서 〈아가씨〉와 차이가 있다.

그람시는 1921년에 열린 이탈리아 사회당의 전당대회에서 이탈리아 자본주의가 "농촌을 산업 도시에 예속시키고 중부와 남부 이탈리아를 북부의 지배하에" 두고 있다고 주장한다. 이에 대한 그람시의 해법은 단순하면서도 명쾌하다. 이탈리아 노동자의 해방은 "오직 북부의 산업 노동자들과 남부의 가난한 농민들의 연합을 통해서만 보장될 수 있다"[2]는 것이다. 이런 점

2   안토니오 그람시, 《남부 문제에 대한 몇 가지 주제들 외》, 김종법 옮김, 책세상, 2004, 42~44쪽.

에서 비스콘티의 〈레오파드〉는 그람시의 남부 문제에 대한 영화적 응답일 수 있다. 즉 이 영화는 북부와 남부가 어떻게 연결되는지 그려낸다.

에드워드 사이드는 《말년의 양식에 관하여》에서 이 문제를 예리하게 포착한다. 그는 영화 〈레오파드〉에 나오는 거대한 무도회 장면을 두고 이 장면이 "북부 지역의 산업을 대표하는 기계이자 동력인 영화 매체"가 낙후되고 쇠락한 남부와 어떻게 연결되고 있는지 보여준다고 주장한다.[3] 영화 속 시칠리아는 인공적이며 구체적 시공간의 좌표에서 벗어나 있는 듯한 인상을 주며, 정확히 이런 점에서 '시대착오적'이다. 그러나 그 시대착오적 양식이야말로 탁월한 재현 양식일 수 있다. 때론 그런 양식이 특정 사회형성체에 내재하는 적대를 자신만의 굴절된 방식으로 드러내기 때문이다.

박찬욱의 영화를 〈레오파드〉에서 드러난 남부 문제와 비교해보면 어떨까? 이는 곧 박찬욱의 영화가 주어진 사회구성체의 복잡성을 어떻게 자신만의 방식으로 표현하고 있는지 가늠하는 방법이기도 하다. 일례로 1996년 제1회 부산영화제가 발간한 《코리안 뉴 웨이브》 자료집[4]에서 김경현·이정하·이효인 평론가가 제안한 '어떤 한국영화를 옹호할 것인가'에 관한 중요한 기준을 떠올려보자. 여기서 이들은 당대 한국영화가 초국적 자본주의 시대에 대응하는 방식을 두고, 한국영화가 나아가야 할 방향이 1980년대의 민중영화를 발전적으로 계승하는

---

3   에드워드 사이드, 《말년의 양식에 관하여: 결을 거슬러 올라가는 문학과 예술》, 장호연 옮김, 마티, 2012, 148쪽.

4   Yi Hyo-In & Lee Jung-Ha & Kim Kyung-Hyun, "Minor and Different in New Wave", *Korean New Wave: Retrospectives from 1980 to 1995*, Presented in the 1st Pusan International Film Festival, 1996.

것임을 분명히 했다. 세 평론가의 관점은 세부적인 차이는 있지만, 적어도 당시의 한국영화계를 상업영화와 민중영화 진영으로 구분한 뒤 후자에 초점을 맞추는 전략을 채택했다는 점에서는 같다.

다만 세 평론가는 1980년대에 제작된 민중영화가 본질주의적이고 일괴암적이라고 비판하면서,[5] 새로운 내셔널 시네마로서의 민중영화가 초국적 자본주의 시대에 맞춰 좀 더 유연해질 필요가 있다고 지적한다. 이로부터 대략 두 가지 해석을 도출할 수 있다. 첫째, 〈부러진 화살〉(2011), 〈남영동1985〉(2012), 〈도가니〉(2011), 〈26년〉(2012), 〈변호인〉(2013), 〈또 하나의 약속〉(2013), 〈카트〉(2014), 〈택시운전사〉(2017), 〈1987〉(2017)처럼 사회적 이슈를 본격적으로 다룬 영화들은 1990년대 초중반 박광수, 장선우 등이 주도한 코리안 뉴 웨이브Korean new wave 영화가 귀환한 경우로 풀이될 수 있다. 둘째, 당시 영화평론가/영화이론가들은 외부에서 닥쳐오는 전 지구화의 충격 속에서 어떻게 한국영화의 로컬리티를 지킬 수 있는지에 초점을 맞췄는데, 이는 박찬욱의 경우처럼 한국영화가 글로벌 미디어 시장이라는 외부로 진출하는 경우와는 다른 것이다. 외부에서 다가오는 충격을 견디는 것과 내부에서 외부를 향해 나아가는 것은 근본적으로 다르기 때문이다.

박찬욱의 영화는 장르적 상상력을 동원한다는 점에서도 기존의 코리안 뉴 웨이브 영화들과 차별화된다. 그렇다고 해서 그의 영화가 역사성의 문제를 누락하는 것은 아니다. 오히려 박찬욱은 장르적 관습의 한계 내에서도 알레고리적인 방식으

5   Ibid., p.115.

로 역사성을 드러내는 경우가 많으며, 바로 이것이 기존의 코리안 뉴 웨이브 영화와 다른 그만의 특색이라 할 수 있다. 박찬욱의 영화는 한국사회의 적대를 단지 반영하기보다는 그 적대를 자신만의 굴절된 방식으로 드러냄으로써 관객이 한국사회에 내속한 사회적 긴장을 독해할 수 있도록 유도해왔다.

말하자면 박찬욱은 어떤 면에서 역사주의의 굴레, 즉 현실의 대상과 지식의 대상이 구별되지 않을 때 발생하는 역사주의의 굴레에서 벗어나 있다.[6] 설탕은 달아도 설탕에 관한 지식은 달지 않은 것처럼, 사회적 적대를 단순히 반영하는 것만으로는 그것의 복잡성을 파악하기 어렵다. 박찬욱이 한국영화사에 무언가 기여했다면, 그건 그의 영화가 동시대 한국사회에 존재하는 적대가 영화라는 장을 거쳐 어떻게 굴절되는지 보여주었기 때문이다. 그 과정에서 관객은 동시대 한국 자본주의 사회의 역학을 들여다볼 수 있다.

네이션적인 것과
시대착오의 감각

그러나 박찬욱의 영화는 이전보다 더욱 트랜스내셔널리즘을 향한 욕망을 거리낌 없이 드러내고 있다. 이때 그의 영화는 무엇을 얻고 또 무엇을 상실하는가? 예컨대 〈박쥐〉(2009)

---

6   여기서 말하는 역사주의 개념은 루이 알튀세르의 것이다. "우리로 하여금 지식의 대상과 현실적 대상을—지식의 대상에 대해 현실적 대상이 갖는 것과 동일한 '자격'을 부여함으로써—혼동하게 만들고 있다. 설탕에 대한 지식이 달지 않은 것처럼 역사에 대한 지식도 역사적인 것이 아니다." 루이 알튀세르, 《자본론을 읽는다》, 135쪽.

에서 '행복한 복집'으로 불리는 공간은 트랜스내셔널한 모습을 띤다. 강우(신하균)의 어머니가 한복을 파는 공간이기도 한 이 집은 일본식 적산가옥의 외양을 하고 있다. 마작 모임에 모인 인물들은 보드카를 마시고 중국 도박을 하며, 그중에는 필리핀인도 있다. 이처럼 〈박쥐〉는 국적 없는 혼종성의 공간을 그려낸다. 특히 영화의 초반부와 마지막 장면은 더 극명하게 이를 표현한다.

신부 상현(송강호)은 외국에서 비밀리에 진행되는 백신 개발에 참여하다 바이러스에 감염되는데, 우리는 이 장소가 정확히 어디에 위치하는지 알지 못한다. 마찬가지로 영화의 마지막 상현과 태주가 햇볕을 맞으며 죽게 되는 곳 역시 구체적인 지표 없는 공간으로 제시된다. 박찬욱이 제시한 스크린 문화를 이해하려 할 때 필요한 질문은 어쩌면 이런 것이 아닐까? 단적으로, 박찬욱의 영화를 내셔널 시네마national cinema의 범주로 분류할 것인가 아니면 트랜스내셔널 시네마transnational cinema의 범주로 분류할 것인가? 아니면 또 다른 범주가 필요한가?

먼저 내셔널 시네마 및 트랜스내셔널 시네마 개념을 간략히 짚어보자. 내셔널 시네마 논의를 본격화한 앤드루 힉슨에 따르면, 내셔널 시네마는 기본적으로 특정한 민족-국가의 경계 내에서 생산된 영화를 가리키는 범주로서 영화의 생산·배급·상영 및 소비·비평 등의 차원 등을 포괄한다.[7] 그러나 이보다 좀 더 참고할 만한 것은 스티븐 크로프츠의 비판적 내셔널 시네마 개념이다. 크로프트는 힉슨이 제안한 정식들을 받아들

---

7   Andrew Higson, "The Concept of National Cinema", *Screen* 30(4), 1989.

이면서도 그와 다른 방식으로 내셔널 시네마를 개념화한다.[8] 힉슨이 특정한 내셔널 시네마를 내부적인 관점에서 바라보는 과정을 강조한다면, 크로프츠는 내셔널 시네마가 외부와 맺고 있는 관계에 집중한다. 크로프츠가 내셔널 시네마를 기본적으로 할리우드에 대립하는 것으로 정의하는 것도 이 때문이다.

그러나 전 지구적 시각 문화가 도래하면서 트랜스내셔널 시네마 개념이 훨씬 더 강력하게 부상하기 시작했다. 예컨대 내셔널 시네마를 개념화했던 힉슨마저 내셔널 시네마 개념의 유용성을 의심하며 트랜스내셔널 시네마를 강조하는가 하면,[9] 영화연구에서 비판적 트랜스내셔널리즘의 필요성을 역설하는 이들도 있다.[10] 이 주장은 때로 월드 시네마world cinema 개념[11] 과 연결되기도 한다.[12] 예컨대 메테 요르트는 라스 폰 트리에 등이 주도한 '도그마 95'[13]를 할리우드식 전 지구화에 대한 응답

---

8   Stephen Crofts, "Reconceptualizing National Cinema/s", Alan Williams ed., *Film and Nationalism*, Rutgers University Press, 2002.

9   Andrew Higson, "The Limiting Imagination of National Cinema", Elizabeth Ezra & Terry Rowden eds., *Transnational Cinema, The Film Reader*, Routledge, 2006.

10   Will Higbee & Lim Song-Hwee, "Concepts of Transnational Cinema: Towards a Critical Transnationalism in Film Studies", *Transnational Cinemas* 1(1), 2010.

11   월드 시네마는 일반적으로 할리우드 이외의 지역에서 제작된 영화를 가리킨다. 그러나 월드 시네마 개념과 관련해서 루시아 나기브는 제프리 노웰 스미스와 다른 관점을 제시한다. 나기브는 그동안 월드 시네마를 정의할 때 일반적으로 통용되던 개념, 즉 할리우드를 제외한 국가와 지역에서 제작된 영화라는 관점을 넘어서야 한다고 힘주어 말한다. 왜냐하면 이러한 대립 구조가 역설적으로 할리우드의 중심성을 강화한다고 보기 때문이다. 이런 배경에서 나기브는 할리우드를 포함해서 전 세계 모든 곳에서 제작된 영화를 월드·시네마 개념으로 풀어간다. Lúcia Nagib, *World Cinema and the Ethics of Realism*, Continuum, 2011, p.1.

12   Stephanie Dennison & Lim Song-Hwee, "Situating world cinema as a theoretical problem", *Remapping World Cinema: Identity, Culture and Politics in Film*, Wallflower Press, 2006.

13   1995년 덴마크 코펜하겐에서 라스 폰 트리에, 토마스 빈터베르그 등 네 명의 영화감

이자 아르준 아파두라이가 주장한 "풀뿌리 전지구화"의 사례로도 읽을 수 있다고 주장한다.[14]

물론 트랜스내셔널 시네마 개념과 월드 시네마 개념은 나름의 장점을 갖는다. 그러나 동시에 이 개념은 노동과 자본의 지리적 이동과 순환을 특징으로 하는 초국적 자본주의 질서와 매우 닮아 있다. 초국적 자본주의가 내세우는 문화 혼종성과 유동성을 강조하는 것이 그 자체로 새로운 비평적 담론과 연결된다고 보기는 어렵다. 트랜스내셔널 개념을 강조하는 것도 중요하지만, 이보다 시급한 것은 내셔널 개념을 더 정교하게 만드는 것이다. 특정한 민족-국가의 경계 내에서 생산된 모든 영화적 실천을 지칭한다는 그 개념적 정의와 달리 내셔널 시네마에 관한 접근은 매우 복잡하며 신중한 주의를 요한다.

핵심은 내셔널 시네마를 고정된 개념으로 보고 특정 영화를 내셔널 시네마로 분류하는 것이 아니라, 한 편의 영화가 어떤 순간에 '네이션적인 것the national'으로 전화하는지 살펴보는 데 있다. 이때 말하는 네이션적인 것은 영화가 영화적 '말 걸기 양식'을 통해 하나의 사회구성체에 속해 있는 사회-정치적 종별성을 발화하는 순간에 드러난다.[15] 종별성이란 무엇보다 해당 사회구성체를 구성하는 다수의 심급들과 그 심급들 간의 위

독들이 현장 로케이션 촬영에 초점을 맞추는 것을 포함, 영화의 조형적 효과를 거부하고 영화의 직접성을 강조하는 10개의 항목으로 구성된 선언문을 발표했다. 도그마95는 이 선언문의 내용을 준수하는 영화감독들의 집단으로, 일반적으로 라스 폰 트리에의 〈백치들〉(1998)과 토마스 빈터베르그의 〈셀레브레이션〉(1998)이 도그마95가 주창한 원칙을 가장 엄격하게 지킨 것으로 알려져 있다. 그러나 2005년 두 감독의 종결 선언으로 도그마95는 막을 내리게 된다.

14   Mette Hjort, *Small Nation Global Cinema: The New Danish Cinema*, University of Minnesota Press, 2006, p.36.

15   Paul Willemen, "The National", *Looks and Frictions*.

계적 접합을 뜻한다. 즉 하나의 사회구성체는 복수의 사회적 힘들에 의해 형성되며, 그 복수의 힘들이 과잉결정되어 드러나는 방식이 바로 종별성이다.

이런 접근은 언뜻 매우 낡은 방식으로 보일 수 있다. 초국적 신자유주의의 시대에 네이션적인 것을 주장하는 것은 심지어 시대착오적이기까지 하다. 그러나 변화한 환경에 맞추기 위해 새로운 틀을 내세우는 것만이 능사는 아니다. 때로 "시대착오의 감각"[16]과 비시의적인 태도를 고집스럽게 유지하는 것이 필요할 때도 있다. 사이드가 말했던 말년의 양식의 특징 가운데 하나는 이처럼 시대착오의 감각을 끝까지 견지하는 것이었다.

'성적 관계는 없다': 〈박쥐〉

영화 〈박쥐〉는 에밀 졸라의 소설 《테레즈 라캥》을 원작으로 한다. 인물과 상황 등 많은 요소를 변주했지만 소설의 핵심 구조를 번역했다는 점에서 〈박쥐〉는 《테레즈 라캥》과 높은 유사성을 지닌다. 《테레즈 라캥》의 기본 서사는 다음과 같다. 유부녀 테레즈는 병약하고 소심한 남편 카미유와 그의 어머니 라캥 부인과 함께 파리의 한 골목에서 자그마한 가게를 운영하고 있다. 〈박쥐〉에서 매주 수요일 저녁에 마작 모임이 열리는 것처럼, 소설 속 인물들은 수요일 저녁마다 도미노 게임을 한다.

---

16   에드워드 사이드, 《말년의 양식에 관하여》, 39쪽.

단조롭고 지루한 일상을 견디지 못한 테레즈는 남편의 옛 친구 로랑을 만나 격정적인 사랑에 빠지고, 로랑은 테레즈와 결혼하기 위해 테레즈의 남편 카미유를 물에 빠뜨려 죽인다. 이때 카미유는 죽으면서 로랑의 목을 물어뜯어 상처를 남긴다. 카미유만 없다면 둘만의 행복한 결혼 상태에 이를 것이라는 로랑과 테레즈의 생각과 달리, 그들은 카미유의 죽음 이후 심각한 죄책감에 시달린다. 남편의 형상은 유령처럼 돌아와 산 자를 포획하고 옥죈다.

이처럼 소설은 제3자(카미유)의 시선을 강조한다. 제3자는 마치 테레즈와 로랑의 사랑을 방해하는 것처럼 보인다. 테레즈와 로랑은 카미유만 없다면 자신들의 사랑을 완성할 수 있다고 믿는다. 그러나 이것은 테레즈와 로랑의 환상적 이데올로기에 불과하다. 카미유가 죽은 뒤 그들은 실제의 카미유를 능가하는 그의 환영에 시달린다. 라캉주의 정신분석학의 용어를 빌려 말하면, 이것은 '성적 관계는 없다'는 명제나 '증상' 개념과 상응한다. 예컨대 카미유는 테레즈와 로랑의 관계에서 무의미한 얼룩으로 기능하지만, 역설적으로 카미유라는 외부자 혹은 제3의 매개항 없이 이 커플은 성립되지 않는다. 이는 겉으로 동등해 보이는 교환관계에 내속한 '정념적'이고도 '비대칭적인' 얼룩을 환기한다.

〈박쥐〉 역시 《테레즈 라캥》의 핵심 구조를 충실하게 번역한다. 예컨대 상현이 태주(김옥빈)를 죽인 후 뱀파이어로 만드는 장면을 떠올려보자. 상현은 목을 비틀어 태주를 죽이고서도 태주의 죽음을 안타까워하며 눈물을 흘린다. 그러나 그는 태주의 피를 흡입하길 원하는 자신의 충동을 거부할 수 없다. 그는 태주의 목 주위에 묻은 피를 핥고, 또다시 태주의 손목을 베어 피를 흡입한다. 이 장면을 카메라는 부감 쇼트로 보여준다. 카메라는 마치 상현이 태주의 피를 흡입하는 행위가 인간의 이성으로 통제할 수 없는 본능적 충동이라는 점을 강조하기라도 하듯 인간 눈높이의 시선이 아닌 카메라의 시선으로 이 장면을 담아낸다.

카메라는 다시 바닥으로 내려와 상현을 비춘다. 상현은 자신을 지켜보는 라 여사(김해숙)의 존재를 알아차리고 프레임 밖에 위치한 라 여사를 응시한다. 다음 쇼트에서 영화는 마룻바닥에 쓰러져 있는 라 여사의 얼굴을 클로즈업으로 비춘 후, 라 여사가 자신을 보고 있다는 사실을 알아챈 상현의 놀란 얼굴을 보여준다. 그다음 카메라는 줌아웃 하면서 라 여사의 존재를 부각시킨다. 이때부터 상현은 자신의 손목을 칼로 베어 그 피를 태주에게 흡입시키면서 태주를 뱀파이어로 만든다.

흡혈귀와 인간의 관계에 치중했던 이전의 흐름과 달리, 여기서부터는 흡혈귀와 흡혈귀의 관계가 중요하게 부각된다. 태주를 흡혈귀로 만드는 장면에서 카메라는 상현의 손목에서 나오는 피를 빨아먹고 있는 태주의 얼굴을 클로즈업으로 비추다가, 다시 줌아웃 하며 태주와 상현이 동시에 서로의 손목을 빨아먹고 있는 모습을 보여준다. 다음 쇼트에서도 이 패턴은 비슷하게 반복된다. 카메라는 상현의 베인 손목에서 나오는 피를 게걸스럽게 흡입하고 있는 태주를 보여준 뒤 바로 틸트업 하여 상현과 태주를 동시에 보여준다. 다음 장면에서 카메라는 비교적 먼 거리에서 서로의 피를 흡입하고 있는 두 흡혈귀를 보여준 뒤, 그들 주변을 서성이며 맴돌다 마룻바닥에 쓰러져 있는 라 여사를 향해 이동한다.

이때의 메시지는 분명하다. 흡혈귀가 피를 수혈하고 주입

내가 이 지옥에서 데리고 나가 줄게요...

2009년 박찬욱 감독 신작

박쥐

〈박쥐〉(2009)는 많은 요소들을
변형하면서도 원작인 《테레즈 라캥》의
핵심 구조를 번역해냈다.

하는 이 모든 교환의 과정이 라 여사의 응시에 의해 매개된다는 것. 이는 그들 관계의 원동력이 사실상 관계 내부가 아니라 외부에서 비롯된다는 점을 방증하는 장치다. '성적 관계는 없다'는 라캉의 명제는 여기서 가장 선명히 드러난다. 성적 관계가 없다는 것은 두 연인 사이에 실제로 육체적 성관계가 없다는 뜻이 아니라, 두 연인의 관계가 일종의 역설적 요소에 의해 규정된다는 것을 시사하는 통찰이다.

즉 겉보기에는 그들과 아무런 관련이 없는, 둘의 관계 외부에 있는 어떤 요소가 역설적으로 그 관계를 규정한다.《테레즈 라캥》에서 드러나듯 그 요소는 두 연인의 관계를 방해하거나 제어하기는커녕 오히려 관계의 구성 조건 혹은 촉매로서 작동한다.[17] 그리고 이것이 제거될 때 두 연인의 관계는 지나치게 평범해진다. 마찬가지로 영화는 두 흡혈 연인이 서로 피를 나누는 장면을 라 여사의 응시를 통해 매개함으로써 등가교환에 내속한 부등가교환의 측면을 상연한다. 이렇듯 〈박쥐〉는 두 흡혈 연인의 관계를 응시를 통해 매개함으로써《테레즈 라캥》의 핵심 구조를 성공적으로 번역해냈다.

〈아가씨〉의 후퇴

〈박쥐〉가 졸라의 소설을 번역하는 방식은 〈아가씨〉가《핑거 스미스》를 번역하는 방식에는 적용되지 않는 듯하다. 익히

---

17   여기서 설명한 라캉의 '성적 관계는 없다'는 테제는 마르크스가 지적한 등가교환에 내재한 부등가교환의 계기와도 상통한다.

〈아가씨〉(2016)가 드러내는 것은 욕망의
원인이 아닌 욕망된 대상에 가깝다.

알려져 있듯 〈아가씨〉는 사라 워터스의 《핑거 스미스》를 원작으로 한다. 그러나 〈아가씨〉는 소설의 기본적인 모티브만 빌려오고, 내용과 표현 모두에서 큰 변형을 가한다. 《핑거 스미스》 속 인물들은 〈아가씨〉의 인물들처럼 서로가 서로를 속이는 악무한의 회로를 형성하지만, 몇몇 지점에서 두드러진 차이를 보인다. 무엇보다 소설 속 주인공 모드와 수잔은 상대방에게 행사한 거짓과 상처 그리고 이로 인해 발생한 온갖 고통과 역경 이후에도 삶을 견디며 살아가는데, 그 과정에서 우리에게 삶에 대한 어떤 태도의 문제를 보여준다.

그에 비해 〈아가씨〉는 직접적으로 말하는 방식을 채택한다. 예컨대 1부의 섹스 신은 백작과의 섹스를 염두에 둔 섹스다. 2부의 섹스 신은 1부의 섹스 신의 반복이지만, 1부에서 생략된 장면을 드러내놓고 보여준다는 점에서 1부의 그것과 차이가 있다. 그러나 2부의 전략은 그다지 전복적이지 않은데, 사실상 이것은 감춰진 모든 것을 드러내놓고 말하는 (후)근대 문화 형식의 전형에 지나지 않는다. 오늘날의 지배적 문화 형식이 서사의 과잉과 고백으로 특징지어지는 것을 보라.

특히 중요한 것은 욕망이 추구하는 것과 욕망의 원인을 구별하는 것이다.[18] 욕망은 항상 금지를 전제하는 행위이다. 금지가 있기에 욕망하고, 욕망은 또 다른 금지를 낳으며, 그 금지에 힘입어 또 다른 욕망이 발생한다. 요컨대 욕망은 무한한 환유의 연쇄를 구성한다. 그러나 욕망의 원인은 욕망이 향하는 대

---

18   브루스 핑크는 욕망의 원인과 대상을 다음과 같이 간명하게 구분한다. "욕망은 특정 대상에 의해 **이끌리는** 것이 아니다(욕망→대상). 욕망은 대상에 의해 끌어당겨지는 것이 아니라 원인으로부터 떠밀리는 것이다(원인→욕망)". 브루스 핑크, 《라캉과 정신의학: 라캉 이론과 임상분석》, 맹정현 옮김, 민음사, 2002, 95쪽, 강조는 원문.

상과 다른 심급을 구성한다. 원인은 욕망된 대상을 조건짓고 규정하며, 겉보기에 아무런 문제없이 펼쳐지는 욕망의 대상을 쫓는 과정을 그 내부에서부터 잠식하여 불안정하게 만든다. 달리 말해 욕망의 대상은 욕망의 상태를 나타내거나 이러저러한 욕망의 종류를 지시한다고 할 수 있다.

그러나 욕망의 대상은 그 자체로 전복적이지는 않다. 왜냐하면 그것은 큰타자Other(예컨대 언어)에 진입하면서 필연적으로 발생할 수밖에 없는 인간 존재의 분열split을 대체하는 역할을 맡기 때문이다. 이와 반대로 욕망의 원인은 큰타자의 욕망으로부터 분리되는 것과 관련된다.[19] 이때 욕망의 원인은 인간이 큰타자에 진입함에 따라 어쩔 수 없이 마주할 수밖에 없었던 실존적 간극을 욕망의 대상의 경우처럼 다른 대상에서 찾아나서는 대신, 주체가 자신의 것이라고 굳게 믿었던 욕망이 실제로는 큰타자의 욕망에서 비롯된 것임을 깨닫는 것이다.

〈아가씨〉의 가장 큰 문제는 여기에 있다. 이 영화가 드러내는 것은 욕망의 원인이 아니라, 욕망된 대상에 가깝다. 곧 〈아가씨〉는 섹슈얼리티를 가부장적 성적 지배에 대한 강력한 저항으로서 다루기보다 욕망의 대상을 하나 더 추가하는 데 그

---

19 핑크는 타자의 "욕망으로부터의 분리"를 좀 더 쉬운 사례를 들어 설명한다. "라캉의 용어로 말하자면, 신경증자들은 타자의 욕망에 집착하는 사람이다. 부모의 욕망이 계속해서 그 자신의 원인으로 기능하는 경우이다. 신경증자는 부모의 욕망에 따라 자기 욕망을 구성한다. 그가 원하는 것은 최종적으로 부모가 원하는 것이다. 타자(부모)의 소망과 정반대로 행동하거나 그들의 욕망에 어긋난 삶을 추구할 때조차도, 그는 여전히 타자의 욕망에 의존하고 있다. 부모의 욕망이 없다면 그의 삶은 어떠한 중심이나 존재 이유도 발견하지 못한다. 따라서 신경증자의 분석은 타자나 타자의 욕망으로부터 그를 분리하는 방향으로 이루어져야 한다. …… 그런 환자들에 대한 분석의 초기 단계는 크게 두 가지 과정으로 이루어진다. 그것은 바로 그들이 원하는 바를 주체화하는 과정과 잊혀졌거나 알 수 없는 그들의 원망을 전면에 부각시키는 과정이다." 같은 책, 103~104쪽.

치는 것처럼 보인다. 박찬욱의 영화가 지금껏 실제 대상과 지식의 대상을 구별함으로써 한국사회의 역사성을 알레고리적인 방식으로 드러냈음을 상기할 때, 〈아가씨〉의 영화적 전략은 퇴행적이다.

〈헤어질 결심〉과
'경계 위'에서의 삶

　박찬욱의 최신작 〈헤어질 결심〉(2022)은 〈아가씨〉의 실패를 만회한다. 영화는 형사 해준(박해일)과 용의자 서래(탕웨이)의 사랑 이야기를 다루면서, 둘의 관계를 조건짓는 비대칭적 간극에 초점을 맞춘다. 이런 간극은 둘의 사랑을 방해하기는커녕 그 사랑을 구성하기 위한 촉매로 기능한다.

　서래와 해준은 형사와 피의자(용의자)라는 신분을 통해서만 서로 만날 수 있다. 취조, 심문, 감시 등과 같은 억압적 상황이 없다면 이들의 만남은 성사될 수 없다. 이런 비대칭성은 화면 구성에서도 발견된다. 카메라는 취조실에 앉아 있는 서래·해준의 모습과 거울에 비친 이들의 모습을 동시에 보여주는가 하면, 서래와 해준이 서로를 마주보게 하면서도 서래를 모니터 화면 속으로 호출하여 둘의 관계가 어떤 얼룩에 의해 구조화되고 있음을 보여준다. 잠복수사를 하는 해준이 서래를 관찰하는 장면도 인상적이다. 영화는 일정한 거리를 두고 서래를 감시하는 해준의 모습(객관적 시선)과 서래 옆에서 속삭이는 해준의 모습(주관적 시선)을 급작스럽게 뒤섞어 지각상의 혼란을 일으킨다.

〈헤어질 결심〉(2022)은 여성 이주노동이라는
사회적 맥락에서 좀 더 면밀히 읽힐 필요가
있는 영화다.

영화의 중반부에 이르러 서래와 해준의 관계는 근본적인 불가능성으로 채색된다. 해준은 서래의 알리바이가 조작되었음을 알고 큰 충격에 빠진다. 사랑에 빠져 형사 역할을 완수하지 못했다고 자책하는 해준은 그야말로 '붕괴'되고 만다. 그러나 해준은 서래의 죄를 추궁하지도 단죄하지도 않는다. 그 대신 해준은 "저 폰은 바다에 버려요. 깊은 데 빠뜨려서 아무도 못 찾게 해요"라고만 말한다. 그는 서래의 잘못을 법을 통해 해결하지 않고, 자신이 붕괴된 원인을 서래의 탓으로 돌리지도 않으며, 그것을 자신이 감수해야 하는 책임으로 받아들인다. 해준은 자신에게 주어진 정체성의 울타리에 머무르지 않는 대신, 자신을 타자에게 개방함으로써 자신의 세계 속에 주름 잡혀 있는 또 다른 세계의 가능성을 열리도록 한다. 이 지점에서 욕망의 원인은 욕망의 대상과 분명하게 구별된다. 예컨대 〈아가씨〉가 욕망의 대상에 집중한다면, 〈헤어질 결심〉은 욕망의 원인과 대상 사이에서 발생하는 긴장에 주목함으로써 욕망이 산출되는 과정을 적실하게 그려낸다.

서래는 해준의 말을 사랑의 고백으로 받아들인다. (반면 해준은 서래의 휴대폰에 녹음된 이 말을 여러 번 돌려 들었음에도 서래가 이 말을 사랑의 고백으로 받아들이리라고는 미처 생각하지 못했다). 여기서 더 나아가 서래는 "저 폰은 바다에 버려요. 깊은 데 빠뜨려서 아무도 못 찾게 해요"라는 해준의 말을 문자 그대로 '번역'한다. 자크 데리다는 벤야민이 〈번역자의 과제Die Aufgabe des Übersetzers〉를 두고 사용했던 독일어 단어 '과제Aufgabe'가 "(언제나 타자에 의해 주어진) 사명, 책무, 의무, 빚, 책임감"과 관련되며, 이에 따라 번역가는 "과오, 자신의 위신의 실추, 실수, 그리고 아마도 범죄를 함축하는 것에 대해서까지도 책임을 져야 한다"고 주장한다.[20] 상황이 그렇다면 번역가는 번역 과정에서 발생하는 잘못된 행위에 대해 책임져야 할 뿐만 아니라, 자신에게 맡겨진 과제를 실천해야 하는 책임마저도 짊어져야 한다.

데리다가 말한 번역가의 역할은 서래에게도 해당한다. 번역가로서 서래는 자신에게 주어진 과제를 수행한다. 그녀는 단순히 해준에게 빚진 부채를 보상하는 데 머무르지 않고, 자신의 내부에 해준의 거처를 마련하고 그 거처 속에서 해준의 요청을 상속함으로써 "경계 위에서의 삶survie/survival"을 살게 된다.[21] 바로 이 지점에서 서래는 유령이 된다.[22] 생물학적으로는 실존하지 않지만 계속해서 다시 출몰하여 해준을 압박하는 유령 말이다. 서래가 스스로 묻힌 바닷가 모래밭 위에 해준이 서 있는 마지막 장면은 서래와 해준 사이에 놓인 어둡고 깊은 심연을 상기한다. 서래와 해준을 갈라놓는 너무나 근본적인 간극은 우리로 하여금 또 다른 역사화를 시도하도록 요청한다. "역

---

20   Jacques Derrida, "Des Tours de Babel", Joseph F. Graham ed. & trans., *Difference in Translation*, Cornell University Press, 1985, p.175.

21   프랑스어 "survie"는 일반적으로 생존이나 사후적 삶 등으로 번역되는데, 여기서는 진태원을 따라 "경계 위에서의 삶"으로 번역한다. 진태원은 "survie"를 분절하면서 "sur"가 "삶과 죽음의 관계, 존재와 비존재의 경계 같은 이원적 대립의 경계 위에 있음을" 뜻한다면, "vie"는 "이러한 대립 쌍 중 어느 하나에 속하지 않고 그것의 경계 위에서 존속하고 살아가는 것"을 나타낸다. 곧 "survie"는 "삶과 죽음의 대립으로 환원되지 않고, 삶과 죽음의 경계 위에 놓여 있는 삶의 양식"이다. 〈용어해설〉(진태원), 자크 데리다, 《마르크스의 유령들》, 진태원 옮김, 그린비, 2014, 381쪽.

22   데리다는 "경계 위에서의 삶"을 정의·유령과 연동시킨다. "이러한 정의가 현존하는 생명 너머로 또는 이 생명의 현실적인 거기에 있음 너머로, 그것의 경험적이거나 존재론적인 현실성 너머로 생명을 이끌어 간다는 것을 전제한다. 죽음을 향해서가 아니라, **경계 위에서의 삶**sur-vie을 향해, 곧 삶이나 죽음이 그것의 흔적이며 흔적의 흔적일 어떤 흔적을 향해, 그것의 가능성이 미리, 현재 살아 있는 것/생생한 현재 및 모든 현실성의 자기 동일성을 어긋나게 하거나 어그러지게 할 어떤 경계 위에서의 삶survie을 향해, 이렇게 되면 **어떤 정신/혼령**이 존재한다. 정신들/혼령들이 존재한다. 그리고 그것들을 고려**해야**/셈**해야** 한다. 우리는 하나 이상인 그것들을 고려하지/셈하지 않을 수 없으며, 고려할/셈할 수 있어야 한다. **하나 이상인 그것을/더 이상 하나가 아닌 그것을.**" 같은 책, 15~16쪽.

사는 역사의 단절 위에서, 균열 속에서, 더 정확히 치유돼서도 열린 상처이자 아물 수 없는 상처로 남아 있을 수밖에 없는 무한한 상처 위에서 계속될" 것이기 때문이다.[23]

　이주자로서의 서래의 삶을 '이주의 여성화'라는 맥락 속에서 살펴보면 어떨까?[24] 이주의 여성화는 여성 이주자의 수가 남성 이주자의 수를 압도하고, 여성 이주노동이 가사·돌봄노동 등 재생산노동에 집중되는 현상 등을 이르는 개념으로, 〈헤어질 결심〉의 사회적 맥락을 구성한다. 신자유주의 세계화가 가속화됨에 따라 주변부 국가에서 불안정노동의 문제가 심화되고, 여성들이 생계를 책임지게 되는 이른바 '생존의 여성화'가 급증하게 된다.[25] 다른 한편, 과거 국가를 중심으로 이루어지던 육아, 교육, 노인 돌봄 등의 사회적 재생산이 신자유주의 세계화 이후 큰 난관에 부딪히게 되면서, 중심 국가에서는 사회적 재생산의 위기를 글로벌 이주를 통해 해결하고자 한다. 글로벌 이주라는 복잡한 현상은 기본적으로 이런 요소들의 상호작용을 바탕으로 전개된다고 할 수 있다.

　그렇다면 이주노동자로서 서래의 삶을 복기할 필요가 있다. 서래의 외할아버지는 일제강점기 시절 만주에서 독립운동을 했다. 중국에서 서래는 병환으로 고생 중인 어머니를 간호하기 위해 간호사가 되었고, 어머니는 서래에게 안락사를 부탁

23　자크 데리다, 《용서하다》, 배지선 옮김, 이숲, 2019, 71쪽.
24　이주의 여성화에 관해서는 Stephen Castles & Mark J. Miller, *The Age of Migration: International Population Movements in the Modern World*, Palgrave Macmillan, 2014를 참고하라.
25　사스키아 사센은 생존의 여성화 개념을 커뮤니티뿐만 아니라 정부가 "다양한 형태의 회로를 통해 여성의 소득에 의존한다는 의미로" 사용한다. 사스키아 사센, 《사스키아 사센의 세계경제와 도시》, 남기범 외 3인 옮김, 푸른길, 2016, 343쪽.

하며 유명을 달리했다. 수배를 피해 한국으로 밀입국을 시도한 서래는 출입국 관리소 직원이었던 남편 기도수(유승목)와 결혼하게 된다. 그러나 남편은 서래의 육체에 자신의 이니셜 'KDS'를 새겨놓을 정도로 소유욕이 강한 사람이었다. 그는 서래를 중국으로 추방해버리겠다고 협박하며 지속적으로 그녀를 학대했다. 돌봄노동 종사자인 서래는 계속되는 가정폭력에 시달리다 남편을 살해하기에 이른다.

서래가 살아온 궤적은 그녀가 어떤 방식으로 남한사회에 수용되는지 보여준다. 서래는 밀입국을 시도하다 적발되었고, 이를 빌미로 수시로 가정폭력을 행사하는 남편에 의해 남한사회에 소속된다. 그러나 결혼이주에서 가족관계를 통해 소속감을 획득하는 것은 매우 불안정하고 어려운 일이다.[26] 만약 남성 배우자가 이주 여성을 받아들이지 않는다면, 이주 여성은 공적 지위를 부여받을 가능성마저 박탈당하거나 강제추방 당할 수도 있기 때문이다.

이 지점에서 영화는 일정한 한계를 노정한다. 〈헤어질 결심〉은 참을 수 없는 적대로 이루어진 동시대의 사회적 관계를 지나치게 심미화된 방식으로 과소결정한다. 사회적 관계가 일종의 미학적 오브제로 대체되고 있는 것이다. 이주 여성의 삶에 대해 충분한 정보를 제공하는 대신, 정교하게 구축된 미장센에 초점을 맞춘다. 산(전반부)과 바다(후반부)로 나뉘는 영화

---

26 황정미, 〈'이주의 여성화' 현상과 한국 내 결혼이주에 대한 이론적 고찰〉, 《페미니즘연구》 9(2), 2009, 30쪽. 황정미는 이에 대해 다음과 같이 언급한다. "특히 남성의 하향혼으로 성립된 가족 내의 비대칭적 권력관계 안에서 개별 남성 배우자는 사실상 이주 여성의 체류자격을 결정하는 과도한 권위를 갖게 된다. 이처럼 불평등한 부부관계 자체가 부부간의 친밀성과 신뢰형성에 끊임없이 긴장을 조성할 수도 있다." 같은 글, 같은 쪽.

속 공간 표상은 서래가 사는 집의 벽지에 응축되어 나타난다. 벽지는 파도의 물결과 산의 구릉을 혼합한 모양으로 제시된다. 청색(바다)과 녹색(산)을 뒤섞은 청록색이 강조하는 것은 애매함과 모호함이다.

이처럼 이것과 저것 사이의 경계를 허무는 〈헤어질 결심〉의 영화적 전략은 영화제 네트워크의 글로벌 순환과도 무관하지 않을 것이다. 최근 몇 년간 CJ ENM이 투자·배급을 맡은 영화들(〈기생충〉〈헤어질 결심〉〈브로커〉)이 칸 국제영화제에서 연이어 수상했는데, 글로벌 영화제 네트워크의 순환 회로에 편입되기 위해서라도 사회적 적대를 예리하게 벼려내기는 어려웠을 것이다. 〈헤어질 결심〉이 나름의 영화적 성과를 보여주면서도, 역사-종별적 측면에서 네이션적인 것을 소구하는 데 머뭇거리는 이유이기도 하다.

글로벌 영화제 네트워크의 밋밋한 순환 회로 속에서 상실되고 마는 것은 영화 앞에 놓인 세계, 곧 역사적 자본주의를 기입하는 영화의 역량이 아닐까. 〈헤어질 결심〉은 미결 사건을 자임한 서래를 통해 '경계를 넘나드는' 삶을 보여주려 하지만, 항상 이미 '경계 위에 있던' 서래의 삶은 미학적 오브제로 제시되는 그것보다 훨씬 더 위태로웠을 것이다. 서래는 오랜 시간 가정폭력과 학대에 시달리며 언제나 중국으로 추방될지 모른다는 두려움 속에서 살아야 했다. 영화의 마지막 장면이 생물학적으로는 죽었지만 지속적으로 출몰하는 유령의 문제를 다룬다면, 이주노동자로서 서래의 삶은 생물학적으로는 살아 있지만 어떤 점에서 죽은 것과 다를 바 없었던 위태로운 삶을 가리킨다.

박찬욱 영화의
알레고리와 역설

역사-종별적인 측면에서 네이션적인 것을 제시하는 경향은 박찬욱의 초기작에서 비교적 분명하게 나타난다. 예컨대 〈공동경비구역 JSA〉는 '민족-국가'에 왜 하이픈(-)이 붙는지 말하는 영화다. 이 영화는 국가와 네이션nation 사이의 하이픈이 임시적이고 우연적인 것임을, 즉 네이션이 반드시 국가로 환원되는 단위가 아님을 주장한다. 남북한 병사들이 국가 단위를 넘어 새로운 공동체를 구성하는 과정을 보여주며 국가와 네이션을 구별하는 것이다.[27] 물론 고작 네 명으로 이뤄진 남성 공동체가 주도하는 네이션의 형상은 매우 불안정하며, 외부의 충격과 자극에 더없이 취약하다. 영화는 국가와 네이션의 구별을 강조하면서도, 국가로 환원되지 않는 네이션이 여전히 매우 양가적인 상황에 노출되어 있음을 상기한다.

〈공동경비구역 JSA〉가 분단 문제를 다뤘다면, 〈복수는 나의 것〉(2002)은 계급 문제를 전면화한다. 장르적 상상력과 관습을 십분 활용하면서도 사회적 현실의 역학을 인식할 수 있는 가능성을 제공하며 정치경제학 '비판'에서 말하는 잉여가치의 발생을 알레고리적인 방식으로 보여준다. 영화는 동진(송강호)과 류(신하균) 사이에서 발생하는 악무한의 복수를 냉정하고 건조한 시각으로 관찰한다. 이를 사적 복수의 무한한 연쇄로 볼 수도 있지만, 이보다 더 중요한 것은 두 당사자 사이에서 발

---

27   권은선, 〈'한국형 블록버스터' 〈공동경비구역 JSA〉에서의 민족주의〉, 《공동경비구역 JSA》, 삼인, 2002.

생하는 (교환관계에 내재한) 부등가교환의 흔적이다. 동진이 '고졸' 출신의 자수성가한 사업가이면서 그 어렵고 힘들었던 IMF의 위기마저 극복한 자본가 계급이라면, 류는 자본주의 사회의 최하층을 이루는 불안정노동에 내던져진 존재다. 영화는 동진과 류 사이에서 발생하는 복수의 과정을 통해 자본과 노동의 등가교환 관계에 내재한 부등가교환의 비대칭적 부분을 알레고리적으로 표현한다.

자본주의 사회는 노동과 자본이 서로가 필요로 하는 것을 동등하게 교환할 수 있다고 상정한다. 자본은 노동력이라는 상품을 구매하고 노동은 자신의 상품, 즉 노동력을 판매한다. 이것이 바로 '등가교환'이다. 그러나 마르크스는 겉으로 보기에 공정한 등가교환이 그 안에 부등가교환의 계기를 내포하고 있음을 포착했다.[28]

〈복수는 나의 것〉에서 부등가교환은 육체의 상처를 통해 형상화된다.[29] 몸에 난 상처를 통해 침입한 정념은 각 개별 인

28 "이전의 화폐소유자는 자본가로서 앞장서 걸어가고, 노동력의 소유자는 그의 노동자로서 그 뒤를 따라 간다. 전자는 거만하게 미소를 띠고 사업에 착수할 열의에 차 바삐 걸어가고, 후자는 자기 자신의 가죽을 시장에서 팔아버렸으므로 이제는 무두질만을 기다리는 사람처럼 겁에 질려 주춤주춤 걸어가고 있다." 카를 마르크스, 《자본론》 1권 (상), 김수행 옮김, 비봉출판사, 2002, 231쪽.

29 이에 관해서는 〈복수는 나의 것〉에 관한 유운성의 비평을 참조할 필요가 있다. 유운성은 이 영화를 놓고 단지 인물들이 복수를 벌이는 손쉬운 해석에 의존하는 대신에, 이 영화의 핵심이 '탈인격화된' '복수씨Mr. Vengeance'가 인물의 신체를 관통하고 틈입하는 과정에 있음을 예리하게 분석한다. "복수는 복수의 것이다. 그는 어딘가 또 다른 육체를 찾을 것이다. 그는 텅 빈 인간들의 육체가 만들어내는 자리들 사이로 움직여다닌다. 때로 복수는 인물들보다 앞서서 움직인다." 유운성, 〈복수에 의한, 복수에 대한 공감〉, 《씨네21》 347, 2002, 98쪽. 복수는 호시탐탐 유동하다가 인물의 신체에 난 '틈'을 비집고 파고든다. "누나를 구하기 위해 신장을 얻으려 악질 장기밀매단에 걸려든 류의 옆구리에 생긴 상처, 그리고 해고된 데 앙심을 품고 시위를 벌이는 팽기사를 말리려던 동진이 팽기사의 칼에 의해 손바닥에 입은 상처가 바로 그런한 틈이다. 그리고 팽기사가 자신의 배에 낸 칼자국, 자살한 류 누나의 손목에 난 칼자국도 있다. 그리고 부검되는 시체의 가슴에 생긴 칼자국은 물론이고 죽은 보배의 커다랗게 열려

〈복수는 나의 것〉(2002)은 계급 문제를
전면화하며 등가교환 안에 내재한
부등가교환을 알레고리적으로 표현한다.

물의 의식을 완전히 장악한다. 복수의 정념이 육체의 흉터를 통해 들어오는 과정은 합리적 주체라는 근대적 통념을 산산조각 낸다. 정념은 개별 인물의 의식과 의도를 뛰어넘어 그들로 하여금 무엇인가를 산출하도록 강제한다. 인물이 정념에 떠밀리는 것과 인물이 그 정념을 선택하는 것 사이에는 매우 큰 간극이 있다. 유감스럽게도 〈아가씨〉는 후자의 경우에 속하는 듯하다.

반면 〈박쥐〉가 원작으로 삼은 《테레즈 라캥》은 인간 동물의 의식을 박탈하는 충동이 인간의 육체에 스며드는 과정을 보여준다는 점에서 시사하는 바가 크다(이 소설은 박찬욱의 영화에 접근하기 위한 매우 중요한 지침을 제공한다). 로랑이 카미유를 살해할 때, 카미유는 로랑의 목을 물어뜯어 상처를 남긴다. 로랑은 카미유의 악몽에 시달리게 되면서, 거의 잊고 지내던 그 상처를 감각하게 된다. "피부 위에 난 흉터를 새삼 확인하고는 공포에 떨었다. 그 흉터가 몸을 뜯어 먹는 것처럼 느껴졌다. 더 이상 흉터를 느끼고 싶지 않아 그는 다급히 손을 떼었다. 그러나 여전히 그 흉터가 살을 파헤치고 목에 구멍을 뚫는 것을 느꼈다."[30]

이와 유사하게 〈복수는 나의 것〉은 등가교환의 이면에 놓인 부등가교환의 방식을 육체 속의 상처라는 비유를 동원하여 알레고리적으로 제시한다. 이는 〈친절한 금자씨〉에서도 적용된다. 일례로 〈친절한 금자씨〉를 해방과 건국의 시기를 알레고리적인 방식으로 다루는 작품으로 읽는 시도에 주목해볼 수

진 눈과 죽은 영미의 눈 또한 틈이다." 같은 글, 99쪽.
30   에밀 졸라, 《테레즈 라캥》, 박이문 옮김, 문학동네, 2017, 168쪽.

일각에서는 〈친절한 금자씨〉(2005)가 해방과
건국의 시기를 알레고리적으로 표현했다고
보기도 한다. 그러나 다른 한편으로
박찬욱의 영화들은 '네이션적인 것'과
'트랜스내셔널'이라는 양립하기 어려운
극단의 두 축 사이에서 동요하고 있다.

있다. 말하자면 이 영화가 특히 남한과 북한 그 어디에서도 환
영받지 못했던 "비운의 사회주의자들"을 복원하고 있다는 것
이다.[31] 이 경우 '금자씨'는 아나키스트 엠마 골드만에 대한 '지
역적 번역'이 된다. "금자라는 이름을 풀어보면 金(Gold)＋子
(man), 골드만이다. 박찬욱은 '마녀와 천사'의 두 가지 모습으
로 기억되는 미국의 여성운동가이자 무정부주의자였던 엠마
골드만을 이금자의 모델로 삼은 듯하다."[32]

　이렇듯 박찬욱의 영화는 한국사회의 문제를 그 나름의 알
레고리적인 방식으로 풀어왔다. 알레고리는 역사성의 문제와
동떨어진 무엇이 아니라 역사성과 대면하는 하나의 급진적인

31　　한상언, 〈〈친절한 금자씨〉와 역사적 알레고리〉, 《한국콘텐츠학회논문지》 13(6),
　　　 2013, 91쪽.
32　　같은 글, 92쪽.

방식이다. 그러나 다른 한편으로 박찬욱의 영화는 네이션적인
것을 드러내기보다는 이국적 공간에 몸담는 인물들을 죄와 처
벌·용서·구원과 같은 보편적이고 신화적인 토픽을 통해 그려
낸다.

즉 박찬욱은 서로 양립할 수 없는 극단의 두 축 사이에서
동요하고 있는 듯하다. 특히 그의 영화가 초국적이 될수록 네
이션적인 것의 드러냄은 점점 더 요원해진다. 어떤 점에서 박
찬욱의 영화에서 드러나는 트랜스내셔널적인 양상은 네이션
적인 것이 가져다주는 역사의 동력이라는 문제, 즉 모순과 적
대를 희석한다고 할 수 있다. 그러나 사실상 이는 처음부터 예
견된 것일 수 있다. 폴 윌먼이 정확히 지적했듯, 네이션적인 것
은 "가난한 영화"에서만 드러날 수 있기 때문이다.[33]

---

33 윌먼이 주장하는 "가난한 영화"는 "다국적 또는 내셔널리즘"의 근간이 되는 영화산업
    에 의존하면서도 "내셔널 종별성에 개입하는 영화"를 뜻한다. 이런 점에서 내셔널 종
    별성에 말을 거는 영화들은 "반anti-내셔널리즘 영화이거나 또는 최소한 비-내셔널
    리즘적non-nationalistic 영화들"이다. Paul Willemen, "The National", *Looks
    and Frictions*, p.212. 가난한 영화에 관해 좀 더 설명을 덧붙이자면, 가난한 영화는
    자본주의가 부과하는 압력에 의존할 수밖에 없음에도 불구하고 "근시안적으로 내셔널
    리즘적이지도 않고 애매모호하게 세계주의적이지도 않은 자신의 문화 속에서 살아가
    는 방법을 예시"한다는 점에서 제3의 영화 개념과 상응한다. Paul Willemen, "The
    Third Cinema Question", Ibid., p.177. 또 가난하다는 것은 현실의 제약을 뜻하
    는데, 이런 제약이 반드시 부정적인 것만은 아니다. 오히려 그것은 또 다른 생산을 가
    능하게 하기 위한 조건으로 기능한다. 왜냐하면 꽉 막히고 닫힌 상황과 씨름하고 고민
    하는 가운데 그 상황을 돌파하기 위한 방법을 모색하게 되고, 그러한 과정 속에서 이
    른바 새로운 영화가 생산될 수 있기 때문이다.

#〈군함도〉(2017)
#〈택시운전사〉(2017)

6장 장르적 상상력의 실패: 현재주의와 역사 기록의 문제

한국영화계를 물들인
역사영화들

언제부턴가 한국영화계는 역사영화로 채워지기 시작했다. 2017년 여름 극장가도 예외는 아니었다. 〈박열〉이 6월에 개봉했고, 〈군함도〉와 〈택시운전사〉가 그 뒤를 이었다. 이 중 가장 많은 논란을 야기한 것은 한수산의 소설 《군함도》를 원작 삼아 일제강점기 강제징용 문제를 다룬 〈군함도〉였다. 영화는 개봉 전부터 260억 원의 초호화 제작비, 황정민·송중기·소지섭 등 유명 배우들의 출연, 전작 〈베테랑〉을 통해 천만 관객을 동원한 바 있는 류승완 감독의 연출 등으로 큰 화제를 모았으나, 스크린 독과점 문제와 역사 왜곡 논란에 휩싸이면서 상대적으로 저조한 흥행 성적을 남기게 됐다. 개봉 전 영화가 몰고 온 엄청난 화제를 고려하면 영화의 저조한 흥행은 매우 뜻밖의 것이었다.[1] 스크린 독과점 문제를 제외하면 대부분의 논란은

1   2017년 7월 말에 개봉한 〈군함도〉는 천만 관객을 훌쩍 뛰어넘으리라는 업계 일반의

역사 왜곡에 초점이 맞춰졌다. 특히 역사적 사건의 고증에 비교적 충실했던 〈박열〉이 같은 시기에 개봉하면서, 〈군함도〉의 이른바 '과도한 역사적 상상력'은 매서운 비판에 휩싸였다.

반면 〈택시운전사〉는 1980년 광주에서 발생한 5·18민주화운동(이하 5·18)을 기본 소재로 삼으면서도 〈화려한 휴가〉(2007)처럼 5·18 자체를 본격적으로 다루기보다는 당시의 상황을 목격하는 영화 속 인물을 통해 이야기를 전달하는 구조를 취한다. 이처럼 외부의 시선을 강조한 〈택시운전사〉는 5·18이라는 사건을 가급적 있는 그대로 전달하는 데 치중했고, 일각에서는 이 영화를 두고 무난하지만 역사 기술historiography이 정형화되어 있다는 식의 비판을 제기하기도 했다.

과거를 말하는 영화 〈군함도〉와 〈택시운전사〉에 쏟아진 이런 비판들은 우리에게 무엇을 말해주는가? 어쩌면 두 영화를 통해 역사와 영화의 관계를 다시 사고해볼 수 있는 건 아닐까? 이 질문은 다음과 같은 또 다른 질문들을 소환한다. 영화는 역사인가 아닌가? 영화가 역사라면 이것은 어떤 형태의 역사인가? 영화가 나름의 방식으로 역사를 기술할 때, 사실과 허구의 관계를 어떻게 사고해야 하는가? 관객이 영화를 소비할 때, 관객은 현재의 시점에서 영화의 내용을 수용하는가? 만약 현

예상과 달리, 658만 2469명의 누적관객수를 기록했다(같은 해 9월 17일 기준). 스크린 독과점 논란을 불러일으킬 정도로 엄청난 스크린 수를 확보한 사실로 미루어볼 때 이 정도의 흥행 성적은 예상 밖의 일이다. 실제로 〈군함도〉의 개봉 당일 스크린 수는 2027개로, 당시까지 역대 최다 스크린을 배정받았던 〈캡틴 아메리카: 시빌워〉의 스크린 수 1991개를 넘어섰다. 지금까지 〈군함도〉만큼이나 공격적인 스크린 독과점 문제로 회자된 영화가 또 있을까? 이 영화를 계기로 한국 영화산업의 독과점 문제가 본격적으로 수면 위로 떠올랐다. 스크린 독과점 문제는 언젠가 한번 짚고 넘어가야 할 의제이지만, 이는 별도의 지면을 요한다. 따라서 이 글에서는 역사와 영화의 관계에만 초점을 맞춘다.

재를 위해 과거의 자료를 활용한다면, 그것은 어떤 의미를 지니는가? 과거와 현재의 관계를 급진적으로 풀어가는 역사 기술이란 무엇인가?

〈군함도〉 논란과
역사적 상상력의 실패

〈군함도〉는 실제의 역사적 사건을 소재로 한 영화로 개봉 전부터 화제를 모았다. 영화의 무대인 군함도는 일본 나가사키 인근에 위치한 섬으로 본래 명칭은 하시마 섬이었으나 지형이 군함의 모습과 닮았다는 이유로 주로 군함도로 불리곤 했다. 0.06제곱킬로미터(축구장 두 개를 합친 정도) 면적의 군함도는 섬 전체가 탄광으로 이루어져 있다. 1810년경 석탄이 발견된 이후부터 소규모의 채굴이 시작되었고, 1890년 미쓰비시가 섬을 경영하면서 채굴사업이 본격화되었다.

태평양전쟁이 발발하자 군함도는 강제징용으로 끌려온 수많은 조선인 노동자들로 채워진다. 노동력이 부족해지자 일본 정부가 조선의 젊은이들을 동원한 것이다. 언제 폭발할지 모르는 탄광 속에서 노동자들은 하루 12시간 이상의 강제노동에 시달렸다. 1937년 중일전쟁이 발발하자 강제징용에 동원된 조선인 수는 500명에서 800명으로 늘었고, 1925~1945년 군함도에서 숨진 조선인은 122명에 달했다.[2] 한때 도쿄보다 높은

2   안관옥, 〈조선인들 '지옥 노동'에 숨졌는데…… 일 "근대화 상징" 관광개발〉, 《한겨레》, 2013. 8. 15.

초호화 제작비와 유명 배우들의
출연으로 개봉 전부터 화제를 모았던
〈군함도〉(2017)는 군함도에서 발생했던
실제 참상을 제대로 전달하지 않았다는
비판에 휩싸였다.

인구 밀도를 자랑했던 군함도이지만, 지금은 아무도 이 섬에 살지 않는다. 골조만 앙상하게 남은 건물들은 마치 폐허를 연상케 한다.

그러나 폭압적 식민주의의 유산인 군함도 문제는 지금도 여전히 현재진행형이다. 2015년 군함도가 '메이지 산업혁명의 유산'이라는 명목으로 유네스코 세계유산에 등재되었기 때문이다. 이에 일본은 강제노동 사실을 적시하겠다고 했지만, 강제징용 노동자들과 이곳에서 희생된 노동자들에 대한 공식적인 추모는 지금껏 단 한 번도 이뤄지지 않았다.

영화는 이런 역사적 맥락을 참조하면서도 그 나름의 방식으로 역사적 사건을 소환한다. 하나뿐인 딸 소희를 돌보는 경성 반도호텔 악단장 이강옥(황정민), 깡패 최칠성(소지섭), 과거 일본군 '위안부'로 끌려가 갖은 고초를 겪은 오말년(이정현) 등이 군함도에 강제징용으로 끌려가면서 이야기는 시작된다. 광복군 소속 OSS 요원 박무영(송중기) 역시 독립운동가 윤학철(이경영)을 구출하기 위해 군함도에 잠입한다. 군함도에서는 강제동원으로 끌려온 조선인들이 연일 임금조차 제대로 지급받지 못한 채 40도에 달하는 해저 1000미터 깊이의 막장에서 참혹한 노동에 시달리고 있다. 전쟁에서 패배가 확실해지자 일본은 자신들이 군함도에서 저질렀던 참상을 은폐하기 위해 조선인들을 집단학살 하려 한다. 이에 박무영은 친일 조선인으로 밝혀진 윤학철을 처단하고 다른 조선인들과 함께 군함도를 탈출할 계획을 세운다.

〈군함도〉가 역사를 왜곡했다는 주장을 몇 가지로 정리해 보면 다음과 같다. 첫 번째로, 영화에서 친일 조선인의 역할이 (일본인의 그것에 비해) 두드러지게 부각되었다는 주장이 있다.

〈군함도〉는 일제강점기라는 시대 맥락을 특정 인물을 통해 구현하기보다는 영화적 상황과 분위기로 묘사했다. 경성을 밝고 화려한 색감으로 표현하는 데 비해, 탄광과 조선인 거주 지역은 무겁고 어두운 잿빛 톤의 색감을 사용하는 식이다. 또한 군함도라는 공간 역시 전체적으로 어둡고 습한 해저의 갱도 이미지를 통해 소환된다. 반면 친일 조선인 캐릭터의 서사는 매우 구체적이고 선명하게 제시된다. 사사건건 조선인들에게 혹독한 폭력을 행사하는 노무계 반장 송종구(김민재), 과거 독립운동을 했지만 지금은 제국 일본에 부역하는 윤학철(이경영) 등의 비중이 상대적으로 크다. 특히 조선말을 사용하는 윤학철이 친일 조선인으로 드러나는 사건은 그저 '분위기'로 제시되는 식민주의보다 훨씬 더 큰 영향력을 행사한다.

'친일 논란'에 관해서라면 이 영화를 〈암살〉(2015), 〈밀정〉(2016), 〈마이웨이〉(2011) 등과 같이 일제강점기를 다룬 또 다른 영화들과 비교해볼 수도 있다. 〈암살〉과 〈밀정〉은 친일 논란을 일으키지 않았는데, 그 이유는 단순하다. 두 영화 모두 제국 일본과 식민지 조선의 대립 구도를 분명히 했기 때문이다. 반면 〈마이웨이〉처럼 피아 식별을 불분명하게 남겨두는 방식으로 일제강점기를 재현한 영화들에 한국 관객들은 매우 냉담한 반응을 보였다. 이런 맥락에서 〈군함도〉는 〈암살〉〈밀정〉의 계열보다는 〈마이웨이〉의 계열에 가까운 듯하다.

두 번째로, 영화가 군함도에서 벌어졌던 참상을 사실적으로 전달하지 않았다는 주장이 있다. 강제징용에 동원된 조선인들의 노동 현실은 우리가 생각하는 노동착취 개념으로는 도저히 설명할 수 없는데, 영화가 이를 제대로 반영하지 못했다는

큰 논란을 불러일으킨
〈군함도〉의 촛불 장면.

것이다.[3] 영화는 태평양전쟁 당시 많은 수의 조선인들이 군함
도에서 탈출했다고 설정하고 있으나, 그런 식의 대규모 탈출은
역사상 존재하지 않았고 조선인과 일본인 간에 전투가 벌어진
적도 결코 없었다. 특히 후반부로 갈수록 영화가 당시의 참상
을 축소했다는 지적이 제기되기도 했다. 이를테면 이강옥이 소
희에게 음식을 가져다주는 장면이나 조선인 징용노동자들이
같은 자리에 모여 앉아 토론을 했던 장면들이 강제징용의 참혹
한 환경에서는 상상조차 할 수 없는 모습이었다는 것이 비판론
자들의 지적이다.

　　물론 역사영화라고 해서 반드시 실제로 일어났던 사건만
을 재현해야 하는 것은 아니며, 역사적 상상력이 가미되지 않
은 역사영화란 애초 존재하지 않는다. 하지만 그렇다 하더라도

3　　하종강, 〈〈군함도〉도 표현하지 못한 징용 노동자〉, 《한겨레》, 2017. 8. 16.

그 정도가 너무 심하다는 것이 〈군함도〉 비판론자들의 주장이었다. 영화가 실재하는 군함도의 고유명을 사용한 만큼 그 역사적 무게에서 자유로울 순 없다는 것이다. 가장 큰 논란을 일으킨 것은 마지막의 탈출 장면이다. 이 장면은 간혹 군함도의 징용 피해자가 개별적으로 탈출을 시도한 경우가 있긴 했지만 대부분 실패로 돌아갔고, 더군다나 집단탈출의 사례는 찾아볼 수 없다는 이유로 비판의 대상이 되었다.[4]

이 문제에 관해 본격적으로 이야기하려면 우선 〈군함도〉가 추구하는 현재주의부터 들여다볼 필요가 있다. 〈군함도〉는 역사적 실화를 바탕으로 하면서도 동시대의 대중에게 강하게 어필하려 했다. 예컨대 영화에서 식민제국은 강제징용에 끌려온 조선인들을 학살하려 하면서 그 근거로 지금까지의 혹독한 참상을 기록으로 남겨서는 안 된다는 점을 내세운다. 기록에 대한 강조는 일찍이 류승완 감독의 전작 〈베테랑〉(2014)에서도 등장한 바 있다. 곧바로 서도철(황정민)과 조태오(유아인)의 최후의 결투 장면을 떠올릴 수 있다. 대로에 서 있는 수많은 사람들이 결투를 스마트폰으로 촬영하자, 서도철은 촬영을 의식하며 물리적 힘의 행사를 가급적 자제한다. 이처럼 기록과 아카

---

4   다음은 하시마 섬에 강제로 연행되었다가 생존해 돌아온 전영식씨의 증언이다. "거기는 감옥이나 마찬가지야. 사면이 바다라 도망 나가고 싶어도 어떻게 도망을 치겠어? 포기할 수밖에 없지. 전라남도 어딘가 해안 쪽에 살다온 사람이 헤어쳐서 탈출을 시도한 적이 있는 것 같은데, 실패해서 죽었다고 나중에 들었어. 그렇게 가까운 거리도 아닌데도 헤엄쳐서 건너는 건 무리지. 한국인 작업장은 일본인 작업장과는 따로 있고 갱 밖에서도 거의 접촉할 일이 없었지만, 언젠가 문득 징역형을 받았다는 일본인들과 섞인 적이 있는데, 그 사람들이 '일본 정보는 빨리 망하는 게 좋다. 그렇게 되면 여기서 빠져나갈 수 있다'고 하는 말을 들었어. 무서워서 그 후에는 가까이하지 않았는데, 그 사람한테도 하시마는 감옥의 연장이었던 거 같아." 전영석, 〈세계유산이라니, 일본인은 그 섬의 역사를 자랑할 수 있나〉, 나가사키 재일조선인의 인권을 지키는 모임, 《군함도에 귀를 기울이면: 하시마에 강제 연행된 조선인과 중국인의 기록》, 박수경·전은옥 옮김, 선인, 2017, 64~65쪽.

이빙의 중요성에 대한 강조는 동시대의 관객을 겨냥한다.

군함도에 강제로 끌려온 조선인들이 탈출 계획을 세우는 과정에서 다 함께 촛불을 들어올리는 장면 역시 촛불시위를 참조한 것처럼 보인다. 문제는 이 모든 것이 영화의 내적 메커니즘과 논리적 연결성을 만들지 못한 채 다분히 현재의 관객만 의식한다는 것이다. 눈앞의 관객을 지나치게 의식할 때 과거의 활용은 상대적으로 무력해질 수밖에 없다. 다시 말해 〈군함도〉는 과거의 사료를 빌려오면서도 현재에 집착한 나머지 과거를 부차적인 지위로 하락시켰다. 역사적 사건을 소재로만 활용했을 뿐, 과거가 현재와 맺는 변증법적 긴장의 관계를 사유하지 못한 것이다.[5]

그러나 이보다 더 어려운 문제가 남아 있다. 실화를 바탕으로 한 역사영화가 역사적 사건을 재현할 경우, 사실과 허구의 비율을 어느 정도로 조정할 수 있는가에 관한 질문 말이다. 사실과 허구를 결합하는 것은 현실에 접근하고 역사적 사건을 표현하기 위한 다양한 방법들 가운데 하나다. 허구는 그 사건이 말하지 못했던 대상에 구체적 감각과 생동감을 부여한다. 허구와 사실이 다양한 방식으로 결합될 때 우리는 역사적 사건

5 　현재주의는 벤야민이 말하는 진보와 상응한다. 이런 진보 개념에 관한 비판은 벤야민의 메시아주의에서 발견된다. 즉 벤야민이 메시아주의와 관련해 강조한 것은 강한 메시아주의가 아니라 '약한 메시아의 힘'이다(〈역사의 개념에 대하여〉 테제 2번). 강한 메시아주의가 미래에 도래할 메시아를 뜻한다면, 벤야민이 초점을 맞추는 약한 메시아의 힘은 과거의 폐허 속으로 들어가야만 비로소 미래로 도약할 수 있는 가능성을 뜻한다. 물론 여기서 과거는 승자의 역사로서의 과거가 아니라, 과거의 모든 억압받은 자들을 가리킨다. 동시에 이때의 과거는 실제로 일어났던 사건이 아닌, 그와 다른 방식으로 행동할 수도 있었던 가능성을 뜻한다. 이런 관점은 벤야민의 〈역사의 개념에 대하여〉 테제 9번과 12번에서 명징히 드러난다. 다음의 문장은 이와 같은 벤야민의 역사철학을 압축적으로 표현한다. "우리는 후손들에게 우리의 승리에 대한 감사가 아니라 우리의 패배에 대한 기억을 요구한다." 발터 벤야민, 《〈역사의 개념에 대하여〉 관련 노트들》, 《역사의 개념에 대하여/폭력비판을 위하여/초현실주의 외》, 369쪽.

의 의미를 좀 더 깊고 풍부하게 느낄 수 있다. 여러 방식들 사이에 존재하는 긴장과 모순이 그것을 가능케 한다. 이렇듯 역사영화는 지면에 기록된 역사가 제공하지 못하는 통찰력을 제공할 뿐 아니라, 우리로 하여금 그 사건을 경험하도록 한다. 역사영화의 중요성은 바로 이 점에 있다.

예컨대 에이젠슈타인의 〈10월〉(1927)은 10월혁명이라는 역사적 사건을 과장해서 만든 경우에 해당한다. 볼셰비키가 러시아혁명 과정에서 겨울궁(로마노프 왕조의 정궁)을 습격했던 상황은 실제로 매우 건조하고 단조로웠다고 알려져 있다. 반면 영화 속 겨울궁 습격 장면은 수없이 많은 병사들이 프레임을 가로질러 이동하고 횡단하는 모습을 역동적으로 보여준다. 〈10월〉의 겨울궁 습격 장면을 두고 이것이 러시아혁명의 실제 양상을 사실적으로 전달하지 않았다고 비판하는 주장도 있지만, 중요한 것은 〈10월〉이 역사적 사실에 얼마나 부합하느냐가 아니라, 러시아혁명에 내재한 열기와 도취의 분위기를 얼마나 그럴듯하게 표현해냈느냐는 것이다.

데니즈 J. 영블러드도 이와 유사한 주장을 펼친다. 그는 1930년대 소비에트 러시아를 초현실주의적으로 다룬 텐기즈 아불라제의 〈참회〉(1988)를 분석하면서, 이 영화가 역사적 사실을 정확하게 전달하지 않았다고 주장한다. 영화가 그린 1930년대 스탈린 체제하의 소비에트 러시아가 실제의 역사적 사실에 부합하지 않는다는 것이다. 그럼에도 영블러드는 〈참회〉가 1930년대 러시아의 상황을 더할 나위 없이 '리얼'하게 포착했다고 평가한다.[6] 그는 〈참회〉가 "초현실주의임에도 불구하고"

---

6   드니즈 J. 영블러드, 〈참회: 스탈린주의의 공포와 초현실주의의 리얼리즘〉, 로버트

가 아니라 "초현실주의라는 바로 그 이유 **때문에**" 당대 러시아의 상황을 제대로 그려낼 수 있었다고 주장한다. "소비에트 역사에서(어쩌면 모든 역사에서) 그 어느 시기도 흑이 백이었고 낮이 밤이었던 대공포 시절The Great Terror보다 더 초현실주의적이었던 적은 없"었기 때문이다.[7]

이런 맥락에서 〈군함도〉가 장르영화이기 때문에 역사적 사건을 제대로 그려내지 못했다고 볼 수는 없다. 장르영화 역시 나름의 환상 양식을 동원하여 역사를 표현하기 때문이다. 그렇다면 〈군함도〉의 진짜 문제는 다른 데 있다. 이 영화가 역사적 사건 자체로만 표면화되지 않는 역사의 복잡한 모순들을 자신만의 방식으로 표현해내지 못했다고 보는 편이 좀 더 적절할 것이다. 손에 잡히는 구체적 현실의 모습을 묘사하는 것보다 더욱 중요한 것은, 이런 현실을 구성하는 여러 겹의 층위들, 그리고 그 층위들 사이를 가로지르며 발생하는 다종다양한 모순들을 어떤 방식으로 드러낼 수 있을지 모색하는 것이다. 결국 〈군함도〉의 문제는 자본과 노동의 기본모순이 일제 식민주의라는 역사-종별적 정세와 얽혀 있는 방식을 드러내지 못했다는 데 있다.

〈군함도〉가 역사적 사건에 내재한 긴장을 그려내지 못했다는 주장과 별개로, 〈군함도〉가 역사적 사건과의 지시관계reference를 지나치게 무시한 측면이 있다는 것도 지적해야 한다. 팩션faction이라는 단어에서 알 수 있듯, 역사영화에 픽션, 허구, 레토릭 등이 포함되는 것은 그다지 놀라운 일이 아니다.

A. 로젠스톤 엮음, 《영화, 역사: 영화와 새로운 과거의 만남》, 김지혜 옮김, 소나무, 2002, 220쪽, 번역 일부 수정.

7   같은 책, 같은 쪽, 강조는 원문, 번역 일부 수정.

하지만 그렇다 하더라도 누구나 다 아는 사실을 변경하는 것에는 상당한 위험 부담이 따른다. 듀나는 "모두가 결말을 아는 참혹한 실제 역사에 허구의 해피엔딩을 부여하는 것은 금지되지는 않았으나 굉장히 위험한 일"[8]이라고 지적한다. 이 문제는 〈택시운전사〉와의 비교 속에서 좀 더 분명히 드러난다.

〈택시운전사〉와 기록의 문제

〈택시운전사〉는 얼결에 독일 공영방송 ARD 소속 기자 위르겐 힌츠페터(토마스 크레치만)와 함께 광주에 가게 된 택시 운전사 김만섭(송강호)의 이야기를 다룬다. 힌츠페터가 1980년 5·18 현장을 촬영하는 가운데 벌어지는 에피소드가 영화의 주축을 이룬다. 5·18을 다룬 영화가 〈택시운전사〉가 처음은 아니다. 〈칸트씨의 발표회〉(1987), 〈황무지〉(1988), 〈부활의 노래〉(1990)부터 〈꽃잎〉(1996), 〈박하사탕〉(1999), 〈화려한 휴가〉(2007), 〈26년〉(2012), 〈김군〉(2018)을 거쳐 〈좋은 빛, 좋은 공기〉(2020), 〈둥글고 둥글게〉(2021)에 이르기까지 적지 않은 한국영화가 5·18을 다뤘다.

5·18이라는 소재의 측면에서 보면 〈택시운전사〉 역시 이 영화들의 계보를 잇는다. 그러나 어떤 면에서 〈택시운전사〉는 그런 영화들과 차별화된다. 이전의 영화들이 피해자 혹은 가해자의 관점을 뚜렷하게 설정하는 방식으로 5·18을 다룬 것과 달리, 외국인 기자와 택시 운전사라는 외부인의 시선을 개입시켜

---

8   듀나, 〈〈박열〉 〈군함도〉 〈택시운전사〉, 그리고 역사적 상상력〉, 《한겨레》, 2017. 8. 7.

5·18 현장을 재구성하기 때문이다.

영화는 대립 구도를 매우 단순하고 분명하게 설정한다. 광주 시민과 계엄군이라는 기본적인 대립 구도 외에도, 광주에서 발생한 사건을 기록하고 외부에 전달하려는 자와 이를 은폐하려는 자 사이의 새로운 대립 구도를 집중적으로 부각한다. 택시 운전사와 외국인 기자가 진실을 기록하고 전달하고자 고군분투한다면, 계엄군과 사복경찰은 무력으로 진실의 기록과 확산을 막으려 한다. 여기서 영화는 적과 동지 간의 전선을 뚜렷하게 그려내면서도 동지의 범위를 피해자가 아닌 목격자와 증인으로까지 확대한다.

적과 동지를 선명히 구분하는 이런 시도는 〈군함도〉와 차별화된 입장을 보여주며, 생각보다 훨씬 더 유의미한 효과를 낳는다. 〈군함도〉는 제국 일본과 강제징용 조선인 간의 전선을 선명히 긋지 않음으로써 가해자와 피해자를 한 묶음으로 뭉뚱그린다. 공동체 내부의 한계와 약점을 인정하는 행위는 공동체 그 자체를 질문한다는 점에서 매우 중요한 정치적 전략이다. 그러나 그 전에 먼저 구체적인 전선front line이 설정되어야 한다. 전선이 전제되지 않는다면 가해자와 피해자를 구분하는 경계가 무너지고 모든 현상에 동일한 가치가 부여되는 위험한 상황이 초래될 수 있기 때문이다. 이는 무엇보다도 가해자보다 피해자가 비난을 받는 상황 혹은 가해자와 피해자가 동일하게 받아들여지는 상황을 타파해야 할 때 중요한 시사점을 제공한다(이와 관련해 4장에서 언급한 라클라우의 이론을 참조하라).[9]

9   이 지점에서 도미니크 라카프라의 분절articulation 개념을 언급할 필요가 있다. 라카프라는 모든 영역 간의 경계가 희미해지고 해체되는 상황에서 경계를 긋는 행위의 중요성을 강조하면서, 이를 분절 개념을 통해 설명한다. 라카프라에게 분절은 "판단 불

1980년 5월, 광주로 간 택시운전사

택시운전사

2017.08.02

송강호 토마스 크레취만 유해진 류준열 박혁권 최귀화 차순배 그 외

〈택시운전사〉(2007)는 피해자 혹은 가해자의
관점을 뚜렷하게 설정하는 방식으로 5·18을
다룬 여타의 영화들과 달리 외부인의 시선을
개입시켜 5·18 현장을 재구성한다.

〈택시운전사〉에서 관객은 스스로를 광주에서 자행된 국가폭력을 직접 경험하는 자와 동일시하기보다는 광주에서 무슨 일이 어떻게 발생했는지 목격하고 기록하는 자와 '교감empathy'한다. 이것이 영화 속 인물들을 '통해' 5·18을 인식하는 것인지, 아니면 영화 속 인물들과 '더불어' 상황을 목격하는 것인지는 분명하지 않다. 그러나 분명한 것은 〈택시운전사〉의 이와 같은 전략이 광주에서 자행된 국가폭력의 실상을 전달하는 데 효과적일 수 있다는 점이다.

영화는 택시 운전사 김만섭과 외신 기자 힌츠페터가 광주의 참상을 외부에 전달하기 위해 분투를 벌이는 과정에 초점을 맞춘다. 그러므로 〈택시운전사〉의 핵심은 5·18을 정확하게 묘사하는 데 있다기보다 그런 참상을 어떻게 전달할 것인가, 즉 '전달 가능성'을 타진하는 데 있다. 역사적 트라우마를 전달하는 문제는 매우 중요한 토픽으로, 최근 트라우마 연구는 이후 세대가 이전 세대의 역사적 트라우마를 어떻게 계승하는지, 그리고 이러한 트라우마가 발생했던 구체적 장소를 넘어 다른 공간에서 발생한 트라우마와 어떤 방식으로 접속될 수 있을지에 초점을 맞추고 있다.

물론 〈택시운전사〉에 관한 비판도 만만치 않다. 일례로 영화 후반부에 등장한 카레이싱 장면은 불필요했다는 지적이 제기되기도 했다. 그러나 〈택시운전사〉가 일종의 장르영화라는 점을 고려할 때, 카레이싱 장면의 삽입은 동의하긴 어렵지만

가능 상태가 거의 혼란에 가깝고 모든 구분선이 사라지거나 모호해질 때" 그런 현상을 막는 방패 역할을 한다. 도미니크 라카프라, 〈역사 쓰기, 트라우마 쓰기〉, 김우민 옮김, 육영수 엮음, 《치유의 역사학으로: 라카프라의 정신분석학적 역사학》, 푸른역사, 2008, 156쪽.

어느 정도 이해할 수 있는 선택이다.

또한 일각에서는 영화 속 인물의 모습이 전형적이고 평면적이라고 지적하기도 한다. 실제로 만섭과 힌츠페터 외의 다른 인물들, 즉 국가폭력의 참상을 직접 경험하는 광주 시민들의 모습은 다소간 평면적으로 그려진다. 만섭과 힌츠페터 일행을 거리낌없이 집에 초대하고 식사를 대접한 개인 택시 기사 태술(유해진)과 아무런 조건 없이 만섭을 도와준 대학생 재식(류준열)은 어떤 면에서 프랑크 카프라의 〈멋진 인생〉(1946)에 나오는 선한 인물들의 모습과 유사하다. 관객은 영화 속 인물 역시 현실의 여느 인간처럼 완벽하지 않다는 것을 잘 알고 있음에도 그 인물에게 아무런 흠이 없다고 믿고 싶어 한다. 말하자면 영화는 관객이 실제로 알고 있는 지식에 기대기보다 그 대상에 관한 믿음을 강조한다.[10] 〈택시운전사〉 역시 지식과 믿음의 간극을 교묘히 숨긴다는 점에서 인물의 정형화를 떨쳐내지 못하고 관객의 기대에만 편승해버린 측면이 있다.[11]

그럼에도 〈택시운전사〉는 5·18 같은 역사적 사건을 의도적으로 망각하고 심지어 날조하기까지 하는 가짜뉴스의 시대에 역사적 사건의 기록이 왜 여전히 중요한 가치인가를 보여준다. 단성적 진리가 아닌 다성적 이야기들의 존재 가능성을 드러내는 역사 기술은 매우 중요하다. 역사적 사실과 픽션의 결

---

10 슬라보예 지젝, 《진짜 눈물의 공포》, 113~114쪽.
11 슬라보예 지젝은 이러한 포퓰리즘적 전략에 대해 부정적이다. 그는 프랑크 카프라의 시도를 스탈린주의 시대의 영화들과 연속선상에 놓는다. "그는 스탈린주의 영화들이 소련 시민들을 이미 선했던 존재로 제시했던 것과 똑같은 방식으로 '보통 사람들'을, 목표를 향해 투쟁하는 존재가 아니라 이미 순진하고 선한 사람들로 묘사하는 것이다. 이 경우 '선함'은 일종의 칸트적인 잘못된 추리paralogism를 거치면서, 마법적인 순간에만 잠시 드러나는 정의하기 어려운 특질이 아니라, 직접적이고 실증적인 자질이 되어 버린다." 같은 책, 121~122쪽(각주 10).

〈택시운전사〉에서 광주 시민들의 모습은 다소간
평면적·전형적으로 그려진다.

합, 즉 팩션은 진리를 말하는 방식에 다양한 관점이 녹아 있음
을 보여준다. 이러한 시도는 기존의 공식적인 역사 기술을 주
변화하는 장점이 있다. 그러나 모든 역사 기술이 동등한 존재
론적 가치를 지니는 것은 아니다. 우리는 역사적 사건과 장르
적 상상력의 결합을 마냥 긍정할 수만은 없는 시대에 살고 있
다. 소문이 진리가 되고, 가짜뉴스가 사실처럼 여겨지는 시대
에 사실과 픽션의 결합을 어떤 방식으로 인식할 것인가에 관해
새로운 질문을 제기할 때다.

역사 기술의 다각화

실증주의적 역사 기술은 실제로 발생했던 사건의 객관적
기술을 목표로 한다. 그러나 실증주의적 역사 기술이 강조하

는, 실제로 일어났던 사건의 온전한 재현은 실현되기 어렵다. 과거 사료를 선택하는 과정 자체에 이미 역사가의 주관적 관점이 개입되어 있기 때문이다. 이런 점에서 과거의 특정 사건을 선택하는 행위는 현재의 관점과 매우 긴밀하게 얽혀 있다. 이는 일찍이 레이먼드 윌리엄스가 선별적 전통selective tradition이라고 말했던 것, 즉 "과거를 현재와 연결시켜 현재를 정당화하려는 의도를 담고 있는 과거에 대한 한 해석"과 관계된다.[12] 또한 역사 기술은 독단적이지 않을 뿐 아니라 하나의 해석에만 개방되어 있지도 않다. 과거에 일어났던 사실을 있는 그대로 보여주는 기획에 초점을 맞추는 실증주의적 역사 기술이 그야말로 시대착오적일 수 있는 이유이다. 역사는 결코 과거 사건들의 선형적·연대기적 연쇄가 아니며, 언제나 독단적 해석에 끊임없이 저항하는 다양한 계기들을 통해 구성된다.

역사 기술은 허구·픽션·플롯과 불가분의 관계를 맺는다. 헤이든 화이트는 사실과 허구의 경계를 허물면서 이야기와 플롯의 관점에서 역사를 설명한다. 심지어 그는 사실과 허구의 관계를 두고, '사실에 덧붙여진 허구' 혹은 '허구에 덧붙여진 사실' 같은 관점을 견지하기보다는 사실과 허구가 존재적으로 동일한 지위를 보유하고 있다고 본다.[13] 이는 구성주의적 역사 기술로, 실증주의적 역사 기술과 달리 우리에게 허구와 역사적 사건의 관계에 좀 더 신중하고 조심스럽게 접근할 것을 요청한다. 정확하고 올바른 역사 기술은 존재하지 않으며 다원적·개

---

12   레이먼드 윌리엄스, 《마르크스주의와 문학》, 235쪽.
13   Hayden White, "the Modernist Event", Vivan Sobchack ed., *The Persistence of History: Cinema, Television, and the Modern Event*, Routledge, 1995, p.19.

방적·입체적인 역사 기술이 필요하다는 것이다. 이러한 시도는 기존의 독단주의적 역사관을 상대화하고 불안정하게 만드는 효과가 있다.

물론 구성주의적 역사 기술 모델이 전적으로 타당한 것은 아니다. 역사적 상상력은 중요하지만, 그렇다고 해서 역사 자체가 허구와 플롯은 아니기 때문이다. 구성주의적 역사 기술을 극한으로 추구하게 되면 역사 인식 자체를 무한히 상대화할 수도 있다. 이 경우 전적으로 날조와 허구에 입각한 역사 기술마저 동등하게 역사 인식의 장에 참여하게 될 위험이 있다. 그렇다면 역사와 영화의 관계를 어떻게 바라보아야 할까? 뾰족한 해답이 있는 것은 아니지만 중요한 것은, 의미를 만드는 다양한 방식이 있다는 것을 인정하되 이 각각의 방식을 서로 경합시킬 필요가 있다는 점이다. 이때 의미 만들기는 특권화된 한 가지 방식이 아니라, 각각의 요소들이 맺고 있는 관계를 통해 형성된다.

예컨대 질 들뢰즈는 《의미의 논리》에서 실증주의의 지시작용designation, 현상학의 현시작용manifestation, 구조주의의 의미작용signification 개념들을 비판하면서, 의미를 자연과 문화가 만나는 경계의 면에서 발생하는 '사건'으로 재정의한다. 실증주의에서 의미란 하나의 기호가 현실 속의 특정한 대상을 지시하는 것으로서 기호와 사물의 관계를 가리킨다. 현상학phenomenology은 의미를 인간이 어떤 사물이나 대상에서 느끼거나 경험하는 것과 연관짓는다. 즉 현상학에서 의미란 주체와 상관없이 발생하는 객관적인 작용이 아니라, 주체의 경험과 긴밀히 얽혀 있는 무엇이다. 반면 구조주의는 주체 이전에 존재하는 장場을 강조한다. 즉 주체에게 어떤 것을 하도록 강제하는 그 무언가가 주체의 생성 이전에 이미 존재한다는 것이 구조주의의 의미론이다. 이 경우 하나의 개별 주체가 의미를 만들어내는 것이 아니라, 개체가 이미 존재하는 구조 내에서 어떤 자리/위치를 점하느냐에 따라 의미를 부여받게 된다. 마지막으로 들뢰즈는 의미를 지시작용·현시작용·의미작용으로 축소하는 대신 "명제 속에 내속하거나 존속하는 순수한 사건"[14]으로 인식할 필요가 있음을 강조한다.

여기서 들뢰즈의 의미론을 굳이 소개하는 까닭은 그 이론을 강조하기 위해서가 아니다. 의미를 만드는 각각의 방식이 서로 어떤 관련을 맺고 있는지, 그리고 어떤 방식으로 의미를 만들기 위한 경쟁을 벌이고 있는지를 살펴보기 위해서다. 앞서 이야기했듯, 의미 만들기는 한 가지 방식이 아닌 복수의 다양한 방식으로 이뤄진다. 각각의 의미 만들기는 독립적independent이면서, 동시에 의존적dependent이다. 그렇기에 의미 만들기에서 중요한 것은 특정한 상황에서 한 의미가 다른 의미와의 (비)매개적 관계를 통해 어떤 방식으로 표현되는가를 면밀히 살펴보는 것이다. 이와 더불어 특정한 상황에서 어떤 의미 만들기가 더 중요하고 시급한 안건인가를 결정하는 것도 중요하다. 예컨대 어떤 상황에서는 의미작용이 지시작용보다 중요할 수 있고, 또 어떤 상황에서는 현시작용이 좀 더 중요한 의미 만들기의 방식일 수 있다.

14   질 들뢰즈, 《의미의 논리》, 74쪽.

〈군함도〉와 지시작용의 문제

〈군함도〉와 관련해서는 지시작용의 문제를 강조할 필요가 있다. 지시작용은 기호와 현실의 관계를 다룬다는 점에서 재현/표상과 관련된다. 특히 오늘날과 같은 포스트모던 시대에 지시작용은 생성과 운동을 제대로 포착하지 못한다는 이유로 수없이 비판받으며 구식의 의미론으로 폄하되어왔다. 가령 푸코는 《이것은 파이프가 아니다》에서 유사ressemblance와 상사similitude의 차이에 대해 언급한다. 유사에는 기원이 되는 대상이 있다. 사본은 기원이 되는 대상을 복제함으로써 성립하는데, 사본이 기원에서 멀어지면 멀어질수록 그 기원을 중심으로 일종의 위계가 세워진다. 유사가 "지시하고 분류하는 제1의 참조물을 전제"하며 "재현"에 사용된다면, 그와 달리 상사는 "시작도 끝도 없고, 어느 방향으로도 나아갈 수 있으며, 어떤 서열에도 복종하지 않"는다.[15] 푸코는 상사를 더 강조한다.

그러나 여기서 중요한 것은 각각의 의미 만들기 방식을 교차시키고 경쟁시키고 연관시키는 것이다. 가령 유사와 상사 중 어느 한쪽만을 강조할 경우 다른 의미 만들기를 배제하게 된다. 그러나 이 둘을 관계적인 차원에서 생각하면, 상사와 유사의 관계가 어떤 방식으로 형성되는지에 집중하게 된다. 현대 문화이론에서는 유사보다 상사를 강조하는 경향이 짙지만, 이보다 더 중요한 것은 상사와 유사 간의 '비대칭적' 관계에 주목해 사회적 조건을 인식하는 일이다.

이런 맥락에서 〈군함도〉는 일제강점기에 자행된 강제노

---

15   미셸 푸코, 《이것은 파이프가 아니다》, 김현 옮김, 민음사, 1998, 73쪽.

동과 강제동원의 문제 등 역사적 맥락을 짚었어야 한다. 강제
노동 문제는 곧 제국 일본의 식민주의가 자본과 노동의 비대칭
적 모순을 어떤 식으로 과잉결정했는지 살펴볼 수 있는 중요한
계기이다. 좀 더 깊숙이 들어가면, 군함도에는 조선인 노동자
뿐만 아니라 중국인 노동자들도 있었다.[16] 영화가 중국인 노동
자들의 존재를 인식했더라면, 당시 동아시아를 장악했던 제국
주의적 폭력이 더욱 선명히 부각되지 않았을까. 군함도에 갇혀
있던 강제징용 피해자들이 나가사키에 투하된 원폭의 사후처
리 작업에까지 동원된 사실로 볼 때,[17] 조선인 강제징용과 강제
노동의 문제는 복잡한 역사적 모순을 드러낸다.

군함도에서 집단탈출이 발생한 사실이 전혀 없는 상황에
서 영화 후반부에 집단탈출 장면을 배치한 선택은 다소 무모한
것이었다. 역사적 기록으로 확인되지 않는 부분을 픽션과 허구
로 채워넣는 것과 기록에 부재하는 사실을 실재화하는 것은 분
명 다르다. 말하자면 〈군함도〉는 기호와 현실의 지시작용을 크
게 간과했다. 현실이라는 개념을 궁극적 현상으로 고정할 때
문제가 발생한다는 이유로 그 개념 자체를 폐기한다면 곤란할
것이다. 현실 개념을 완전히 폐기할 경우 비현실적 존재가 증
폭하게 되고, 그렇게 되면 일종의 존재론적 혼란이 발생할 수
있다. 가짜 뉴스와 시뮬라크르적 시각문화가 압도하는 동시대
의 흐름을 고려하면 특히 더 그렇다. 따라서 현실 개념 자체를
섣불리 거부하거나 폐기하기보다는 그것들을 복수화하고 증
폭시키되, 역사적 상상력의 범위와 경계를 어디까지 설정할 것

---

16   최장섭, 〈속여서 강제 연행하고, 내 인생을 망가뜨렸다〉, 〈세계유산이라니, 일본인은
      그 섬의 역사를 자랑할 수 있나〉, 《군함도에 귀를 기울이면》, 57쪽.
17   전영석, 〈세계유산이라니, 일본인은 그 섬의 역사를 자랑할 수 있나〉, 같은 책, 65~66쪽.

인지 고민하는 태도가 필요하다.

　　오늘날 존재론이 추구해야 하는 바는 "궁극적 실재를 못박고 그로부터 세계를 연역하는 것이 아니라 실재의 복수성과 그 구체적 차이, 관계를 밝히는 것"[18]에 있다. 따라서 사실적 정확성을 지시작용을 판단하는 척도로 삼아서는 곤란할 것이다. 지시작용이 진정으로 다뤄야 하는 것은 주어진 것으로서의 대상이 아니라, 대상에 내속한 핵심적 역학, 즉 사회적·역사적 조건이다. 그런 점에서 〈군함도〉의 실패 원인은 장르영화의 관습을 빌려 역사적 트라우마를 재현한 데 있지 않다. 그보다 〈군함도〉는 근본적으로 군함도를 둘러싼 다층적인 모순들과 그 모순들 사이에서 발생하는 긴장을 충분히 지시하는 데 실패한 것이다.

18　　이정우, 《개념-뿌리들》 1권, 철학아카데미, 2004, 218쪽.

#〈쉬리〉(1999)
#〈추격자〉(2007)
#〈무산일기〉(2010)
#〈엑시트〉(2019)

7장 포스트-정치 시대의 재난과 공포: 한국영화의 정치적 상상력

재난과 한국영화

나오미 클라인은 재난과 자본주의의 공모 관계를 재난 자본주의disaster capitalism라는 개념을 통해 요약한 바 있다. 이는 자본주의가 "재앙 같은 사건이 벌어진 후 공공 부분에 치밀한 기습 공격을" 가하는 것을 일컫는다.[1] 클라인은 밀턴 프리드먼 같은 신자유주의자가 재난으로 충격에 빠진 사람들이 정신을 차리지 못하는 사이, 모든 것이 와해된 자리에 신자유주의적 사회질서가 비집고 들어가 자리를 잡는 과정을 설득력 있게 묘사한다. 뉴올리언스가 대표적인 사례로, 허리케인 카트리나로 인한 참사 이전에 123개였던 공립학교는 재난 이후 4개로 축소되었고, 노조원 4700여 명이 해고되었다.[2]

다른 한편으로 재난 자본주의는 포스트-정치 개념과도 밀

<hr />

1   나오미 클라인, 《쇼크 독트린: 자본주의 재앙의 도래》, 김소희 옮김, 살림Biz, 2008, 15쪽.
2   같은 책, 14쪽.

접한 관련을 맺는다. 거대 서사와 이데올로기의 굴레를 벗어던지고 삶을 효율적으로 관리하는 것에 모든 초점을 맞추는 포스트-정치 개념에서 정치는 단지 이해관계를 조정하는 문제로 축소된다. 정치가 행정과 치안으로 축소되면서, "공포"는 "사람들의 열정을 불러일으키는" 유력한 동원 수단이 되었다.[3]

이런 식의 설명은 이 시대의 수많은 매체 이미지가 공포, 파괴, 손상된 신체와 사지 절단 같은 극단적인 이미지들을 전시하는 데 열중하는 이유를 말해준다. 마이클 하트와 안토니오 네그리가 지적했듯, 전 지구적 소통권력이 제국의 부차적인 수단이 아니라 제국권력의 기능 자체이고 소통이 주권에 종속되는 것이 아니라 주권이 소통에 종속되는 것이라면, 즉 전 지구적 주권 권력이 소통을 통해 행사된다면,[4] 오늘날의 소통체계를 특징짓는 키워드는 단연 '공포의 스펙터클'일 것이다. "스펙터클이 욕망과 쾌락(생필품을 향한 욕망과 소비의 쾌락)을 통해서 기능하는 것처럼 보임에도 불구하고, 스펙터클은 공포의 소통을 통해서 실제적으로 작동한다"[5]는 하트와 네그리의 진단은 오늘날 소통체계의 핵심 본질이 공포에 있음을 드러낸다.

2000년대 이후의 한국영화 역시 그런 흐름에 편승해왔으

3   슬라보예 지젝, 《폭력이란 무엇인가: 폭력에 대한 6가지 삐딱한 성찰》, 이현우 외 2인 옮김, 난장이, 2011, 73~74쪽. 샹탈 무페 역시 포스트-정치에 관해 언급한 바 있다. 무페에 따르면, 포스트-정치는 신자유주의 세계화가 지극히 당연하게 받아들여지면서, 정치가 '기술관료적 쟁점'이나 이해관계의 조정으로 축소되는 상황을 지시한다. "신자유주의 지구화는 우리가 받아들여야만 하는 운명으로 이해되었으며, 정치적 질문들은 단지 전문가들에 의해서 다루어지는 기술관료적 쟁점으로 축소되었다. 시민들이 다양한 정치 기획들 사이에서 실제 선택을 할 수 있는 공간이 사라지면서 시민들의 역할은 그저 전문가들이 고안한 '합리적' 정책들을 승인하는 데 그치고 말았다." 샹탈 무페, 《좌파 포퓰리즘을 위하여: 새로운 헤게모니 구성을 위한 샹탈 무페의 제안》, 이승원 옮김, 문학세계사, 2019, 16쪽.
4   안토니오 네그리·마이클 하트, 《제국》, 윤수종 옮김, 이학사, 2001, 444~445쪽.
5   같은 책, 420쪽.

며, 상당수의 작품들이 다양한 수준에서 재난과 공포의 양상을 포착했다. 북한군 테러리스트들을 다룬 〈쉬리〉(1999)에서부터 〈괴물〉(2006), 〈해운대〉(2009), 〈타워〉(2012), 〈연가시〉(2012), 〈감기〉(2013), 〈판도라〉(2016)처럼 재난을 소재로 내세운 영화들에 이르기까지, 수많은 한국영화가 재난에 관한 나름의 상상력을 제시한 듯하다. 그러나 대다수 한국영화의 재난과 파국에 관한 상상력은 남성 주체의 '희생적 자살'과 자기 연민의 테두리를 벗어나지 못하고 있다. 예컨대 〈타워〉는 남아 있는 생존자들을 구출하기 위해 건물 안으로 들어가는 전설적인 소방대장 강영기(설경구)의 희생에 초점을 맞춘다.

개인의 희생이 재난영화의 장르 관습 가운데 하나이기는 하지만, 궁극적으로 희생은 큰타자의 공백을 메우는 이데올로기의 역할을 수행한다. "희생"은 "큰타자의 무능함에 대한 부인을 상연하는 제스처"이며, "주체는 스스로 이득을 얻기 위해서가 아니라 **타자** 안의 결여를 채우기 위해, **타자**의 전능함―혹은 적어도 일관성―의 외양을 유지하기 위해 희생을 제공"한다.[6]

2000년대 이후 한국영화는 자기 희생의 장면을 반복적으로 상연해왔다. 남성 주체의 자기 희생적 제스처는 서사적 해결을 무한히 유예함으로써, 사회적 적대의 장을 여는 가능성을 근본적으로 배척하는 경향이 있다(〈유령〉, 〈실미도〉). 즉 한국영화는 서사의 구성에서 계속해서 타자를 발명하면서도, 마지막 순간에 이르러서는 타자와의 대면을 회피함으로써 대중영화가 제공할 수 있는 사회적 적대의 가능성을 스스로 포기해왔다

---

6   슬라보예 지젝, 《신체없는 기관: 들뢰즈와 결과들》, 김지훈 외 2인 옮김, 도서출판b, 2006, 312쪽, 강조는 원문.

고 할 수 있다. 이때 실종되는 것이 바로 정치이다. 정치란 근본적으로 "적과 맞선 싸움"이기 때문이다.[7]

한국영화를 '소년성'으로 요약한 허문영 역시 이를 지적한다. 허문영은 2000년대 초반까지의 한국영화가 고전적인 영웅이 아닌 홀로 남겨진 소년에 집중해왔다는 점을 강조한다. 물론 여기서 말하는 소년성이 단지 나이에 따른 것은 아니다. 그것은 재난과 파국을 대하는 남성 주체의 반응 양식, 즉 태도와 연관된다. 허문영에 따르면, 고전적인 영웅이 공동체가 직면한 재난을 해결하기 위해 헌신하는 데 반해, 〈공동경비구역 JSA〉(2000), 〈친구〉(2001), 〈실미도〉(2003), 〈태극기 휘날리며〉(2004) 같은 2000년대 전반기 최고 흥행작의 남성 주인공들은 자신이 소속된 공동체가 붕괴되는 고통스러운 상황에 직면하면서도, 공동체의 회복에는 큰 관심을 기울이지 않는다. "성공한 한국 대중영화들에는 영웅성의 자리를 소년성이 차지하고 있다. 이 소년성이 한국 장르영화의 불안정하며 변칙적 성격을 결정하는 핵심적인 요소다."[8] 허문영은 소년성을 특징으로 하는 한국영화의 장르 특성이 자신이 글을 쓸 당시에 거의 막바지 단계에 접어들었다고 진단한다.[9]

7 알랭 바디우, 《사랑예찬》, 조재룡 옮김, 도서출판 길, 2010, 70쪽.

8 허문영, 〈한국영화의 '소년성'에 대한 단상〉, 《씨네21》 446, 2004, 57쪽.

9 남다은은 허문영이 글을 쓴 지 2년이 지난 뒤에도 여전히 한국영화의 '소년성'이 유지되고 있다고 지적하면서(《주먹이 운다》 〈비열한 거리〉 〈열혈남아〉 등의 건달 영화로부터 〈라디오 스타〉 〈싸움의 기술〉 〈애정결핍이 두 남자에게 미치는 영향〉 등 자기만의 세계에 빠져 있는 남성 주인공에 이르기까지), 한국영화의 '소년성'이 자기연민과 무력함에 빠진 남성 정체성으로 대체된다고 언급한다. "이 시대 한국의 남자 아웃사이더들은 '어른의 세계'로부터의 아웃사이더다. 이들은 아예 성장을 포기한 것처럼 보이기 때문에 성장영화의 장르적 틀 내에서 설명할 수 없다. 전능하고 완벽한 가장-남자로서의 형상은 자기 연민에 빠진 비루한 남자의 형상으로 전환하고 있다." 남다은, 〈무력함과 자기 연민에 빠진 한국의 남자 아웃사이더들을 비판한다〉, 《씨네21》 580, 2006, 79쪽.

물론 여기에도 예외는 있다. 허문영에게 그 예외는 단연 〈지구를 지켜라!〉(2003)다. 영화 속 주인공 병구(신하균)는 자신의 문제를 공동체 전체의 문제와 연결하고 공동체의 구원을 위해 대결할 준비가 되어 있는 인물이다. 이런 분석 역시 쟁점을 형성하지만, 여기에서는 〈쉬리〉(1999)[10]에 집중하고자 한다. 〈쉬리〉는 2000년대 이후 한국영화의 부흥을 이끈 영화로서, 이후에 등장한 한국형 블록버스터의 관습, 즉 할리우드의 시각 테크놀로지를 활용하면서도 분단 문제와 같은 지역적 소재를 전경화한 한국형 블록버스터 관습을 촉발한 영화로 잘 알려져 있다. 그러나 〈쉬리〉의 '정치적 무의식'에 좀 더 가까이 다가가려면, 남북 문제를 다루는 내러티브의 층위를 넘어 영화의 메커니즘에 다층적으로 접근할 필요가 있다. 특히 영화의 후반부는 우리에게 매우 중요한 질문들을 던진다.

과잉 동일시와 유토피아 충동: 〈쉬리〉

영화의 후반부, 올림픽 경기장 테러 실행이 무산된 후 테러리스트 이방희(김윤진)는 유중원(한석규)과 맞닥뜨리게 된다. 영화는 유중원과 이방희에게 동등하게 시점을 부여한 후, 유중원이 이방희를 사살하는 장면으로 끝을 맺는다. 이것을 남성

---

10   〈쉬리〉에 대한 분석은 필자의 박사학위 논문에서도 다뤄진 바 있다. Ha Seung-Woo, *Locating Contemporary South Korean Cinema: Between the Universal and the Particular*, PhD Thesis, Goldsmiths, University of London, 2013.

한국형 블록버스터 관습을 촉발한 영화로 알려져
있는 〈쉬리〉(1999)는 이방희라는 인물을 통해
우리에게 매우 중요한 윤리적 질문들을 제기한다.

주체가 괴물스러운 여성 타자성을 억압하는 장면으로 볼 수도 있을 것이다. 하지만 그 전에 이방희가 자신에게 부여된 상징적 질서의 명령에 무조건적으로 충성하는 인물임을 상기할 필요가 있다.

즉 유중원이 이방희를 사살하는 것은 그녀가 올림픽 경기장을 떠나는 실제 주권자(그것이 남한이든 북한이든)에게 총구를 겨냥하는 순간이다. 말하자면 유중원은 이방희가 상징적 명령에 과잉 동일시하는 것을 도와주는 대상일 뿐 진정한 의미에서 주체는 아니다. 오히려 주체는 이방희일 것이다. 이방희는 자기 자신을 직업적 임무와 지나치게 동일시함으로써 연인(유중원)이 자신을 사살할 수 있도록 돕는다. 이처럼 이방희는 '불가능한' 명령을 받아들이고 그것을 선택함으로써 또 다른 주체로 거듭나게 된다.

이방희에게서 엿보이는 상징적 명령에 대한 과잉 동일시는 윤리의 문제를 제기한다. 여기서 윤리란 '실재의 윤리'를 말한다. 즉 윤리는 주체가 트라우마적 상황으로서의 '실재the Real'와 조우할 때 작동하기 시작한다. 실재에 접근하는 것은 의지에 따라 선택할 수 있는 것이 아니기 때문에, 실재는 언제나 '조우'의 형식 속에서만 파악될 수 있다. 즉 실재는 주체를 언제나 '불가능한' 선택과 대면시킨다. 이를 질문의 형식을 빌려 표현해보면, "나는 나를 '탈구된' 상태로 던져놓은 그 무엇에 조응해서 행위할 것인가" 혹은 "나는 이제까지 내 실존의 토대였던 것을 재정식화할 각오를 할 것인가" 정도가 될 것이다.[11] 바디우는 이 태도 혹은 질문을 "사건에의 충실성" 혹은 "진리의 윤리"

11   알렌카 주판치치, 《실재의 윤리》, 이성민 옮김, 도서출판b, 2004, 359쪽.

로 정의하는데, 이러한 윤리적 정식화는 "실재의 끈을 붙잡고 계속하시오keep going!"라는 격률로 요약될 수 있다.[12] 이런 점에서 이방희의 행위는 바디우의 윤리적 격률과 닮아 있다.

4장에서 살펴보았듯, 라클라우와 지젝은 보편-특수와 관련해 사뭇 다른 입장을 보인다. 윤리의 문제와 관련해서도 둘은 전혀 다른 쟁점을 형성한다. 라클라우가 윤리의 문제를 전략과 연관짓는다면, 지젝은 윤리적 결단을 강조한다. 말하자면 지젝에게는 불가능한 선택, 즉 '강요된 선택'을 '진정한 선택'으로 받아들이는 것이 무엇보다 중요하다. 이는 자기 자신을 강요된 선택에 문자 그대로 동일시함으로써 상징적 질서를 전면적으로 재구성하는 일이다. 지젝의 설명은 '상징적 자살' 혹은 '자살적 제스처'와 맞닿아 있는데, 이때 주체가 실제로 자살했는지 여부는 전혀 중요하지 않다. 핵심은 주체가 상징적 질서를 통해, 상징적 질서 속에서 자기 자신을 '죽인다'는 데 있다. 그렇게 함으로써 주체는 자신의 존재에 정체성과 지위와 의미를 제공했던 상징적 권위 자체를 파괴할 수 있게 된다. 이런 맥락에서 이방희의 자살적 제스처를 상징적 자살에 기반한 실재의 윤리의 표현으로 읽을 수 있다.

마찬가지로 〈쉬리〉 속 테러리스트의 존재 역시 다른 시각에서 읽을 수 있다. 관객은 영화에 등장하는 북한 테러리스트가 통일 달성이라는 목적으로 남파된 존재인지 명확히 알 수 없는데, 이들이 북한과 남한 모두에서 소외된 존재로 그려지기 때문이다. 따라서 이들을 북한과 동일시하는 것은 적절치 않다. 서사의 논리상 테러리스트는 통일을 지향하는 집단이 아닌

12   같은 책, 67쪽.

것처럼 보인다. 영화의 후반부 종합운동장에 운집한 관중은 태극기와 아리랑기를 동시에 흔들고 있고, 남북한 정상은 남북 화해와 통일을 위해 남한과 북한 선수단이 올림픽 주경기장에서 하는 축구 경기를 관람한다. 남한의 국가정보요원들이 북한의 고위급 관료들이 남한에 도착해서 성명을 발표하는 것을 모니터로 관람하는 장면 역시 시사하는 바가 있다. 이 장면에서 북한의 모습은 인터페이스로 매개되면서 남북한의 적대적 관계가 일순간 봉합된다. 이런 단서를 바탕으로 판단하더라도 테러리스트는 통일 지향적 세력과 무관한 것처럼 보인다.

테러리스트가 통일을 염원하지 않는 집단이라면, 도대체 이들의 목적은 무엇이며, 영화에서 이들의 존재는 어떤 의미를 띠는가? 어쩌면 그 답을 영화의 마지막인 대단원의 시퀀스 직전, 박무영(최민식)이 남북한 정치인을 동시에 비난하면서 유중원에게 내뱉는 말에서 구할 수 있을지도 모른다. "내 이웃 내 형제들이 못 먹고 병들어 길거리에 쓰러져 죽어가고 있어. 뒷골목에 버려진 시체 더미에서 구더기들이 넘쳐나고 있지."

〈쉬리〉의 테러리스트는 남한사회의 계급 적대를 알레고리적으로 함축하는 존재일 수 있다. 프레드릭 제임슨이 언급하듯, 대중문화는 기본적으로 이데올로기 조작에 의존하면서도 동시에 희미하게나마 유토피아적 열정을 내포한다. 이를테면 적과 동지를 구별한 후 적을 제압하는 과정은 집단적 환상으로서의 대중문화가 제공하는 이데올로기 조작의 탁월한 사례 가운데 하나다. 하지만 대중문화는 동시에 유토피아적 충동을 함축한다. 사실상 유토피아적 충동은 이데올로기적 조작을 실행하기 위한 최소한의 조건이라 할 수 있다. 제임슨의 지적대로 "작품이 사회 질서에 대한 불안들을 관리하기 위해서는 먼저

이방희는 자기 자신을 직업적 임무와
지나치게 동일시함으로써 연인 유중원이
자신을 사살할 수 있도록 돕는다.

그러한 불안들을 되살려 기초적인 수준에서 표현"해야 하기 때문이다.[13] 이것이 대중문화 텍스트의 표현력에 대한 우리의 전제이다.

　유사한 맥락에서 유중원이 이방희를 사살하는 행위는 여성 타자에 대한 남성 주체의 처벌을 나타내기보다 이방희라는 존재로 표상되는 타자성의 위력을 방증하는 것일 수 있다. 대중문화는 적의 존재를 통해 기존의 상징적 질서로 쉽사리 표현할 수 없었던 대중의 불안을 우회적으로 표현한다. 다시 말해 적의 형상은 사회적 불안을 응축하고 전위시켜 사회적 적대가 분출하는 우회로를 제공한다. 탁월한 '이데올로기 조작'과 대립각을 세우는 유토피아적 열망을 알레고리적으로 함축하는 시도라고 볼 수 있을 것이다. 〈쉬리〉의 테러리스트 역시 지금

13　　프레드릭 제임슨, 〈대중문화에서의 물화와 유토피아〉, 《보이는 것의 날인》, 남인영 옮김, 한나래, 2003, 66쪽, 번역 일부 수정.

은 사라진 것처럼 보이는—하지만 결코 사라지지 않은—남한 사회의 사회적 적대, 좀 더 정확히 말해 남한사회가 새로운 권력 체계(자본과 결합하여 탈정치화된 행정의 명령으로 이행하고 있는 국가폭력)를 도입하기 전에 반드시 제거해야 할 낡은 사회적 투쟁을 함축한다고 할 수 있다.

실재 없는 현실과 가장에 대한 열정: 〈추격자〉

실재의 윤리란 끔찍한 타자의 형상과 대면할 때 주체에게 요구되는 결단의 과정을 뜻한다. 실재의 윤리를 논할 때 무엇보다 중요한 것은 윤리와 "시뮬라크르 또는 테러로서의 악"을 엄밀히 구별하는 작업이다.[14] 실재의 윤리가 상황 안에서의 근본적인 단절을 뜻한다면, 시뮬라크르는 "자신의 단절성을 공백의 보편성에 의해 규제하는 것이 아니라 추상적 집합('독일인' 또는 '아리안족')의 닫혀진 특수성들을 통해 규제"한다.[15] 여기서 실재the Real는 의지의 대상이 아니다.

누군가 실재가 초래하는 공포의 효과를 의식적으로 모방한다고 할 때, 그것은 실재가 아니라 실재의 시뮬라크르에 가깝다. 그 누구도 실재와의 만남을 의식적으로 욕망할 수 없다. 실재란 우리에게 '일어나는 것/닥치는 것happen to'이고, 우리는 그것과 그저 '조우'할 뿐이다. 이 점은 알렌카 주판치치의 다음

14   알랭 바디우, 《윤리학: 악에 대한 의식에 관한 에세이》, 이종영 옮김, 동문선, 2001, 88쪽.
15   같은 책, 91쪽.

과 같은 통찰에서 더욱 분명하게 드러난다. "윤리라는 용어를 실재·사건과의 조우가 억지로 발생하도록 강제하려는 전략을 세공하는 일을 지칭하는 것으로 이해할 때―그것을 불가능한 것의 산출을 위한 방법으로 볼 때―우리는 테러를 감행하게 된다."[16]

실재 자체에 내재하는 공포와 실재를 발생시키고 강제하기 위한 전략으로서의 시뮬라크르(혹은 테러)에 대한 구별이 없어질 때 발생하는 것이 바로 '실재의 스펙터클화'이다. 〈태극기 휘날리며〉 같은 영화에 등장하는 전쟁 스펙터클을 실재의 상연으로 볼 수 없는 것도 이런 이유 때문이다. 그런 스펙터클은 실재와의 조우를 강제로 발생시킨다는 점에서 '테러의 실행'에 가깝다. 2000년대 이후에 제작된 수많은 한국영화들은 특히 그런 테러의 실행에 충실했다. 재난·파국·찢겨지고 절단된 신체들의 전시에 기반한 폭력 이미지는 실재의 스펙터클화 경향을 선명히 드러낸다.

지젝 역시 현실이 점점 더 '실재 없는 현실IRREAL reality'로 변하고 있다고 진단한다. 이런 진단에 따르면, 현실은 카페인 없는 커피, 알콜 없는 맥주, 섹스 없는 가상 섹스처럼 점점 더 밋밋해지고 말랑말랑해진다. 사이버 공간이 모든 것을 경험할 수 있도록 해주는 것 같지만, 실상 우리가 체험하게 되는 것은 '경험의 축소'이다. 실재 없는 현실은 '가장假裝에 대한 열정passion for semblance'을 불러일으킨다. 실재를 경험할 수 없는 현실은 사람들로 하여금 훨씬 더 자극적인 것에 대한 간접적 체험을 갈망하도록 한다. 즉 가장에 대한 열정은 실재 없는 현실

16   알렌카 주판치치, 《실재의 윤리》, 360쪽.

과 모순되지 않는다.

정치를 향한 열정이 사라진 포스트-정치의 시대에 유일하게 동원할 수 있는 열정이 공포라고 할 때, 이는 오늘날 영화를 포함한 매체가 가장에 대한 열정에 입각해 공포와 파국을 전면화하는 이유를 부분적으로나마 설명해준다.[17] 현실에서 실재가 경향적으로 배척되는 까닭에 사람들은 오로지 가장을 통해서만 실재의 현실the Real reality을 경험하게 된다. 범람하는 재난과 파국의 이미지들이 바로 그 직접적인 증거인 셈이다. 실재와 조우하는 것이 점점 더 어려워진 현실에서 비롯된 이런 이미지들은 실재로 가장된 상황을 가상적으로 전시한다. 실재에 대한 열정이 가장에 대한 열정으로 대체되는 것이다.

파국과 재난의 이미지들이 '숭고'의 논리를 띠는 것은 바로 그 때문이다. 지진, 쓰나미, 방사능 유출 같은 자연 재해의 이미지에서 살인, 약탈, 고문, 감금 같은 인공 재해의 이미지에 이르기까지 대부분의 파국과 재난 이미지들은 숭고의 논리에 기반하고 있다. 이는 이런 이미지들이 일종의 '거리'를 전제하기 때문이다. 예를 들어, 우리가 만일 지진이 일어나고 있는 현장에 있다면 그때 우리는 숭고를 경험하는 것이 아니라 파국을 체험하게 된다.

우리가 어떤 이미지를 숭고하다고 말할 수 있다면, 그것은

---

[17]   슬라보예 지젝,《실재의 사막에 오신 것을 환영합니다: 9·11 테러 이후의 세계》, 이현우·김희진 옮김, 자음과모음, 2018. 지젝은 가장假裝에 대한 열정과 '실재에 대한 열정passion for The Real'을 구별하면서, 가장에 대한 열정을 철회하고 실재에 대한 열정을 강화할 것을 주장한다. 물론 실재에 대한 열정이 무조건적으로 진보적인 것은 아니다. 알랭 바디우의 지적처럼, 실재에 대한 열정은 부정적인 방식으로 흐를 가능성이 높다. 지젝은 실재에 대한 열정이 파괴적으로 흐를 수 있는 위험이 있지만, 그럼에도 불구하고, 실재에 대한 열정 자체를 거부해서는 안 된다고 주장한다.

우리가 사태가 벌어지고 있는 상황과 가급적 멀리 떨어진 곳에서 그 광경을 목격하기 때문이다. 물론 숭고 이미지들이 관객에게 끼치는 영향 자체를 부정할 수는 없을 것이다. 그렇다면 모든 예술작품들이 관객에게 끼치는 영향 자체를 부정할 수밖에 없다. 하지만 그렇다고 해서 숭고 이미지를 긍정적으로 해석하기에는 그 이미지가 해결하지 못하는 지점이 너무 많다. 참사가 벌어진 현장(혹은 그 현장에 있는 사람들)과 그 광경을 목격하고 있는 우리 사이에는 일종의 경계선이 그어져 있다. 이 선을 넘어 타자에게 공감하는 일은 말처럼 쉬운 일이 아니다.

사회적 삶은 사회가 허용할 수 없는 것들을 배제함으로써 구성된다. 배제된 것들이 분출하게 되면 사회적 삶은 정지되기 때문에 사회는 사회적 기능의 정지와 단절을 원치 않는다. 사회적 삶에서 배제된 것들을 가시화하는 작업이 전복적일 수 있는 것은 이런 이유 때문이다. 하지만 동시에 우리는 사회에서 배제된 내용을 전시하는 것이 그 자체로 급진적이지는 않다는 점 또한 염두에 두어야 한다. 예컨대 들뢰즈가 《감각의 논리》에서 언급했듯, 영화 이미지가 피의 이미지를 제시한다면, 그것은 "재현된 폭력"에 가까워서는 안 되며, "감각의 폭력"에 가까워야 한다.[18]

그렇다고 할 때 '재현된 폭력'으로서 찢겨진 신체의 전시는 실재가 발생하도록 강제하는 전략으로서 실재의 시뮬라크르 혹은 테러에 해당한다고 볼 수 있을 것이다. 핵심은 사회에서 배제된 내용이 자기 자신의 비동일성과의 조우라는 형식 속에서 드러나야 한다는 점이다. 이때 형식은 내용과 분리되지

18 질 들뢰즈, 《감각의 논리》, 하태환 옮김, 민음사, 1996, 67쪽.

않은 채 그 자신이 내용의 한 부분으로서 존재한다. 즉 형식은 내용의 연장이며, 기존의 내용을 재구성하도록 개방시킨다. 더불어 사실로서의 이미지와 가능성으로서의 이미지를 구별하는 작업 역시 중요하다. 이 두 가지 층위를 구별하지 않으면 체험적 차원에서 진행되는 공포 이미지를 불필요하게 확대 재생산하게 될 위험이 있다.

일례로 〈추격자〉(2007)는 '벌거벗은 생명'을 하나의 스펙터클로서 전시하는 영화로, 실재에 대한 열정이 가장에 대한 열정으로 대체되는 과정을 적나라하게 보여준다. 연쇄살인범 지영민(하정우)은 영화의 초반부터 경찰서에 잡혀 들어온다. 그러나 경찰은 지영민을 구속하지 못할 뿐 아니라 심지어는 (후반부에 이르러) 어처구니없게도 그를 풀어주게 된다. 그사이 지영민의 집에 감금되어 있던 김미진(서영희)은 가까스로 밧줄을 풀어 피투성이가 된 몸을 이끌고 동네 입구에 있는 개미슈퍼에 들어간다.

무혐의로 풀려난 지영민은 담배를 사러 슈퍼에 들렀다가 미진을 발견하고, 슈퍼 여주인과 미진을 망치로 살해한 뒤 집으로 향한다. 이때 지영민은 미진의 사체 일부를 가져간다. 미진은 지하 단칸방에서 홀로 어린 딸을 키우며 성노동으로 생계를 유지하는 여성이다. 미진을 단순히 지영민에게 희생당한 열두 명의 희생자 중 한 명으로 보기는 어려운데, 미진이 영화의 서사를 본격적으로 추동하는 인물이기 때문이다. 영화의 또다른 주인공 엄중호(김윤석)는 그녀의 실종을 추적하다 추격을 벌이게 된다. 그럼에도 〈추격자〉는 미진이 잔혹하게 살해당하는 장면을 배치함으로써 '최후의 구출' 관습을 배반한다.

영화는 지영민이 개미슈퍼에서 미진을 잔인하게 살해하

유영철 연쇄살인사건을 영화화한
〈추격자〉(2007)는 실재에 대한 열정이 가장에
대한 열정으로 대체되는 과정을 적나라하게
보여준다.

는 장면을 느린 화면으로 보여준다. 이때 미진은 벌거벗은 생명으로 전시되고, 피투성이가 된 미진의 신체는 관객들의 눈앞에 날것으로 던져진다. 카메라는 지영민이 미진을 살해하는 장면을 애타게 미진을 찾고 있는 엄중호와 교차편집 한 뒤, 지영민의 망치에 의해 피범벅이 된 미진의 얼굴을 클로즈업으로 보여준다. 이때 미진은 아직 눈을 감고 있지 않다.

카메라는 천진난만하게 웃고 있는 미진의 딸을 보여준 뒤 다시 미진의 얼굴을 클로즈업으로 비춘다. 그제서야 미진은 눈을 감으며 고개를 떨군다. 벌거벗은 생명에 대한 스펙터클적 재현이 극한으로 치닫는 순간이다. 이 장면은 관객들로 하여금 여러 가지 질문을 제기하도록 한다. 웃고 있는 아이의 장면은 누구의 시점으로 제시되고 있는가? 죽어가는 순간 미진이 자신이 그토록 사랑하는 딸을 상상하는 장면인가? 아니면 영화가 벌거벗은 생명이 잔혹하게 살해되는 비극성을 강조하기 위해 인서트 컷으로 아이의 모습을 제시한 것인가?

이데올로기는 단순히 내용이 아니라 그 내용이 표현되는 형식에 의해 결정된다. 해당 장면의 외설성도 바로 그 지점, 미진의 잔혹한 살해 장면이 아이의 인서트 컷을 매개로 연결되는 방식에서 비롯된다. 아이의 인서트 컷은 가공할 만한 살해 장면을 '순진무구한' 시선으로 중립화한다는 점에서 이데올로기적이다. 지영민의 살해 장면(내용)도 이데올로기적이지만, 이보다 더 이데올로기적인 것은 그 내용이 아이의 웃음(형식)을 통해 매개되고 있다는 사실 자체다. 또한 이 컷은 죽어가는 미진과 그녀의 딸이 얼마나 비극적인 상황에 빠졌는지를 전시한다는 점에서 스펙터클적이기도 하다. 이 장면은 무력한 인민을 재현하는 데 초점을 맞추고 있다.

이때 사실성factness과 가능성possibility의 구별 및 가능성으로서의 시네마의 역할은 삭제된다. 말하자면 이 장면은 사실 그 자체를 전달하려고 하는 TV 뉴스에 가깝다. 아감벤은 매체와 시네마를 구별하며 매체의 특징이 사실들을 여과 없이 보여주는 데 있다고 지적한 바 있다. "우리는 언제나 [매체를 통해] 힘이 없다는 사실을 부여받는다. 매체는 분노에 찬 시민을 선호한다. 그것이 바로 TV 뉴스의 목표다."[19] 벌거벗은 생명으로서의 힘없는 인민들의 전시와 노출이야말로 우리가 방송 매체와 뉴스 보도를 통해 끊임없이 목격하고 있는 이미지들 아닌가? 그리고 바로 이처럼 사실성factness과 사물성thingness에 대한 강박적 집착과 열망이 우리 시대의 스펙터클의 핵심이 아니던가? 그리고 이것들은 결국 실재에 대한 열정이 가장에 대한 열정으로 전도된 것이 아닌가?

파국과 윤리: 〈무산일기〉

그렇다면 스펙터클을 전시하는 데 그치는 재현 양식에서 벗어날 가능성은 없을까? 어쩌면 사실성으로서의 이미지와 가능성으로서의 이미지를 구별하는 것이 그 해법이 될 수도 있을 것이다. 가능성으로서의 이미지를 사고하지 않은 채 무력한 인민을 전시하는 데 치중하는 것은 오늘날의 제국권력이 '공포의 스펙터클'을 통해 행사되고 있음을 보여주는 직접적인 증거다.

---

19   Giogio Agamben, "Difference and Repetition: on Guy Debord's Films", Tom McDonough ed., *Guy Debord and the Situationist International*, MIT Press, 2002, p.316, 괄호는 인용자.

이런 점에서 제국권력이 "소통 가능성 없는 소통"이라는 지적은 꽤 유효하다.[20] 〈추격자〉가 벌거벗은 생명의 스펙터클적 전시와 소통 가능성 없는 소통의 양상을 드러낸다면, 반대로 〈무산일기〉(2010)는 소통 없는 소통 가능성의 차원을 모색한다.

〈무산일기〉의 주인공 승철(박정범)은 시급 2000원짜리 불법 전단지를 붙이는 일로 겨우 생계를 유지한다. 승철은 불법 전단지와 벽보를 붙인다는 이유로 동네 건달들에게 폭행을 당하기도 하고, 함께 사는 탈북자 친구 경철(진용욱)에게도 종종 모욕을 당한다. 승철은 부당한 대우와 멸시를 받으면서도 어떻게든 참고 견디며 묵묵히 자기 살길을 찾아 나서려고 한다. 그러나 친구 경철이 동료 탈북자들에게 사기를 친 사실을 알게 됐을 때, 승철은 결국 남한 자본주의 사회가 요구하는 방식을 따르게 된다. 후반부에 이르러 영화는 내내 억눌려 있던 승철의 욕망이 어떻게 현실화되는지 담담하게 그려낸다. 친구 경철을 배반한 승철은 덥수룩한 머리를 자르고 양복을 사 입으며 교회 성가대에 들어가는 등 숨겨왔던 자신의 욕망을 조심스레 꺼내놓는다.

그러나 마지막 시퀀스에 이르러 영화는 승철을 감당하기 힘든 가혹한 사건에 던져놓는다. 자신이 남한사회에서 유일하게 의지하는 친구인 강아지 백구를 잃게 된 것이다. 여느 때처럼 잠시 백구를 놓아두고 편의점에 들어갔다 나온 승철은 자신이 잠깐 자리를 비운 사이 사고를 당해 죽은 백구의 모습을 보게 된다. 백구는 그가 무척이나 아끼던 반려견으로, 남한사회

---

20   Jodi Dean, "The Networked Empire: Communicative Capitalism and the Hope for Politics", Paul Passavant & Jodi Dean eds., *Empire's New Clothes: Reading Hardt and Negri*, Routledge, 2004, p.272.

〈무산일기〉(2010)는 망설임과 주저함의
영역을 열어젖힘으로써 벌거벗은 생명의
스펙터클적 전시를 넘어설 수 있는
가능성을 제시한다.

에서 유일하게 의지하는 존재였다. 이때 카메라는 주인공의 얼굴에 초점을 맞추지 않는다. 만약 이 장면에서 카메라가 승철의 얼굴을 보여주는 데 초점을 맞췄다면, 영화가 제공하는 가능성의 영역은 크게 반감되었을 것이다. 항상 그런 것은 아니지만, 얼굴은 종종 측정 불가능한 트라우마를 특수한 의미로 고정하는 물신주의의 기능을 떠맡곤 한다. 대신 카메라는 끝까지 주인공의 뒷모습만을 비춘다. 여기서 승철은 차들이 오고가는 어지러운 길가에서 하염없이 죽은 백구만을 바라본다. 그는 자신의 눈앞에서 벌어진 사태들을 단지 바라볼 뿐 어떠한 행동도 하지 않는다.

몸짓에 관한 아감벤의 논의는 이러한 행위하지 않음에 대해 사유할 수 있는 가능성을 제시한다. 아감벤은 몸짓을 "생산되거나 행위되는 것이 아니라, 맡고 짊어져지는 것"으로 이해한다.[21] 이때의 몸짓이란 작위적인 차원에서의 행동과 거리가 멀다. 하나의 행동이 다른 행동과 어떤 인과관계로서 엮여 있다면, 그것은 아감벤이 말하고자 하는 몸짓과 가장 거리가 먼 개념일 것이다. 이와 달리, 아감벤이 지향하는 몸짓은 "목적과 수단 사이의 거짓된 양자택일을 깨뜨리는 것"으로서 "목적 없는 순수한 매개성의 영역"을 의미한다.[22] 목적-수단의 관계를 벗어난 수단 그 자체, 다시 말해 '순수 수단'이 몸짓의 영역을 형성한다.

몸짓은 부분과 전체의 관계로도 이해될 수 있다. 예술작품을 완성하는 과정에서 부분은 흔히 전체를 완성하기 위한 단계

---

21 조르조 아감벤, 《목적 없는 수단: 정치에 관한 11개의 노트》, 김상운·양창렬 옮김, 난장, 2009, 68쪽.
22 같은 책, 같은 쪽.

로 간주된다. 다시 말해, 예술작품이 완성될 때 부분은 흔적을 남겨선 안 되며 전체에 유기적으로 녹아들어야 한다. 그러나 우리는 전체로 용해되지 않는 차원의 부분이 존재할 가능성에 대해서도 사유할 수 있다. 이 경우 부분은 자신을 전체라는 목적과 연관짓지 않으며 전체 자체를 부조화하게 만든다. 몸짓은 이처럼 전체로 환원되지 않는 차원의 부분, 끈질기게 자신의 고유성을 유지하면서 전체와의 관련성을 방해하는 얼룩이다. 이때 몸짓은 언어나 소통의 대상이 될 수 없다. 오히려 몸짓은 "어떤 초월성도 없이 말 고유의 매개성 속에서, 그 자체의 수단으로-존재함 속에서 그 말을 전시"한다.[23]

죽은 백구를 물끄러미 바라보는 승철의 몸짓은 인과성의 원칙 아래 하나의 동작에서 다른 동작으로 연장되는 기계적 이행과는 아무런 관련이 없다. 대신 그것은 '목적 없는 수단'으로서의 몸짓을 가리키며 의미작용을 방해하는 얼룩으로 기능한다. 승철은 어떠한 동작도 행하지 않으며, 다만 견디고 감내할 뿐이다. 이 장면은 분명 서사 공간의 일부이지만, 승철이 백구를 쳐다보는 시간이 길게 지속되면서 서사 공간으로 환원되지 않는 영화적 사건으로 작용하게 된다. 이 장면은 하나의 행동과 다른 행동 사이의 결정 불가능성의 문제를 정면으로 겨눔으로써 우리로 하여금 이 장면에 윤리적으로 개입하도록 한다.

여기에는 무엇인가를 눈앞에 펼쳐놓고 관객에게 주목과 집중을 요구하는 주목경제적 재현 양식이 등장하지 않는다. 또한 여기에는 피·땀·눈물과 같은 육체적 전시도 부재하며, 2000년대 한국영화에 자주 등장하는 자기 연민의 감정 같은

23   같은 책, 71쪽.

〈무산일기〉에는 관객에게 주목을 요하는
재현 양식이 등장하지 않는다. 하지만 이런
방식은 역설적으로 소통 없는 소통 가능성의
차원을 모색하도록 한다.

것도 없다. 카메라라는 상황에 의해 구조화되는 행동이나 상황을
구조화하는 행동이 아닌, 어떤 식으로 현실화될지 전혀 알 수
없는 상황에서 순수 수단으로서의 몸짓을 가시화할 뿐이다. 이
것은 벌거벗은 생명을 삶의 방식 혹은 형태와 결합시키는 차원
에서의 '삶-의-형태'의 한 표현이다.[24] 어쩌면 이러한 망설임과
주저함의 영역이야말로 벌거벗은 생명의 스펙터클적 전시를
넘어설 수 있는 지점인지도 모른다.

---

24 같은 책, 13~23쪽. 아감벤에 따르면, 삶-의-형태는 형태와 연결된 삶을 가리킨다. 형
태와 연결된 삶은 "살아가는 모든 방식·모든 행위·모든 과정이 결코 단순한 **사실**이
아니라 항상 무엇보다 삶의 **가능성**이며, 항상 무엇보다 역량"(같은 책, 14쪽)이다. 그
러나 주권은 형태와 연결된 삶에서 벌거벗은 생명을 '분리'시키는 데 초점을 맞춘다.
이런 분리는 벌거벗은 생명을 사회에서 배제하는 동시에 포함하는 일련의 과정, 즉
포함적 배제의 과정을 지시한다. 이처럼 주권 권력이 벌거벗은 생명과 형태를 분리시
킨다면, 삶-의-형태는 벌거벗은 생명이 다양한 삶의 사회적 형태 속으로 연결되도록
한다.

역사적 맥락 속 재난의 문제:
〈엑시트〉

지금껏 살펴본 바에 따르면, 실재의 스펙터클화는 벌거벗은 생명의 외설적 재현이라는 문제와 맞닿아 있다. 말하자면 벌거벗은 생명을 사실성의 차원에서 재현하는 것은 의도와 무관하게 '공포의 스펙터클'의 함정에 빠질 위험이 있다. 이러한 논의에서 중요한 것은 재현 불가능성의 측면이었다. 그러나 재현 불가능성에 치중하는 것이 재난과 파국에 관한 전복적 이미지를 상상하는 유일무이한 방법은 아니다. 우리는 동시대 시각문화를 사고하기 위한 또 다른 방법들을 모색할 수 있다.

랑시에르는 "스펙터클에 대한 비판과 재현 불가능한 것에 관한 담론"이 "모든 이미지의 정치적 능력에 대한 전면적 의혹을 키웠다"고 지적한다.[25] 랑시에르에 따르면, 재현 불가능성의 이름으로 트라우마의 이미지를 재현 대상에서 미리 제외하는 것은 온당치 않다. 예술의 이미지가 추구하는 것은 그것이 산출할 효과를 미리 예상하여 억압하는 것이 아니라, "볼 수 있는 것, 말할 수 있는 것, 생각할 수 있는 것의 새로운 짜임/편성"[26]을 도모함으로써 '감성적인 것의 나눔'을 새롭게 모색하는 데 있기 때문이다.

랑시에르는 일찍이 《이미지의 운명》에서 이런 주장을 제기했다. "재현 불가능성을 주장하는 사람들"이 "어떤 것들은 어떤 유형의 형식으로만 재현될 수 있다고, 그것들의 예외성에

---

25   자크 랑시에르, 《해방된 관객》, 양창렬 옮김, 현실문화, 2020, 146쪽.
26   같은 책, 같은 쪽.

적합한 언어의 유형에 의해서만 재현될 수 있다고 주장한다"고 비판하면서, "재현의 가능성에는 더는 그 어떤 내재적 한계도 존재하지 않는다"고 힘주어 말한다. 여기서 '한계 없음'이란 "그게 무엇이든 어떤 주제에 고유한 언어나 형식이 더는 존재하지 않는다는 것"을 의미한다.[27]

그러나 여기서는 재현 불가능성과 재현 가능성이라는 양자택일에 초점을 맞추기보다는 재난의 문제를 역사적 차원에서 접근하고자 한다. 이는 우리 사회가 마주하는 재난의 양상이 무엇이며, 우리 사회를 파국에 이르도록 한 구조적 원인이 무엇인지 진단하는 것과 궤를 같이한다. 무엇보다 〈엑시트〉(2019)는 동시대 한국사회의 모순을 나름의 방식으로 그려낸다는 점에서 참고할 만한 영화다.

〈엑시트〉는 대학 졸업 후 몇 년이 지나도록 취업하지 못한 용남(조정석)이 어머니의 칠순 잔칫날 대학생 시절 산악 동아리를 함께했던 의주(윤아)를 만나면서 시작된다. 이 만남은 처음부터 의도된 것으로, 용남은 의주를 만날 목적으로 일부러 자신의 집에서 무려 1시간 30분가량 소요되는 거리에 있는 '구름정원' 컨벤션홀을 고른다. 의주는 '구름정원'에서 부점장으로 일하지만, 건물주의 아들인 점장에게 상습적인 성희롱을 당하며 불안정노동을 이어간다.

재난은 칠순 잔치가 끝날 무렵 가스 테러가 발생하면서 본격화된다. 건물 주위가 순식간에 유독가스로 뒤덮이기 시작한다. 용남의 가족들을 비롯해 '구름정원'에 남아 있던 사람들은

27　자크 랑시에르, 《이미지의 운명: 랑시에르의 미학 강의》, 김상운 옮김, 현실문화, 2014, 235쪽.

가스 테러를 다루는 〈엑시트〉(2019)는 기존
재난영화의 장르 관습과 일정한 거리를 두며
동시대 한국사회의 모순을 그려낸다.

용남이 발휘한 신기에 가까울 정도의 외벽 타기 기술에 힘입어 옥상으로 올라가 가까스로 탈출한다. 하지만 용남과 의주는 중량 초과로 헬기에 타지 못한 채 옥상에 남게 되고, 점점 위로 차오르는 유독가스에서 벗어나기 위해 산악 동아리 시절 습득했던 기술과 지식을 활용하여 탈출을 시도한다. 건물 외벽을 타고 오르거나, 건물과 건물 사이를 넘거나, 빠른 속도로 무작정 뛰는 사투가 계속된다. 재난 상황에서 벗어나기 위해 이들은 주변에 있는 소품과 물건들을 최대한 활용한다.

〈엑시트〉는 재난영화의 장르 관습과 일정한 거리를 둔다. 영화는 유독가스 테러가 발생한 원인에 별달리 주목하지 않을 뿐 아니라, 문제 해결에도 관심을 기울이지 않는다(재난은 황망하게도 우연히 내린 비로 인해 해소된다). 주인공들 역시 재난을 해결하는 고전적 영웅의 모습을 취하지 않는다. 용남과 의주는 가스 테러를 멈출 수 없고, 오직 재난 상황에서 벗어나기 위해 탈출을 시도할 뿐이다. 도심을 뒤덮은 유독가스는 지진, 산사태, 쓰나미, 화재, 바이러스 감염 등과 같은 여타의 재난에 비해 덜 위력적이다. '불투명한 가스가 인체에 치명적'이라는 정보가 제시되긴 하지만, 위로 차오르는 유독가스의 속도가 (탈출조차 감행하지 못할 정도로) 현저히 빠르지는 않다. 비교적 완만한 속도로 퍼지기에 스펙터클하게 전시되는 대형참사와는 거리가 있다. 마찬가지로 〈엑시트〉는 여타의 재난영화와 달리 피해자들의 '힘없음powerlessness'을 부각하지도 않는다. 영화 초반 유독가스에 질식한 사람들의 모습을 잠시 보여주지만, 한국형 재난영화에 자주 등장하는 무력한 피해자의 모습은 찾아보기 어렵다. 컨트롤타워의 기능을 하는 국가의 모습도 보이지 않는다. 2010년대 이후 등장한 여타의 한국형 재난영화들과 분명한

편차를 보이는 지점이다.

① '구름정원'과 자본의 이동

〈엑시트〉에는 '구름정원'이라는 이름의 컨벤션홀이 등장한다. 컨벤션홀은 결혼, 환갑, 칠순 등과 같은 이른바 통과의례를 치르는 장소이다. 예식장이나 연회장의 이름이 점점 더 그 지시 대상referent과 멀어지고 있는 경향을 고려할 때, 영화 속 '구름정원'이라는 기표는 이 건물의 소재지가 서울 변두리임을 암시한다. 서울에서 예식장의 이름이 사용되는 방식은 예컨대 다음과 같다. "'궁전예식장'이 백설공주의 성을 키치스럽게 모방했다면 '더 라움'은 대중적인 이미지로부터 거리를 둠으로써 오히려 자신의 이미지를 형성하는 전략을 취한다." 그러나 이것은 단지 이름상의 차이가 아니다. 면밀히 들여다보면 여기에는 계급 구별의 차이가 단단히 뿌리박혀 있다. 그래서 이 차이는 단지 기표상의 차이가 아닌, "들어갈 수 있음과 없음의 차이, '따라올 수 있으면 따라와보라'와 '어떻게든 따라가겠다'의 차이"로 이해될 수 있다.[28]

영화 속 '구름정원'은 단적으로 '따라올 수 있으면 따라와보라'에 해당한다. '구름정원'이 서울의 중심부에 위치하지 않는다는 것을 예상할 수 있는 것과 유사한 맥락에서, 용남의 집 위치 역시 서울 변두리 부근으로 추정할 수 있다. 실제로 용남의 집 외관은 최근 수십 년간 점차 사라지고 있는 1970~1980년대 풍의 단독주택을 연상케 한다.[29] 유독가스 테러의 최초 발

---

28   류동민, 《서울은 어떻게 작동하는가: 그리고 삶은 어떻게 소진되는가》, 코난북스,
      2016, 175쪽.
29   〈사라져 가는 서울 단독주택…… 허문 집 신축허가의 10배〉, 《매일경제》, 2015. 11.

생지와 근접한 '구름정원'은 어렴풋이 중랑천(영화에서는 '중내천'으로 언급) 근처의 장소로 표상된다. 중랑천은 경기도 양주시에서 시작해 의정부를 지나 한강으로 유입되는 하천으로, 이런 설정은 〈엑시트〉가 서울 강북과 경기도를 잇는 그 어딘가에 위치한 지역을 배경으로 하고 있음을 시사한다. 이런 맥락을 염두에 둘 때, 건물 일대를 감싸며 퍼져 오르는 유독가스는 자본의 형태 변화를 함축한다고 할 수 있다. 〈엑시트〉는 자본의 순환 과정을 들추어냄으로써 자본의 구조적 모순을 부각한다. 공기를 타고 위로 올라오는 유독가스는 수직화된 계급사회에 관한 알레고리로 보인다.

자본 분석의 관점, 그중에서도 자본 축적과 도시 공간 구성의 관계에 주안점을 두는 데이비드 하비의 방법은 이 장면에서 몇 가지 의미심장한 분석을 이끌어내도록 돕는다. 하비는 자본의 순환을 1차·2차·3차 순환으로 구별한다.[30] 1차 순환은 자본가들 내부의 경쟁에 기초한 순환, 2차 순환은 건조 환경built environment을 필요로 하는 순환, 3차 순환은 더 많은 잉여가치를 획득하기 위해 이미 건설된 건조 환경을 무너뜨리고, 새로운 공간으로 이동하는 특징을 띠며, "과학과 기술에 대한

---

4. 서울에서 단독주택이 사라지는 원인 가운데 하나는 정부의 주택 공급 정책이 단독주택에서 아파트 중심으로 변화해왔고, 아파트를 선호하는 사람들이 많아졌기 때문이다. 기사는 국토교통부의 자료를 참조하여 서울의 단독주택이 소멸해가는 현상을 언급한다. 국토교통부에 따르면, 2015년 상반기 "서울시에 단독주택을 새로 짓겠다며 건축 허가를 신청해 승인받은 건수는 389건에 그쳤"다. "반면 같은 기간 소멸된 단독주택 수는 2991채에 달한다. 신축된 단독주택보다 10배가량 많은 셈"이다.

30　데이비드 하비, 〈자본주의적 도시과정: 분석을 위한 틀〉, 《데이비드 하비의 세계를 보는 눈》, 109~116쪽. 필자는 데이비드 하비의 개념을 2020년 11월 11일 '트랜스: 아시아영상문화연구소'가 주최한 학술대회 'Worlding AsiaⅠ형성 재생의 연금술을 향해: 인류세 시대 시네마와 장소'에서 정승훈이 발표한 〈인간의 가치와 문명의 운명: 연상호의 K-좀비 아포칼립스 3부작이 그리는 도정〉에 대한 토론문에서 언급한 바 있다.

투자" 및 "노동력의 재생산과 연관되는 광범위한 사회적 지출 social expenditure"을 통해 견인된다.[31]

하비의 이 관점을 따라 '구름정원' 컨벤션홀 일대에 유독 가스가 퍼지는 과정을 자본의 이동/순환 과정과 맞물려볼 수 있다. 즉 영화 속 재난은 한때 건조 환경을 필요로 했고 그것을 창출하는 데 전력을 다했던 자본이 지가 및 임대료 등의 상승 으로 다른 형태의 이윤을 창출하는 공간으로 이동하는 과정과 조응한다. 재난이 유독가스를 통해 표현된다는 것은 자본이 추 상화된 형태로 작동하고 있다는 사실에 더욱더 힘을 실어준다. 백승욱의 다음과 같은 주장은 자본의 그러한 작동을 정확히 짚 어낸다.

> 노동자계급과 자본가계급이 형성된 역사를 보면, 자본가 와 노동자는 단지 시장에서 생산수단 소유 여부의 긍정항 과 부정항으로 단순하게 구분되지 않는다. 노동자는 국민 인 동시에 인종이고 성별을 지니며, 학력과 연령, 출신 지 역과 숙련이 다르며, 정규직과 비정규직이 나뉘는 등 특정 한 방식으로만 존재한다. 항상 이 범주들의 차이는 노동자 들 사이의 경쟁, 즉 노동의 분할을 정당화하고 노동자의 보수나 기타 대우의 차등을 정당화하는 기준으로 작용한 다. 하지만 이러한 차이는 자본가들의 경우에는 중요하지 않고, 자본가들 사이의 자본 수익률을 결정짓는 기준으로 작용하지 않는다. 자본 수익은 그 자본을 운용하는 자본가 의 '얼굴'이 추상화되어 추상적 자본만 등장하는 반면, 노

---

31   같은 책, 115쪽.

동에 대한 '보상'의 경우에는 항상 특정 노동자의 '얼굴'이 등장해 구체적 차별이 존재한다.[32]

　노동은 언제나 구체적인 모습으로 나타나는 반면 자본은 추상화된 형태, 즉 '추상적 자본'으로 드러난다. 노동이 국민, 성적 차이, 학력, 나이, 지역, 숙련도 등에 따라 '종별적specific' 방식으로만 자신의 모습을 드러낸다면, 자본은 노동자 내부의 차이들을 주의 깊게 고려하지 않는다. 더욱 의미심장한 것은 자본의 추상성과 노동의 구체성 사이에 발본적인 비대칭성이 존재한다는 점이다.[33] 노동과 자본의 모순은 사회의 기저에 놓인 기본모순이다. 하지만 그렇다고 해서 그 모순이 직접적으로 현시되는 것은 아니다. 기본모순은 다른 모순들과의 관계 속에서 과잉결정된다. 기본모순이 과잉결정될 때 그 모순을 주요 모순이라고 할 수 있는데, 이처럼 모순이 과잉결정되는 과정은 "다수의 모순들 사이의 복합적 관계가 설정되는 '정세'의 층위"에서 이루어진다(3장 참고).[34]

② 불안정노동과 신자유주의 권력

　〈엑시트〉는 노동과 자본의 비대칭성을 형상화한다는 점에서 다른 한국형 재난영화들과 차이를 꾀한다. 영화에서 노동과 자본의 기본모순은 청년이라는 요소를 통해 매개된다. 그러나 청년이라는 기표는 세심한 주의를 요하는데, 세대론을 둘러

32　백승욱, 《생각하는 마르크스: 무엇이 아니라 어떻게》, 북콤마, 2017, 386~387쪽.

33　노동과 자본의 비대칭성에 대해서는 에티엔 발리바르, 〈맑스의 계급정치 사상〉, 《역사유물론의 전화》, 242쪽 참고.

34　같은 책, 389쪽.

싸고 많은 쟁점들이 형성되고 있기 때문이다. 세대주의 담론은 기본적으로 한 사회를 구성하는 여러 모순들의 복합적 공존을 이데올로기적으로 봉합한다. 즉 서로 다른 모순들이 복합적으로 공존하며 초래되는 갈등과 긴장을 무력화하는 이데올로기의 방편에 가깝다.

실제로도 청년 담론을 비롯해 세대주의 담론을 비판적으로 통찰하는 관점들이 다수 제기된 바 있다. "다양한 사회현상들을 세대라는 틀로 설명하는 세대주의 경향이 점점 더 심화되는 오늘날, 우리는 세대라는 프레임을 강하게 의심해야 한다"[35]는 주장(김선기)은 물론, "분명하게 정의된 이론적 용어"인 "개념언어"와 "말과 의미 사이의 연결이 고정되지 않아 비교적 자유롭게 기호를 조작할 수" 있는 "정치언어"를 대비시키며,[36] 청년이 정치언어의 대표적 사례라고 비판하는 주장(박이대승) 등이 대표적이다. 특히 후자의 주장은 청년과 같은 정치언어가 우리 사회를 구성하는 다종다양한 모순들을 엮어내지만, 고정된 의미가 없어 여기저기 무분별하게 활용된다고 지적한다. 세대주의적 관점에 입각한 청년 담론이 경제적 불평등과 같은 사회적 조건을 청년이라는 정치언어로 손쉽게 대체함으로써 사회적 적대의 재현 가능성을 은폐하거나 축소하는 것이다.

〈엑시트〉는 기존의 세대주의적 청년 담론에 머무르지 않는데, 이는 의주와 용남이 겪는 불안정노동의 문제에서 분명히 드러난다. 영화 속에서 용남은 소정의 교육 과정을 마치고 처음으로 노동시장 진입을 시도하는 구직자로, 이러한 사회적 조

---

35 김선기, 《청년팔이 사회: 세대론이 지배하는 일상 뒤집기》, 오월의봄, 2019, 80쪽.
36 박이대승, 《'개념' 없는 사회를 위한 강의: 변화를 향한 소수자의 정치전략》, 오월의봄, 2017, 19쪽, 20쪽.

건은 청년세대를 둘러싼 다종다양한 모순을 엮어내는 텅 빈 기표로서 청년(정치언어)을 소환하는 전략과는 거리가 멀다.

　의주가 부딪히는 문제 역시 감정노동자에 대한 모욕 및 위력을 바탕으로 한 성적 폭력과 관련이 있다. 또한 의주의 노동 현실은 '노동시장의 이중구조'를 지시한다. 즉 노동시장은 임금 등 노동조건을 둘러싸고 두 개의 차별화된 노동시장으로 구별된다. 1차 노동시장은 열악한 노동조건을 제공하는 2차 노동시장에 비해 양질의 일자리를 제공하지만, 진입 장벽이 너무 높다. 이렇듯 〈엑시트〉는 다양한 종류의 차별적 권력관계를 갑을관계라는 포괄적 이름으로 처리하는 대신, 불안정노동으로 과잉결정된 청년의 문제를 펼쳐 보인다.

　더불어 〈엑시트〉는 한국사회 재난의 사회정치적 원인이 신자유주의와 밀접한 관련을 맺고 있음을 여실히 보여준다. 푸코는 주권 권력·규율 권력과 구별되는 신자유주의 권력을 개념화한 바 있다. 주권 권력이 주권자의 명령과 통제에 의해 신민의 목숨이 결정되는 상황을 일컫는다면, 규율 권력은 감옥, 병원, 학교 등 권력의 장치를 특정한 공간에서 특정한 방식으로 배치함으로써 행사되는 권력을 가리킨다. 반면 신자유주의 권력은 경쟁의 메커니즘을 전면화하면서 자기계발의 주체를 특권화한다. 신자유주의가 추구하는 사회는 경쟁 메커니즘이 "가능한 한 최대의 층위를 갖고, 가능한 한 최대의 외연을 점유"하는 사회, 즉 "경쟁의 역학에 종속된 사회"다.[37] 신자유주의 권력은 시각성의 차원에서도 주권 권력·규율 권력과 뚜렷한

37　미셸 푸코, 《생명관리정치의 탄생: 콜레주드프랑스 강의 1978~79년》, 오트르망 옮김, 난장, 2012, 222쪽.

차이를 보인다.

신자유주의적 안전 권력은 주권 권력(법전 체계) 및 규율 권력과 달리 개인들의 신체에 직접적인 폭력을 가하거나 신체에 밀착해 그것을 특정한 질서에 따라 움직이게끔 감시하고 강제하는 권력이 아니라 오히려 그 개인들이 놓여 있는 '환경'에 특정한 경제적 게임의 법칙을 도입하고 그 게임의 패자들을 '죽도록 방치'하는 권력이기 때문에, 신자유주의적 폭력은 개인들 앞에 가시적인 방식으로 자신을 드러내기보다는 오히려 원거리에서 또는 무대의 뒤편에 숨어 작동하는 비가시적 성격을 띤다는 점이다. 이 때문에 신자유주의적 폭력은 주권 권력의 폭력이나 규율 권력의 폭력과 달리 훨씬 더 자연화된natualized 방식으로, 다시 말해서 마치 그러한 폭력이 누군가에 의해 저질러진 인위적인 것이 아니라 자연에 의해 저질러진 것인 양, 자연적인 것인양 나타나게 된다. [38]

인용문에서 살펴볼 수 있듯, 주권 권력과 규율 권력이 가시적 방식으로 나타난다면, 신자유주의 권력은 현상의 이면에서 은밀하게 작동하며 비가시적 형태를 띤다. 이런 상황을 염두에 둘 때, 도시를 뒤덮으며 서서히 퍼져 오르는 유독가스는 쓰나미, 화재, 지진처럼 우리 눈앞에 보이는 구체적 현상과 달리, 선뜻 인지하기 어려운 방식으로 모습을 드러낸다는 점에서

38 최원, 〈멈춰진 세월, 멈춰진 국가〉, 김종엽 외 13인, 《세월호 이후의 사회과학》, 그린비, 2016, 140쪽.

신자유주의적 폭력이 작동되는 방식을 예시한다. 유독가스가 특정한 공간에 머무르는 대신 사회적 공간 전체로 퍼져나가는 것으로 묘사되는 방식 역시 신자유주의 권력에 관한 알레고리로 풀이될 수 있다.

신자유주의 권력의 핵심 본질인 경쟁은 "자기 고유의 구조"를 지닌 "내적 논리" 내지는 "본질"의 성격을 띤다는 점에서,[39] 사회 전체를 조직화하는 원리와 결부된다. 다시 말해 경쟁은 단지 권력 행사의 수단이나 도구가 아니다. 영화 속 의주와 용남의 재난 탈출은 이러한 신자유주의적 주체성의 생산을 암시한다. 그들은 아래에서부터 퍼져 오르는 유독가스로부터 벗어나기 위해 계속해서 더 높은 곳으로 이동해야만 한다. 이 과정은 하나의 단계를 통과할 때마다 또 다른 단계를 수행해야만 하는, 신자유주의 시대에 요구되는 주체성의 양식을 형상화한다. 신자유주의 주체성의 생산에서 관건은 주체가 자신에게 주어진 과제를 얼마나 잘 수행하는지가 아니라, 새로운 환경에 얼마나 신속하고 유연하게 적응할 수 있는가에 달려 있다.

③ 재난 중계가 중계하지 않는 것

그럼에도 영화는 분명한 한계를 드러낸다. 그 한계는 영화가 재난을 다루는 방식에서 더욱더 도드라진다. 재난영화는 문자 그대로 재난에 관한 영화다. 재난의 발생은 영화의 서사를 추동하는 가장 기본적인 동력이다. 재난영화는 재난을 보여주고 영화 속 인물이 이런 재난의 상황에 어떻게 반응할 것인지에 주목한다. 따라서 재난영화는 통상 '정상-비정상-정상'이

---

39   미셸 푸코, 《생명관리정치의 탄생》, 186쪽.

라는 궤적을 밟게 된다. 재난 발생 전의 사회=정상, 재난=비정상, 재난의 해결=정상의 패턴을 반복하는 것이다.[40]

그러나 〈엑시트〉는 이런 패턴에서 다소 벗어나 있다. 영화 초반, 지진 발생을 경고하는 긴급 재난문자가 발송되자 용남의 선배는 용남에게 이렇게 말한다. "지진, 쓰나미 그런 것만이 재난이 아니라 우리 지금 상황이 재난 그 자체라구." 영화는 재난 발생의 전과 후를 종결되지 않은 재난의 연속으로 묘사한다. 영속화된 위기를 강조하는 것은 어떤 점에서 재난영화의 장르 관습보다 '포스트 묵시록'의 관습에 충실한 것이다. 이처럼 영속화된 재난에 치중하게 되면, 위기危機가 동시에 기회機會일 수도 있다는 점, 곧 기존의 질서를 벗어나 새로운 질서를 상상하기 위한 동력을 놓칠 수 있다.

재난이 기존 질서를 잠시 중단하는 것은 사실이지만, 그렇다고 해서 자동적으로 새로운 질서가 형성되는 것은 아니다. 코로나19 상황 역시 정확히 그렇다. 코로나19 팬데믹 상황이 도래한 후, 마치 사회의 모든 영역이 재조직화되기라도 할 것 같은 호들갑스런 분위기가 조성되었지만, 지금의 시점에서 보면 그 모든 담론들이 다소간 과장된 것처럼 여겨진다(분명한 것은 재난 발생으로 가장 큰 피해를 입는 자는 우리 사회의 가장 가난한 자들이라는 점이다).

그람시의 용어를 빌려 말하면, 재난의 도래는 '인터레그넘 Interregnum', 즉 옛것이 사라졌지만 아직 새로운 질서는 도래하지 않은 상황과도 유사하다. 인터레그넘의 상황에서 중요한 것

---

40   재난영화를 재난 이전의 질서가 붕괴되는 것으로 보는 관점에 관해서는 다음의 글을 참조하라. 마이클 라이언·더글라스 켈너, 《카메라 폴리티카 上》, 백문임·조만영 옮김, 시각과언어, 1996, 100쪽.

〈엑시트〉는 시각 테크놀로지를 통해 재난을
중계함으로써 (재난이 벌어지고 있는) 저곳과
(그렇지 않은) 이곳 사이의 거리를 강화한다.

은 이 상황이 (아직) 형성 중인 과정이라는 점이다. 다양한 세력
과 입장들이 수면 밑에서 치열하게 교섭하고 쟁투하는 그 상황
은 우리가 어떻게 개입하는지에 따라 다른 모습으로 펼쳐질 것
이다. 그러므로 지금 가장 절실히 요청되는 것은 새로운 상황
을 구축하기 위해 우리가 무엇에 어떻게 개입해야 할지의 문제
이다. 재난이 기존의 질서를 탈구축하는지 혹은 좀 더 강화된
형태로 재구조화하는지 논하기에 앞서 이 문제에 답해야 한다.
하지만 〈엑시트〉는 이 사회의 항상적 위기만을 강조함으로써
'유토피아적 충동'의 상상을 원천적으로 봉쇄한다.

　　〈엑시트〉의 재난 해결 방식의 한계는 재난의 광경을 최첨
단 시각 테크놀로지를 통해 제시할 때 도드라진다.[41] 용남이 고
층 건물을 가로지르는 모습이 스마트폰으로 촬영되고, 용남과

41　　이 부분은 강진석과의 대화에서 큰 도움을 받았다.

의주의 생사를 건 탈출 시도가 드론 카메라를 통해 중계되며, 유튜버들이 용남과 의주의 탈출 장면을 격려한다. 용남의 아버지는 드론 관계자를 만나 자신의 아들을 구출해달라고 부탁하는 대신, 용남을 보게 해달라고 눈물로 호소한다. 재난 상황은 새로운 매체뿐만 아니라 레거시 미디어legacy media를 통해서도 보여진다. 재난의 중계는 〈엑시트〉의 서사를 추동하는 강력한 설정인 셈이다. 그러나 지금 저곳에서 벌어지고 있는 재난을 지켜보는 것은, 저곳과 이곳 사이의 거리를 확인하는 동시에 심지어 강화하는 것이 된다. 칸트가 말했던 숭고 개념의 가장 기본적인 전제가 이곳과 저곳 사이의 거리이듯, 재난의 중계 역시 이곳과 저곳 사이의 거리에 의존하기 때문이다.[42] 이런 점에서 영화 속 재난의 중계는 "텔레비전 숭고televisual sublime"가 일상화되는 우리 시대 시각문화의 한 단면을 보여준다.[43]

재난 상황에서의 탈출을 SNS, 유튜브, 드론 등의 테크놀로지를 동원해 중계하는 것은 재난이 초래한 사회적 긴장을 '집

---

[42]   반면 재난의 중계 장면은 다음의 장면과 뚜렷하게 대조된다. 용남과 의주가 유독가스를 피해 건물과 건물 사이를 뛰어다니는 사이, 몇몇 중고등 학생들이 '1등 보습학원'이라는 이름의 학원에 남아 구조를 기다리며 목놓아 외치는 장면을 목격하게 된다. 하지만 용남과 의주는 재난 상황에 처한 학생들을 구조할 수 없다. 그들은 단지 이 상황을 목격할 뿐이다. 그들 역시 재난 상황에서 벗어나기 위해 탈출을 시도하고 외부의 구조를 기다리는 사람들 가운데 하나이기 때문이다. 그러나 의주와 용남은 비록 학생들을 직접 탈출시키지는 못할지라도, 헬기에게 신호를 보내 지금 저곳에서 벌어지고 있는 재난의 상황을 다른 이들이 직시하도록 한다. 의주와 용남은 재난 상황에서 탈출하기 위해 구조를 기다린다는 점에서는 학생들과 동일한 처지이지만, 학생들을 '본다'는 점에서 차이가 있다. 용남과 의주는 지금 저곳에서 재난에 처한 사람들을 무력하게 바라보는 것이 아니라, 자신들의 시선(감각)을 행위와 접속시킴으로써 저곳과 이곳 사이의 간극을 연결하는 교량의 역할을 맡는다.

[43]   니콜라스 미르조에프에 따르면, '텔레비전 숭고'는 텔레비전을 통해 보는 숭고한 장면으로, "비록 짧은 순간이었다 할지라도 일상의 현실에서는 아무리 원해도 아무도 목격할 수 없는 사건"을 의미한다. 미르조에프는 '텔레비전 숭고'의 사례로 넬슨 만델라의 석방 사건이나 천안문 사건 등을 든다. 니콜라스 미르조에프, 《비주얼 컬처의 모든 것: 생각을 지배하는 눈의 진실과 환상》, 임산 옮김, 홍시, 2009, 184쪽.

단지성'이라는 미명하에 손쉽게 해결하려는 정치적 시도로, 재난에 응축된 사회적 적대를 포착하기 어렵게 한다. 오늘의 상황을 예전과 비교하고, 시대의 변화에 맞춘 새로운 분석적 틀로 그 시대를 이해한다고 해서 곧바로 적절한 해법을 낳을 수 있는 것은 아니기 때문이다. 더 중요한 것은 상황과 그 상황으로 환원되지 않는 공백 간의 모순, 그리고 이러한 모순을 통해 사회적 적대를 인식할 수 있는지, 그러한 인식이 가능하다면 그 인식의 방법은 무엇인지 따져 묻는 데 있다. 이렇게 볼 때 재난 상황의 중계는 앞서 살펴본 영화의 장점, 즉 기본모순이 세대를 통해 드러나고, 이때 드러난 세대 문제가 정치언어로서의 세대 문제가 아닌 불안정노동이라는 개념과 결합된다는 장점을 협력적 소통 네트워크라는 손쉬운 해결책을 동원해 무력화한다고 할 수 있다.

앞서 살펴본 〈쉬리〉의 경우에서처럼, 타자의 제압은 타자가 그만큼 강하다는 것을 증명한다. 타자를 제압한다는 것은, 현재 우리 사회가 그러한 적/타자의 형상에 함축된 적대를 수용할 수 없음을 드러낸다는 점에서 의미가 있다. 또한 그것은 우리 사회가 감당할 수 없는 사회적 불안을 변곡시켜 적대가 드러나는 경로를 우회적으로 제시한다고 볼 수 있다.

그러나 유감스럽게도 〈엑시트〉는 적/타자와 맞서 싸우는 서사 구조가 아닌, 어쩔 수 없이 발생한 재난의 발생에서 가까스로 탈출하는 과정에 초점을 맞춘다. 해결의 과정 없이 견뎌냄과 생존의 문제만을 집중적으로 부각한 것이다. 바로 이것이 〈엑시트〉가 우리 사회가 처한 재난의 양상을 반영하면서도 그 사회를 벗어나기 위한 또 다른 가능성, 즉 유토피아적 충동을 제시하는 방향으로까지는 나아가지 못한 이유가 아닐까.

1. 근대의 시간
• 〈한국영화와 근대성의 번역〉,《한국예술연구》15, 2017, 213~233쪽.

2. 비교영화연구의 질문들
• 〈비교영화연구의 방법과 과제〉,《비교한국학》22(1), 2014, 75~109쪽.
• "Imaginary Geography of Asia and Fear of Sexuality in Late 1960s South Korean War Films", 한국문화연구학회 국제 학술회의 '하노이를 떠난 기차' 발표문, 2019.

3. 알튀세르라는 유령들의 귀환
• 〈영화연구에서 알튀세르 이론의 복원 가능성 검토〉,《영상예술연구》25, 2014, 99~128쪽.
• 〈알튀세르와 영화연구: 신유물론과 사변적 실재론을 넘어서〉,《문화연구》7(1), 2019, 84~130쪽.

4. 경험적 역사와 비역사적 중핵 사이의 긴장
• "Locating Contemporary South Korean Cinema: Between the Universal and the Particular", PhD Thesis, Goldsmiths, University of London, 2013.

- 〈〈괴물〉: 경험적 역사와 실재의 비역사적 중핵 사이의 변증법적 긴장〉, 《비평과이론》 17(1), 2012, 137~159쪽.
- 〈좌파 포퓰리즘을 둘러싼 몇 가지 질문들: 이론과 쟁점〉, 《문화/과학》 108, 2021, 51~54쪽.

5. (트랜스)내셔널 시네마에서 '네이션적인 것'으로
- 〈(트랜스)내셔널 시네마에서 '네이션적인 것'으로: 초국적 작가 박찬욱의 사례〉, 《문학전문지 삶》, 2018, 296~313쪽.

6. 장르적 상상력의 실패
- 〈역사를 넘어서는 장르적 상상력의 한계: 〈군함도〉와 〈택시운전사〉〉, 《문화/과학》 92, 2017, 270~284쪽.

7. 포스트-정치 시대의 재난과 공포
- 〈재난자본주의와 유토피아적 충동의 종말: 최근 한국영화의 흐름들에 대하여〉, 《한국라깡과현대정신분석학회 정기학술대회(전기): 라깡과 시대적 종언의 증상들》, 2013, 38~48쪽.
- 〈포스트-정치 시대, 한국영화의 재난과 공포에 관한 상상력〉, 《라깡과 현대정신분석》 15(2), 2013, 81~101쪽.
- "Locating Contemporary South Korean Cinema", PhD Thesis.

키워드

인명